MINERVA
はじめて学ぶ教職
8

吉田武男
監修

教育の法と制度

藤井穂高
編著

ミネルヴァ書房

監修者のことば

　本書を手に取られた多くのみなさんは，おそらく教師になることを考えて，教職課程をこれから履修しよう，あるいは履修している方ではないでしょうか。それ以外にも，教師になるか迷っている，あるいは教師の免許状だけを取っておく，さらには教養として本書を読む方も，おられるかもしれません。

　どのようなきっかけであれ，教育の営みについて，はじめて学問として学ぼうとする方に対して，本シリーズ「MINERVA はじめて学ぶ教職」は，教育学の初歩的で基礎的・基本的な内容を学びつつも，教育学の広くて深い内容の一端を感じ取ってもらおうとして編まれた，教職課程向けのテキスト選集です。

　したがって，本シリーズのすべての巻によって，教職に必要な教育に関する知識内容はもちろんのこと，それに関連する教育学の専門領域の内容もほとんど網羅されています。その意味では，少し大げさな物言いを許していただけるならば，本シリーズは，「教職の視点から教育学全体を体系的にわかりやすく整理した選集」であり，また，このシリーズの各巻は，「教職の視点からさまざまな教育学の専門分野を系統的・体系的にわかりやすく整理したテキスト」です。もちろん，各巻は，教育学の専門分野固有の特徴と編者・執筆者の意図によって，それぞれ個性的で特徴的なものになっています。しかし，各巻に共通する本シリーズの特徴は，文部科学省において検討された「教職課程コアカリキュラム」の内容を踏まえ，多面的・多角的な視点から教職に必要な知識について，従来のテキストより大きい版で見やすく，かつ「用語解説」「法令」「人物」「出典」などの豊富な側注によってわかりやすさを重視しながら解説されていることです。また教職を「はじめて学ぶ」方が，「見方・考え方」の資質・能力を養えるように，さらには知識をよりいっそう深め，そして資質・能力もよりいっそう高められるように，各章の最後に「Exercise」と「次への一冊」を設けています。なお，別巻は別の視点，すなわち教育行政官の視点から現代の教育を解説しています。

　この難しい時代にあって，もっと楽な他の職業も選択できたであろうに，それぞれ何らかのミッションを感じ，「自主的に学び続ける力」と「高度な専門的知識・技術」と「総合的な人間力」の備わった教師を志すみなさんにとって，本シリーズのテキストが教職および教育学の道標になることを，先輩の教育関係者のわれわれは心から願っています。

　2018年

吉 田 武 男

はじめに

　学校で学ぶ子どもたちにとって本書のタイトルである「教育の法と制度」はなじみの薄いものかもしれない。例えば，子どもが小学校に行くのは，5歳ではなく7歳でもなく6歳になってからであり，その学校は近所の学校と決まっており，行った学校には「学級」があり，各学級に先生がいる。小学生にとっては当たり前でとくに気にすることもないであろうが，その一つひとつに法的な規定がある。小学生がすくすくと育ち大学に通うようになると，大学生はある「学部」に所属し，「教授」から講義を受け，「単位」を集め，「学士」の学位をもって卒業していく。その一つひとつについても法的な根拠がある。そして，こうした法的な根拠が集って教育の制度を形作っている。

　一方，学校の教師にとって，教育の法と制度に関する知識はその職務を担うための前提である。中学校の教師になるためには，担当する教科の教員免許状をもっていなければならないし，その教科について教科書を使用しなければならない。また勤務時間も決まっている。こうした一つひとつについて法的な定めがあり，それを知らなければ仕事ができないのである。逆に言えば，自分の職務に関する知識を欠いているために「違法行為」をすれば懲戒（免職）処分を受けることになりかねない。教師の職務に関する法と制度を十分に理解していることは，自分の身を守ることにもなるのである。

　さらに，教職を目指す学生にとって，教育の法と制度に関する知識は，教員採用試験を突破するための必須条件である。教師の仕事に法的な根拠がある以上，それを知らない人を採用するわけにはいかない。とくに公立学校の教師を目指すものは，教師＝公務員であるから，「公務」を担う人として法律の知識が不可欠である。

　車を運転するためには免許がいる。免許を取るためには実際に車を運転できなければいけないが，その前提として交通ルールを理解していなければならない。「無免許運転」の危険を想像すれば，教師にとっての免許状の意味，そのための法と制度の知識の重要性もわかりやすいだろうか。

　本書の特色は，こうした教育の法と制度を学ぶ場に分けて解説している点にある。そのため，「基本的な学校の制度」「学校教育を支える仕組み」「多様な学びの場」の3部構成としている。

　まず，「基本的な学校の制度」では，読者にとっても身近な小学校，中学校，高等学校，大学・短期大学とともに，専修学校・各種学校を取り上げている。専修学校・各種学校は，大学・短期大学にいる読者にはなじみがないかもしれないが，即戦力の人材を育てる場であり，多くの学生が学んでいる。子どもたちは発達段階に応じてこうした学校に進学していく。各学校の独自の性格とともに共通する特徴も学んでほしい。各学校種を取り上げた各章において同じことが改めて説明されることがあるかもしれないが，それはそれだけ学校種を超えて重要なことであることを意味している。

　次に，「学校教育を支える仕組み」として，義務教育，教職員，学校経営，学校と家庭・地域の連携，教育行財政を解説する。いずれも児童生徒の立場からはあまり意識することのなかった仕組みかもしれない。しかし，教師の立場に立つと，いずれも学校教育を支える仕組みとして必要不可欠なもので

あり，その基本的な理解を欠くことのできないものである。

　さらに，「多様な学びの場」として，幼児期の教育（幼稚園，保育所等），特別支援教育，生涯学習と才能教育を取り上げる。小学校から大学までの教育機関以外にも子どもたちにはさまざまな学びの場がある。教師を目指す読者にはぜひその視野を広げて，さまざまな教育の場や機会にも目を向けてほしい。また，学びの場は大学卒業後にも続くものである。その意味で生涯学習の基本も理解しておく必要がある。

　教職を目指す人はある特定の学校種（小学校とか高等学校とか）の教師を目指しているのであり，その学校種に関する知識が必要であることは言うまでもない。しかし，それでは十分ではない。それぞれの学校種は全体としての学校体系の一部をなしており，そのなかで一定の役割を果たしている。全体を支える仕組みがあって初めて個々の学校種も成り立つものである。小学校から大学に至る学校以外にもさまざまな学びの場や機会がある。そうした全体像を見渡せる力をぜひ身につけてほしい。そうした力は，各学校種の理解をいっそう深めるはずである。

　本書の刊行はちょうど学習指導要領の改訂後となったため，最新の教育法規を盛り込んだものとなっている。しかし，近年の教育改革ではさまざまな法改正が毎年のように行われているので，本書刊行後の法改正の動向にも気を配ってほしい。

　教師になるということは，これまでの学ぶ側であったものが教える側に代わることである。黒板を前に座っていたものが，黒板を背にして立つことになるのであり，そうした意味では180度の視点の転換をともなう。本書の活用を通して，そうした教える側の視点を身につけていただければ幸いである。

　本書の各章の執筆にあたっては，ベテランから若手までその専門の方々にご担当頂いた。最後に，本書の作成にあたってはミネルヴァ書房の河野菜穂氏と深井大輔氏に大変お世話になった。記して感謝の意を表したい。

2018年2月

編著者　藤井穂高

目　次

監修者のことば

はじめに

序　章　教育の法と制度の基礎……………………………………………1

1　教育の法……………………………………………………………1

2　教育の制度…………………………………………………………5

3　教育制度の成立と改革の歴史……………………………………8

第Ⅰ部　基本的な学校の制度

第1章　小学校………………………………………………………15

1　小学校教育制度の歴史的展開……………………………………15

2　小学校の法と制度…………………………………………………18

3　小学校教育制度上の今日的課題…………………………………24

第2章　中学校………………………………………………………29

1　中学校の歴史的展開………………………………………………29

2　中学校の教育制度…………………………………………………31

3　中学校の教育課程，課外活動……………………………………33

4　中学校の制度と教育方法の今日的課題…………………………37

第3章　高等学校……………………………………………………43

1　高等学校制度の歴史的展開………………………………………43

2　高等学校の教育課程………………………………………………46

3　高等学校制度上の新たな展開と課題……………………………48

第4章　各種学校・専修学校………………………………………57

1　各種学校の成立と展開……………………………………………57

2　戦後の各種学校制度の概要と課題………………………………59

3　専修学校の成立と展開……………………………………………62

4　専修学校制度の概要………………………………………………63

5　専修学校制度の展望と課題………………………………………65

第5章　大学・短期大学 ·· 69

1　大学等の歴史的展開 ·· 69

2　大学等の制度と現状 ·· 71

3　大学等の動向と課題 ·· 75

第Ⅱ部　学校教育を支える仕組み

第6章　義務教育 ··· 85

1　義務教育という考え方 ·· 85

2　公教育の制度原理 ·· 88

3　現代日本における義務教育段階のさまざまな学校 ········ 93

第7章　教職員 ·· 99

1　学校に勤務する多様な教職員 ····································· 99

2　教員養成の歴史と現状 ·· 102

3　教員に求められる資質・能力と研修 ··························· 104

4　教員の実際の仕事と教員をとりまく社会環境 ··············· 107

第8章　学校経営 ··· 113

1　学校組織の基本と学校経営 ·· 113

2　学校の組織 ·· 115

3　校務の分掌と職員会議 ·· 120

4　新しい時代の学校組織を目指して ······························ 122

第9章　学校と家庭・地域の連携 ·· 127

1　家庭教育とその支援 ·· 127

2　地域のなかの多様な学びの機会 ·································· 130

3　学校と家庭・地域の連携と協働 ·································· 133

第10章　教育行財政 ·· 139

1　教育行政の原理 ·· 139

2　国の教育行政の組織と機能 ·· 142

3　地方教育行政の組織と機能 ·· 144

4　教育財政 ··· 148

第Ⅲ部　多様な学びの場

第11章　幼児期の教育 ･･ 153

　1　幼児期の教育の制度 ････････････････････････････････････ 153

　2　幼稚園と保育所の歴史 ･･････････････････････････････････ 157

　3　幼児期の教育の課題 ････････････････････････････････････ 160

第12章　特別支援教育 ･･ 165

　1　特別支援教育の歴史的展開 ･･････････････････････････････ 165

　2　特別支援教育制度の概要 ････････････････････････････････ 168

　3　特別支援教育の制度上の新たな展開 ･･････････････････････ 171

第13章　生涯学習 ･･ 177

　1　生涯学習の理念と社会教育 ･･････････････････････････････ 177

　2　社会教育行政と生涯学習推進 ････････････････････････････ 181

　3　社会教育の施設と職員 ･･････････････････････････････････ 182

　4　社会教育の団体と指導者 ････････････････････････････････ 185

第14章　才能教育 ･･ 189

　1　才能とは何か ･･ 189

　2　才能教育の実際①──学校内における教育上の例外措置 ････････ 192

　3　才能教育の実際②──才能の伸長を目指した多様な教育 ･･････････ 194

　4　才能教育のユニバーサル化と日本の課題 ･･････････････････ 196

　索　　引

序　章
教育の法と制度の基礎

〈この章のポイント〉

　教育にはさまざまな法規が定められ，制度が整えられている。本章では，第1章以降の説明を理解するための教育の法と制度の基本について学ぶ。まず，教育法規の意義と種類などを述べ，教育制度の原則を確認する。次に，教育組織としての制度と学校体系としての制度の意味を説明し，そのうえで，今日に至る教育改革の歴史について解説する。

1　教育の法

1　教育の法の意義

　教育には実にさまざまな法規による定めがある。最初になぜそうした法規があるのか，その意義を考えてみたい。

　例えば，ある子どもが6歳になり小学校に通おうとした時を想像してみよう。その子が小学校に行こうと思っても，自分の住む町に小学校が1校もなければ通うことができない。そのため，市町村には学校を設置する義務が課されている。その子どもが無事に小学校に通えるようになると，教科書が無償で配布される。教科書は検定済みのものを使うことになっていて，学校の教師はこの教科書を使用する義務が課されている。このように一つひとつのことにすべて法律による定めがある。こうした法規があり，それが制度として整っているので，わが国の子どもたちはどこに住んでいても，同じ教育条件で学ぶことができるのである。このように教育に関する法と制度は，子どもたちの教育を受ける権利を保障するものであると言うことができる。

　あるいは，例えば，ある高校生が大学に進学しようとしている場合を考えてみる。高校生が大学に進学するためにはその高等学校を修了することが条件となる。そして，大学の目的，その修業年限，設置の基準等々，それぞれ法規によって定められている。こうした関係法規は大学にのみあるものではなく，幼稚園から大学院まである。こうした法規があることによって各教育機関とその組み合わせである教育制度の骨格が安定したものになるのである。

　さらに，教師の立場で考えてみると，教育に関する諸法規を十分に理解した

▷1　学校教育法第38条。

▷2　義務教育諸学校の教科用図書の無償措置に関する法律。

▷3　教科書の発行に関する臨時措置法。

▷4　学校教育法第34条。

▷5　学校教育法（第90条）は「大学に入学することのできる者は，高等学校若しくは中等教育学校を卒業した者若しくは通常の課程による12年の学校教育を修了した者（通常の課程以外の課程によりこれに相当する学校教育を修了した者を含む。）又は文部科学大臣の定めるところにより，これと同等以上の学力があると認められた者とする」と定めている。

▷6　大学の目的は学校教育法第83条に，修業年限は同法第87条に定められており，大学には大学設置基準が設けられている。

▷7　幼稚園から大学院まで設置基準が設けられている。

I

うえで教育活動に励むことは，自分の職務を遂行するための，また自分の責任を果たすための前提条件であり，結果として自分の身を守ることにもなる。

その一方で，教育に関する法と制度は人々の自由を制約するものであると捉えることもできる。先の例で見ると，わが国の教師には教科書を選択する自由はない。また，義務教育のなかでは保護者には就学義務（その子どもを学校に通わせる義務）が課せられているので，その子どもを家庭のみの教育で育てる自由は認められていない。このように教育の法と制度は，一方では権利を保障しつつ，一方ではその自由を制約するという両面をもつものである。

また，教育に関するある事柄について法規があるとしても，その定める程度と範囲もさまざまである。例えば，学校給食について見てみよう。学校給食法は，義務教育諸学校の設置者（市町村）に対して「学校給食が実施されるように努めなければならない」と定めている。これはいわゆる「努力義務」であり，「実施しなければならない」という義務ではない。したがって，中学生の楽しみの一つである給食がない中学校も少なからずあるわけである。あるいは，中学校の教師の職務を思い浮かべてみる。中学校の教師は担当する教科の授業のほかに，生徒指導，給食指導，掃除の指導，部活の指導などさまざまな仕事をしているが，その職務に関する規定は，「教諭は，児童の教育をつかさどる」と定めるに過ぎない。中学校の教師が部活を担当しなければならないという具体的な規定はどこにもないのである。教育の条件整備のために一定の法の整備は不可欠である。しかし，すべてを法で規制することは望ましいことではない。教師が教育の専門職であるとするならば，その裁量に任せる方が望ましい。そもそも「授業」とは何かに関する規定がわが国では存在しないのもそのためである。

2 教育に関する法律の種類

教育に関する主な法律を整理しておこう。まずわが国の最高法規である日本国憲法では，第26条に「教育を受ける権利」を次のように定めている。「すべて国民は，法律の定めるところにより，その能力に応じて，ひとしく教育を受ける権利を有する」。また同条第2項は「すべて国民は，法律の定めるところにより，その保護する子女に普通教育を受けさせる義務を負ふ。義務教育は，これを無償とする」として義務教育について定めている。

次に教育基本法がある。同法は第二次世界大戦後の教育の理念を掲げた法律であり，2006（平成18）年に全面改正されている。同法は第1条に「教育の目的」を次のように明記している。「教育は，人格の完成を目指し，平和で民主的な国家及び社会の形成者として必要な資質を備えた心身ともに健康な国民の育成を期して行われなければならない」。このように，わが国の場合，教育の

▷8　学校教育法第17条。

▷9　学校給食法第4条。

▷10　学校教育法第37条第11項。なお，本条項は小学校に関するものであるが，第49条により中学校にも準用されている。

目的は「人格の完成」として示されている。これを受けて第2条では5項目にわたり「教育の目標」も定められている。また，教育の機会均等についても，「すべて国民は，ひとしく，その能力に応じた教育を受ける機会を与えられなければならず，人種，信条，性別，社会的身分，経済的地位又は門地によって，教育上差別されない」と定めている（第4条）。このほかにも，生涯学習の理念，義務教育，教育振興基本計画等についても条文がある。

そのうえで，学校については学校教育法がある。学校教育法は1947（昭和22）年に学校に関する基本的総合的な法規として制定されたものである。その第1条では「学校の範囲」が次のように示されている。「この法律で，学校とは，幼稚園，小学校，中学校，義務教育学校，高等学校，中等教育学校，特別支援学校，大学及び高等専門学校とする」。したがって，本書の第4章のタイトルである「各種学校・専修学校」や，第11章の「幼児期の教育」で取り上げる保育所は，学校教育法の「学校」には含まれないことになる。また，学校の設置者は，誰でもよいわけではなく，国，地方公共団体および学校法人のみに限られること（第2条），学校を設置する場合は，学校の種類ごとの「設置基準」に従うことなど（第3条），学校教育の基本に関する部分を定めている。

また，公民館などの社会教育や広く生涯教育についても基本となる法律がある。そうしたものも含めて主なものをあげると表序-1のようになる。

▷11　(1)幅広い知識と教養を身に付け，真理を求める態度を養い，豊かな情操と道徳心を培うとともに，健やかな身体を養うこと。(2)個人の価値を尊重して，その能力を伸ばし，創造性を培い，自主及び自律の精神を養うとともに，職業及び生活との関連を重視し，勤労を重んずる態度を養うこと。(3)正義と責任，男女の平等，自他の敬愛と協力を重んずるとともに，公共の精神に基づき，主体的に社会の形成に参画し，その発展に寄与する態度を養うこと。(4)生命を尊び，自然を大切にし，環境の保全に寄与する態度を養うこと。(5)伝統と文化を尊重し，それらをはぐくんできた我が国と郷土を愛するとともに，他国を尊重し，国際社会の平和と発展に寄与する態度を養うこと。

表序-1　主な教育法

教育の基本	日本国憲法，教育基本法
学校教育	学校教育法，公立義務教育諸学校の学級編制及び教職員定数の標準に関する法律，高等学校等就学支援金の支給に関する法律
教育奨励	就学困難な児童及び生徒に係る就学奨励についての国の援助に関する法律，特別支援学校への就学奨励に関する法律，義務教育の段階における普通教育に相当する教育の機会の確保等に関する法律
学校環境	学校保健安全法，独立行政法人日本スポーツ振興センター法，学校給食法，学校図書館法
私立学校	私立学校法，私立学校振興助成法
社会教育・生涯学習	社会教育法，図書館法，博物館法，生涯学習の振興のための施策の推進体制等の整備に関する法律，スポーツ基本法
教職員	地方公務員特例法，教育職員免許法，学校教育の水準の維持向上のための義務教育諸学校の教育職員の人材確保に関する特別措置法
教育行財政	地方教育行政の組織及び運営に関する法律，地方自治法，義務教育費国庫負担法

出所：筆者作成。

以上は「法律」である。ここまで「法規」と言いながら主に法律を見てきた。しかし教育に関する法規は法律だけではない。例えば，公立学校の休業日をいつにするかについてその学校の設置者（市町村の教育委員会）が定めること

は学校教育法施行令（第29条）という「政令」で定められている。あるいは，中学校に生徒指導主事を置くことは学校教育法施行規則（第70条）という「省令」で定められている。こうした法規の種類をまとめると表序-2のようになる。

表序-2　法規の種類

条　約	国家間の，または国家と国際機関との間の法的な合意
	例：児童の権利に関する条約，経済的，社会的及び文化的権利に関する国際規約，障害者の権利に関する条約
法　律	国会の議決を経て制定される法
	例：学校教育法，社会教育法，教育職員免許法
政　令	内閣が制定する命令
	例：学校教育法施行令，教育職員免許法施行令，中央教育審議会令
省　令	各省の大臣が発する命令
	例：学校教育法施行規則，大学設置基準，義務教育諸学校教科用図書検定基準
条　例	地方公共団体が議会の議決により制定する法
	例：川崎市子どもの権利に関する条例，東京都青少年の健全な育成に関する条例，川西市子どもの人権オンブズパーソン条例
規　則	地方公共団体の長（知事・市町村長）または委員会が制定する細則
	例：教育委員会規則

出所：筆者作成。

▷12　学校教育法によると，例えば「小学校の教育課程に関する事項は，……文部科学大臣が定める。」（第33条）と規定されており，これが学習指導要領の法的根拠となる。また，学習指導要領によると，「各学校においては，……適切な教育課程を編成する」ものとすると明記されている。

▷13　教育振興基本計画
教育基本法において「政府は，教育の振興に関する施策の総合的かつ計画的な推進を図るため，教育の振興に関する施策についての基本的な方針及び講ずべき施策その他必要な事項について，基本的な計画を定め，これを国会に報告するとともに，公表しなければならない」（第17条）と定められている。

このほかにも重要なものとして，学習指導要領がある。学習指導要領は学校の教育課程の基準となるものである（例えば小学校の場合，学校教育法施行規則第52条）。ただし，各学校の教育課程は各学校が定めることもまた学習指導要領に明記されている。[12]

また，政府として（文部科学省ではなく）定める教育振興基本計画や地方自治体の推進する教育施策も各学校に影響を及ぼすものである。[13]

③　教育制度の原則

今日の教育法規に定められている教育制度の原則を確認しておく。

第一は，日本国憲法に定める教育を受ける権利の保障である。先にも引いたようにわが国の憲法では，すべての国民に教育を受ける権利が認められている。国民は一人の人間・市民として成長，発達し，自分の人格を完成，実現するために必要な学習をする権利を有しており，その権利を保障することが教育制度の第一の原則となる。また，これも先に引いたとおり，ここで保障されるべき教育の目的として，教育基本法において「人格の完成」が掲げられていることも重要である。人格の完成とは，各個人が備えるあらゆる資質・能力を可能な限り調和的に発展させることを意味する。

第二は，教育の機会均等の原則である。憲法第26条には，「ひとしく」教育

を受ける権利が謳われている。教育基本法（第4条）においても，すべての国民が，「ひとしく，その能力に応じた教育を受ける機会」が与えられなければならないと明記されており，教育制度はこの原則に応えるものでなければならない。そのために，国および地方公共団体には，障害のある者がその障害の状態に応じた教育を受けられるよう必要な支援を講じること，また，経済的な理由によって修学が困難な者に対して奨学の措置を講じることが義務づけられている。

第三は，公教育としての学校という原則である。教育基本法は，「法律に定める学校は，公の性質を有するものであって，……」（第6条第1項）と定めている。その意味は，一つには，学校教育は一部の者の利益のためではなく，社会公共の福利のために行われるということである。もう一つは，学校教育は家庭教育や私的団体による私教育ではなく，社会の公共的課題として，公教育として行われるということである。[14]

最後に，生涯にわたる学習の保障という原則も重要である。今日の社会において，教育および学習が学校教育の修了と同時に終了することは考えられない。教育基本法（第3条）においても，「国民一人一人が，自己の人格を磨き，豊かな人生を送ることができるよう，その生涯にわたって，あらゆる機会に，あらゆる場所において学習することができ，その成果を適切に生かすことのできる社会の実現が図られなければならない」として生涯学習の理念が謳われている。[15]

2 教育の制度

1 教育組織としての制度

教育制度とは，教育目的を達成するために社会的に公認された組織をいう。この場合，小学校や中学校などの教育組織とこれらの組織が配置される学校体系という2つの意味がある。

まず，前者の意味での教育制度は，小学校などの組織であるから，次のような主な要素，すなわち，(1)教育目的，(2)学習者，(3)教育者，(4)教育内容・方法，(5)施設・設備，(6)教授・学習組織，(7)教職員組織，(8)アクセス制度，(9)教育組織を支えるものなどから構成される。それらの内容は次の表序-3のように整理することができる。

▷14　なお，わが国の場合，先に見た教育基本法第6条の「法律に定める学校」には私立学校も含まれており，この意味で私立学校も公教育に含まれる。本来，私立学校は公教育ではなく私教育であり，私人や私的機関が責任をもって行う教育をさすが，わが国の場合は異なる。私立学校は，教育基本法において「私学の自主性」が認められつつも，一方では，私立学校法によって「私学の公共性」を高めることも求められている。

▷15　生涯学習の振興については，生涯学習の振興のための施策の推進体制等の整備に関する法律が定められている。同法は「国民が生涯にわたって学習する機会があまねく求められている状況にかんがみ」「生涯学習の振興のための施策の推進体制及び地域における生涯学習に係る機会の整備を図り，もって生涯学習の振興に寄与すること」を目的とするものである（第1条）。

▷16 学校教育法には各学校の「目的」と「目標」が定められている。

▷17 例えば，小学校には学齢に達しない子は入学させることができない（学校教育法第36条）。

▷18 例えば，高等学校には，「校長，教頭，教諭及び事務職員を置かなければならない」と定められている（学校教育法第60条）。

▷19 このほかに例えば学校教育法には小学校において体験活動の充実に努めることとするという条文もある（第31条）。

▷20 学校教育法施行規則第1条。幼稚園，小学校，中学校，高等学校，大学には「設置基準」が定められている。

▷21 例えば，小学校の学級数は，12学級以上18学級以下を標準とする定めがある（学校教育法施行規則第41条）。また，各学級は「同学年の児童で編制するものとする」（小学校設置基準第5条）と定められている。なお，一般には学級「編成」であるが，法律の用語としては学級「編制」という言葉が用いられている。

▷22 例えば，職員会議については学校教育法施行規則第48条に定められている。また，校長，教頭などの管理職の職務も学校教育法に規定がある（第37条）。

▷23 例えば，義務教育について見ると，保護者への就学義務（学校教育法第16条），市町村による経済的な支援の義務（同法第19条），学齢児童生徒の使用者の避止義務（同法第20条）などが定められている。

▷24 文部科学省については文部科学省設置法が，教育委員会については地方教育行政の組織及び運営に関する法律がその権限などを定めている。

6

表序-3　教育組織の主な要素

要　素	内　容
(1)教育目的	学校等は意図的な教育機関であるから，必ず目的がある。それは，子どもの発達段階によって異なり，また，普通教育か職業教育かによっても異なる。[16]
(2)学習者	教育には対象者がいる。小学校の場合は小学生であり，大学の場合は大学生である。各学校がどのような者を対象とするかは法律等によって明記されている。[17]
(3)教育者	教育機関には教える者が必要である。各学校にどのような教員および職員を配置すべきかについても学校教育法などに規定されている。[18]
(4)教育内容・方法	学校等は計画的教育組織であるから，教える内容および方法も必要である。そのために教育課程の基準として学習指導要領（幼稚園の場合は教育要領）が定められている。[19]
(5)施設・設備	教育機関には教えるための物理的な場と施設・設備が必要である。校庭や校舎，体育館，校舎内の教室や設備が整えられる。[20]
(6)教授・学習組織	学校等は組織的な教育機関であるから，学ぶ者も組織される。そのために，学校規模が定められ，学年や学級が編成される。[21]
(7)教職員組織	学校等は組織的な教育機関であるから，教える側も組織される。教職員の職員会議，分掌組織などが作られ，学校を運営する組織も設けられる。[22]
(8)アクセス制度	学びたいと思う者がいて，物理的に校舎などがあっても，通うことが妨げられる場合もある。このため学ぶ者がその教育機関に通える（アクセスできる）仕組みが必要となる。[23]
(9)教育組織を支えるもの	文部科学省や教育委員会などの教育行政機関は教育組織を支えるものとして必要である。学校との連携が求められる家庭・地域などもこれに当たる。[24]

出所：筆者作成。

　教育組織としての制度は以上の主な要素から構成されたものである。そして各要素が有機的に結びついていないと効果的な教育活動は望めない。なお，小学校などの各教育組織の詳細は，本書の各章において説明される。

2 学校体系としての制度

　次に，教育制度には，こうした教育組織の体系という意味がある。この場合，学校体系は縦の系統性と横の段階性とによって成り立っている。学校の系統性は基本的にその目的の違いによって分類される。現在では，例えば，普通教育と職業教育（専門教育）の違い，学校種で言うと，小・中学校と特別支援学校の違いによって分類される。図序-1に見るように，戦前のわが国の学校体系は，中等教育段階でいくつもの学校種が並立しており，かつ，中学校を除くと大学に接続することができない仕組みであり，系統性が際立ったものであった（複線型学校体系）。[25]

　一方，学校段階は，学校の上下関係を区分するもので，初等教育，中等教育，高等教育といった分類になる。現在のわが国の学校体系は図序-2のよう

序　章　教育の法と制度の基礎

図序-1　戦前の学校系統図（大正8年）

出所：若井（2017，947ページ）。

▷25　正確には，小学校段階は1つであり，中等教育段階から分かれるため，「分岐型」学校体系と言える。

に段階性が優位の学校体系（単線型学校体系）となっている[26]。

　また，各学校段階間のつながりを接続（アーティキュレーション），学校系統間の横のつながりを統合（インテグレーション）という。現在の学校体系では，小学校（6年制），中学校（3年制），高等学校（3年制），大学（4年制）の6・3・3・4制が基本であるが，この学校段階の見直しや入試制度をどうするかといったことが接続（アーティキュレーション）の面での課題となる。一方，普通教育と障害児教育を分けずに統合教育で実施する，あるいは，普通教育と職業教育（専門教育）を含んだ形で総合制高等学校を作るといったことなどは統合（インテグレーション）の課題である。

▷26　高等専門学校（1961年創設），中等教育学校（1998年），義務教育学校（2016年）が各時代の要請によりできたため今日の制度は複線化しつつあるように見える。しかし，その目的を見ると，例えば中等教育学校の場合，中学校と高等学校の目的を合わせたものになっていることがわかる（学校教育法第63条）。したがって，複線型になりつつあるというよりも，教育機会の多様化と捉えることができる。

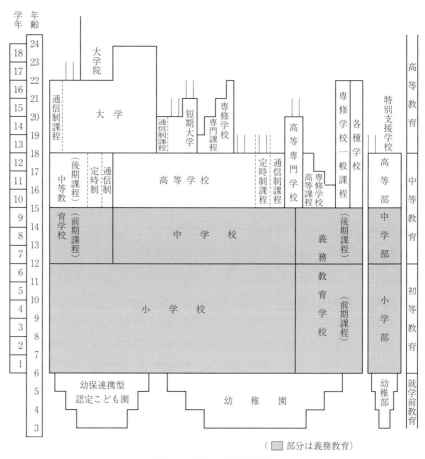

図序-2　現在の学校系統図

出所：文部科学省（2017）。

3　教育制度の成立と改革の歴史

1　明治期から第二次世界大戦まで

▷27　学制は，それまでの身分や性別に応じた差別を一切なくし，すべての者に教育を受ける機会を開くことを企図した教育制度構想である。

　わが国の近代教育制度は，1872（明治 5）年の「学制」に始まる。それは全国の府県を 8 の大学区に分け，1 つの大学区を32の中学区に，さらに 1 つの中学区を210の小学区に分け，それぞれに大学校，中学校，小学校を配置するという計画であった（したがって，小学校の数は 8 × 32 × 210 ＝ 5 万3760校）。しかしこの計画は制度の創設期においてはあまりに壮大であり，実現するに至らなかった。その後，1879（明治12）年に教育令，翌1880（明治13）年には改正教育令が出されるなど，紆余曲折が続いた。

　教育に関する法制度が整えられるのは，初代文部大臣森有礼の下で，小学校令，中学校令，師範学校令，帝国大学令が出される1886（明治19）年の頃であ

る。1889（明治22）年には大日本帝国憲法が発布されたが、教育に関する条項はなかった。その代わりに1890（明治23）年には「教育ニ関スル勅語（教育勅語）」が発布され、戦前の教育理念が確定する。

1899（明治32）年には、中学校令の改正、実業学校令、高等女学校令の公布により、中等教育制度が整えられる。ただし、男子の中学校と女子の高等女学校、普通教育を行う中学校と職業教育を行う実業学校が並立し、しかも中学校のみが高等教育に接続するという仕組みであり、ここに複線型の学校体系が確立する。

一方、小学校については、1900（明治33）年の小学校令改正にともない、尋常小学校は4年と定められるとともに、義務教育の年限もこの4年とされ、あわせて授業料の無償化も実現した。1907（明治40）年には小学校令が再び改正され、尋常小学校が6年になり、義務教育年限も6年に延長された。この時期までに小学校の就学率も高まり、戦前の義務教育制度も整えられる。

大正期に入ると、1918（大正7）年に高等学校令と大学令が公布され、高等学校と大学の戦前の法制も確立する。高等学校令により高等学校は修業年限が7年（尋常科4年と高等科3年）と定められ、一方、大学令によりそれまで専門学校とされていた私立学校が大学に昇格する。

戦前の昭和期には、1939（昭和14）年に青年学校令が、1941（昭和16）年に国民学校令が、1943（昭和18）年に中等学校令がそれぞれ公布されるが、第二次世界大戦により制度化は実質的には頓挫することになる。

2 戦後教育改革から1980年代まで

1945（昭和20）年に終戦を迎えた後、1946（昭和21）年に米国教育使節団が来日し、教育改革の勧告を行い、それを受けたわが国の教育刷新委員会が戦後教育改革を構想した。1946年には日本国憲法が公布され、前節までで見たように国民の教育を受ける権利が保障される。翌1947（昭和22）年には、教育基本法と学校教育法が、1948（昭和23）年には教育委員会法が、さらに1949（昭和24）年には教育職員免許法と社会教育法が公布され、戦後の教育改革が法律の形で整備されることになる。

こうした教育改革を通して、義務としての教育から権利としての教育へ、教育勅語の忠君愛国から教育基本法の「人格の完成」へ、複線型学校体系から単線型学校体系へ、中央集権の教育行政から地方自治の尊重へと原理的な転換が図られるとともに、教育の機会均等、学問の自由の尊重、男女平等の原則も確立した。

その後、1950年代に入ると、いわゆる「55年体制」の下、1956（昭和31）年には教育委員会法が廃止されるとともに、地方教育行政の組織及び運営に関す

▷28　戦前の教育法はいわゆる勅令主義がとられており、帝国議会の定める法律によるのではなく、天皇が発する命令である勅令により定められていた。

▷29　教育勅語は、戦前の教育理念として、あるいは、国家の精神的支柱として重要な役割を果たした。

▷30 告 示
各省大臣が所掌事務について公示を必要とする場合の公示の形式。上位の法規を補完する時には法規命令の性格をもつとされている。

▷31 学校教育法施行規則の改正による。当初は月1回であったが，2002（平成14）年より完全実施されている。

▷32 学校教育法施行規則の改正で校長・教頭の資格要件が緩和された（第22条）。

▷33 学校教育法施行規則第33条では指定校変更が定められており，同条に基づき，実質的に選択する道が開かれた。

▷34 2003年の地方自治法の改正により，公の施設の管理を民間事業者やNPO法人に委ねることが可能となった（地方自治法第244条の2の3）。

る法律が制定され，1958（昭和33）年から学習指導要領の告示化なども進められた。高度経済成長の時期に入った1960年代では，高校や大学の進学率が大きく上昇するとともに，高等専門学校も創設される（1961年）。1971（昭和46）年には中央教育審議会の答申「今後における学校教育の総合的な拡充整備のための基本的施策について」が出され，義務教育の教育職員の人材確保法の制定（1974年）や専修学校制度の創設（1975年）も相次いで行われた。

1980年には総理大臣直属の臨時教育審議会が設置される。同審議会は，4次にわたる答申を通して，個性重視の原則，生涯学習体系への移行，国際化・情報化などといった変化への対応を改革課題として掲げ，その後の教育施策に大きな影響を与えた。1990（平成2）年には生涯学習の振興のための施策の推進体制の整備に関する法律も制定され，生涯学習に関する施策も推進される。

なお，1989年に国連総会で採択された児童の権利条約がわが国において批准されるのは1994（平成6）年のことである。

3 1990年代から現在まで

1990年以降の改革の特徴の一つは，規制緩和や民営化である。高等教育では，1991年以降，学校教育法や大学設置基準の改正により，大学が著しく多様化した。初等中等教育では，学校週5日制の導入（1992年），民間人校長の登用（2000年），学校選択の自由（2003年）などの施策として表れている。さらに2003年には指定管理者制度が導入され，公民館や保育所などの公の施設を民営化する道も開かれた。

2000年以降では，2000（平成12）年の教育改革国民会議（首相の私的諮問機関）の提言以降，教育基本法の改正が議論となり，2006（平成18）年に全面的に改正される。またこの改正にともない，学校教育法，地方教育行政の組織及び運営に関する法律，教育職員免許法なども改正された。

幼児期の教育については，2012（平成24）年に子ども・子育て支援法，改正認定こども園法，子ども・子育て支援法等整備法が成立し，その制度は複雑なものとなった。

また，近年でも，子どもの貧困対策の推進に関する法律（2013年），障害を理由とする差別の解消の推進に関する法律（2013年），義務教育の段階における普通教育に相当する教育の機会の確保等に関する法律（2016年）などが成立し，学校教育法の一部改正により小学校と中学校を統合した義務教育学校も創設される（2016年）など，教育改革が多面的に進められている。

以上は教育改革の大きな流れであるが，各学校種やさまざまな学びの場，さらにそれを支える制度の具体例については本書の各章で理解を深めてほしい。

序　章　教育の法と制度の基礎

Exercise

① 『教育小六法』を手にとり，関心のある学校種について，どのような法規があるのか調べてみよう。

② 明治期から現在までの教育改革のうち，関心のあるものを取り上げて，なぜその時期に改革が行われたのか，その意図や背景を調べてみよう。

③ 自分の住んでいる都道府県や市町村ではどのような教育施策を重視しているのか，ホームページなどで調べてみよう。

次への一冊

『教育小六法』。

　　教育関係の法規をまとめた『教育小六法』はいくつか出ている。例えば，『教育小六法』（学陽書房），『解説教育六法』（三省堂），『教職六法』（協同出版）などである。それぞれ工夫を凝らしているので，関心のあるところを見比べてほしい。

教育制度研究会編『要説教育制度』学術図書出版社，2011年。

　　本書の執筆者の多くも執筆している教育制度に関する代表的なテキストである。教育制度の原理から今日的課題に至るまで解説と資料が充実している。教育制度に関心があれば参照してほしい。

米田俊彦編著『近代日本教育関係法令体系』港の人，2009年。

　　教育制度は教育法規を基本としている。本書は近代の教育関係の法令を1冊（と言っても1000ページを超えているが）にまとめており，図書館などでぜひ一度手に取って，いかに関係法令が多くかつ多様であるかを実感してほしい。

引用・参考文献

姉崎洋一他編著『ガイドブック教育法』三省堂，2015年。

菱村幸彦『はじめて学ぶ教育法規』教育開発研究所，2015年。

窪田眞二『すぐわかる！　教育法規』学陽書房，2015年。

真野宮雄・桑原敏明編著『教育権と教育制度』第一法規，1988年。

文部科学省「諸外国の教育統計（平成29年版）」2017年。

二宮皓編著『世界の学校──教育制度から日常の学校風景まで』学事出版，2014年。

坂野慎二・湯藤定宗・福本みちよ編著『学校教育制度概論』玉川大学出版部，2017年。

鈴木勲編著『逐条学校教育法』学陽書房，2016年。

田中壮一郎監修『逐条解説　改正教育基本法』第一法規，2007年。

若井彌一監修『教職六法（2018年度版）』協同出版，2017年。

第 I 部

基本的な学校の制度

第1章
小学校

〈この章のポイント〉

　日本の小学校は，いつ頃どのようにして，日本全国に設置されたのだろうか。小学校の教育制度は，戦前と戦後でどのように違うのか。そして現在，小学校が抱える教育制度上の課題は何か。本章では，義務教育の基礎を担う小学校について，明治期以降の小学校の歴史的展開を明らかにしたうえで，現在の小学校の教育制度に関する法規定を解説し，教育制度上の今日的課題について学ぶ。

1　小学校教育制度の歴史的展開

1　明治期から昭和前期（第二次世界大戦）までの小学校制度

　日本の小学校は，1872（明治5）年の学制発布以降，すべての国民が就学する初等教育機関として位置づけられてきた。文部省は学制の制定に際して，第一に着手すべき重要事項として，小学校の普及・充実に努めることを掲げ，全国民が就学することを目標に小学校に重点を置いた計画を立てた。学制の計画では，全国に学校制度を普及させるために学区制を取り入れ，日本全国を8大学区に分け，1大学区を32中学区に分け，1中学区を210小学区に分け，それぞれの学区に学校を置く計画であった。この計画どおりに学校を設置すると，大学校が8校，中学校が256校，小学校が5万3760校設置される予定となる。

　この学制（1872〜79年）の計画に沿って，まずは小学校の設置が急速に進められ，3〜4年の間で約2万6000校の小学校が日本全国に設立されたのである。当初予定されていた5万3760校の小学校を設置するには至らなかったが，この学制の計画によって日本では，数年のうちに全国各地に小学校の設置が進んだことは画期的なことであった。明治時代の小学校数（約2万6000校）は，約100年経過した平成における小学校の総数（2000年時点で約2万4000校）と大差なく，日本全国で必要な小学校数は明治期に整っていたことがわかる。

　学制の計画において，小学校は下等小学4年（6〜9歳）と上等小学4年（10〜13歳）の合計8年制を原則としており，学校制度の基礎となる普通教育を施す場として，男女ともに必ず学ぶべきものとされた。全国民が就学して卒業することを目標に小学校が急速に設置されたが，当時，学校教育の必要性はそれ

15

第Ⅰ部　基本的な学校の制度

ほど広くは認識されておらず，一般民衆を小学校に就学させることは容易なことではなかった。また当時の小学校の経費は，国庫補助金がきわめて少額であり，地方住民の負担，すなわち受益者負担の原則がとられていたため，高額な授業料を徴収することに対して，民衆の不満は大きくなっていた。その頃の小学校への就学率を見てみると，学制発布の翌年である1873（明治6）年時点は，男子39.9％，女子15.1％，男女平均28.1％，その5年後の1878（明治11）年には，男子57.6％，女子23.5％，男女平均41.3％という状況である。

　学制の下で短期間のうちに急速に小学校の設置が進められたが，小学校の設置・維持に多額の経費が必要となるなか，学制に対する批判が高まり，1879（明治12）年に学制は廃止され，それを継ぐ法律として同年に第1次教育令，1880（明治13）年に第2次教育令，1885（明治18）年に第3次教育令が公布された。翌年の1886（明治19）年に制定された第1次小学校令では，小学校を尋常小学校4年（6～9歳）と高等小学校4年（10～13歳）の二段階に分け，父母・後見人は児童を尋常小学校に4年間就学させる義務があるとした。この法律で初めて「義務」という言葉を用いて，義務教育の年限を4年と定め，義務教育を実施する制度が確立したのである。その後，1890（明治23）年に第2次小学校令が公布され，第2次小学校令の第1条において初めて小学校の目的が明示されるようになった。

　さらに1900（明治33）年には第3次小学校令が公布され，この改正において義務教育制度の完全施行が決定された。第3次小学校令での重大な改革は，公立尋常小学校の授業料は徴収しないことを定め，義務教育の授業料無償を制度化したことである。義務教育の場となった尋常小学校は4年制に統一され，この授業料無償化を機に就学率は急激に上昇していったのである（図1-1参照）。同時に第3次小学校令では，将来的に義務教育期間を6年に延長することを見据えて，2年制の高等小学校を尋常小学校に併置することを奨励していた。当

▷1　高等小学校は尋常小学校の上に続く初等教育の課程である。1886年制定当初は4年制であったが，1890年の小学校令以降は2年制・3年制・4年制の3種類が認められた。1907年に義務教育年限が延長されると高等小学校は2年制を原則として初等普通教育を完成させる場として位置づけられた。

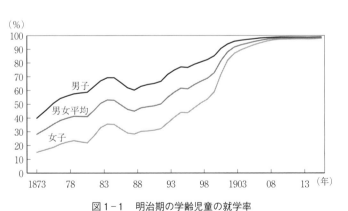

図1-1　明治期の学齢児童の就学率
出所：文部省（1981）をもとに作成。

時の尋常小学校の必須教科目は，修身・国語・算術・体操の４科目からなると
しており，これに次ぐ高等小学校の教育課程が，尋常小学校の教育課程とどの
ように関連づけられるのか，検討がなされていた。

　1907（明治40）年には尋常小学校の修業年限を２年延長して，６年制の義務
教育段階としての小学校が誕生し，これを国民教育の基礎課程として位置づ
け，６年間の授業料を無償化した。この年に就学率が男女平均で97％を超えた
のである。

　大正元年である1912年の就学率は，男子98.8％，女子97.6％，男女平均
98.2％であり，男女差はほぼ解消していた。尋常小学校への就学率だけではな
く，通学率も1915（大正４）年には90％を上回り，卒業率についても1920年代
（大正時代の終わり）には90％を超えている。昭和前期になると，ほぼすべての
国民が小学校に就学するだけではなく，６年間の義務教育課程を完全に修了す
るようになったのである。

　1941（昭和16）年には小学校令を改正して，戦時下の教育体制として国民学
校令が公布され，明治以来続いてきた「小学校」という呼び名に代わって，皇
国史観[2]に基づく「国民学校」が誕生した。国民学校は初等科６年，高等科２年
の合計８年制の初等教育機関となった。国民学校令では，1944（昭和19）年か
ら義務教育年限を８年間へと延長して就学義務の徹底化を図る予定であった
が，戦争の激化に伴い義務教育年限の延長は実現していない。

▷２　皇国史観
日本の歴史は万世一系の天皇を中心に継承されてきたと捉える歴史観のこと。

２　戦後の学制改革

　戦前における日本の教育に関する事項は，天皇の大権事項とされ，勅令によ
るのが一般的であったが，戦後は日本国憲法の制定により，教育に関する事項
はすべて法律によって規定されることになった[3]。日本国憲法における教育条項
は第26条であり，同条第１項において「すべて国民は，法律の定めるところに
より，その能力に応じて，ひとしく教育を受ける権利を有する」とし，第２項
において「すべて国民は，法律の定めるところにより，その保護する子女に普
通教育を受けさせる義務を負ふ。義務教育は，これを無償とする」ことを定め
ている。このように日本国憲法第26条は，すべての国民に対して教育を受ける
権利を保障しており，この権利を保障するために，すべての国民に対してその
子どもに普通教育を受けさせる義務を課している。また教育を受ける権利を実
質的に保障するために義務教育を無償とすることが定められているのである。

　日本の最高法規である日本国憲法が制定された翌年の1947（昭和22）年に
は，教育基本法と学校教育法が制定され，教育の基本原理と学校体系が定ま
り，戦後の教育制度が整備された。戦後日本の学校体系は，小学校６年，中学
校３年，高等学校３年，大学４年の６・３・３・４制の単線型となり，小学校

▷３　日本国憲法の諸規定
のなかで，教育に関する事
項は第26条に定められてい
る。同条で「法律の定める
ところにより」とあるよう
に，教育に関する事項はす
べて法律によって規定され
るようになった。

▷４　勅令主義から法律主
義への転換。

第Ⅰ部　基本的な学校の制度

と中学校の合計9年間が義務教育期間となった。

　小学校の数は戦前戦後と大きな変動はなく，1947年には2万4997校存在していた。図1-2にあるように，2000（平成12）年には2万4106校存在していた小学校であるが，2010（平成22）年には2万2000校，2015（平成27）年には2万601校と少子化にともない学校統廃合が進み，小学校の数が減少していることがわかる。

　小学校の在籍児童数は，第一次ベビーブームの影響を受けて，1958（昭和33）年には戦後最大の1349万2087人となり，それ以後1968（昭和43）年まではやや減少しているが，その後増加に転じて1981（昭和56）年には児童数1192万4653人と第二次ベビーブームによるピークを迎えた。1990年代以降は，児童数の減少が続いており，2000（平成12）年には736万6079人，2010年には699万3376人，2015年には654万3104人となっている。

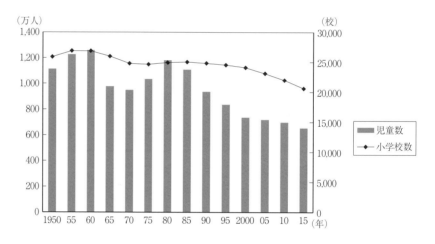

図1-2　小学校数と在籍児童数の推移
出所：文部科学省（2017）をもとに作成。

2　小学校の法と制度

1　小学校の法規定

　学校教育法第1条において，「学校とは，幼稚園，小学校，中学校，義務教育学校，高等学校，中等教育学校，特別支援学校，大学及び高等専門学校とする」ことが定められている。国，地方公共団体および私立学校法に規定する学校法人のみが学校を設置することができ，国が設置する学校を国立学校，地方公共団体が設置する学校を公立学校，学校法人が設置する学校を私立学校とい

▷5　学校教育法第1条で定められた学校を「一条校」という。

第1章　小学校

う（学校教育法第2条）。学校の経費は，設置者負担主義に基づき，原則として，学校の設置者が学校を管理し，学校の経費を負担することになっている（学校教育法第5条）。つまり，公立小学校の場合，設置者は市町村であり，原則として，市町村が学校の経費を負担するのである。

　学校教育法第38条において，「市町村は，その区域内にある学齢児童を就学させるに必要な小学校を設置しなければならない」ことを定めている。小学校を設置する場合は，学校教育法やその他法令の規定のほか，省令で定める小学校設置基準を満たさなければならない。小学校設置基準は，私立学校を含め，多様な学校の設置を促進する観点から，小学校の編制，施設，設備など小学校を設置するのに必要な最低基準を定めている。例えば，小学校の学級は，同学年の児童で編制するものとしており，1学級の児童数は，特別の事情があり，かつ，教育上支障がない場合を除き，40人以下と規定している（小学校設置基準第4条，第5条）。ただし，公立小学校の場合は，「公立義務教育諸学校の学級編制及び教職員定数の標準に関する法律」（以下，義務教育標準法）に基づき，小学校第1学年のみ，1学級の児童数は35人以下と定めている。また小学校の学級数は，12学級以上18学級以下（1学年につき2～3学級）を標準とする（学校教育法施行規則第41条）。

　小学校に置く教諭等（主幹教諭，指導教諭，教諭）の数は，1学級あたり1人以上としている（小学校設置基準第6条）。公立小学校の教頭および教諭等の数については，別に定める義務教育標準法に基づき，学級総数で示した学校規模に応じて乗ずる数を設定し，算出している（表1-1参照）。つまり，小学校の適正学校規模となっている12学級の場合は，12学級に対して乗ずる数が1.210であるため，12×1.210＝14.52人が教頭を含めた教員の基礎定数になる。実際の教員数は，この基礎定数に，個々の課題に応じて予算措置される加配定数を

▷6　省　令
各省の大臣が，その省の所管事務について発する命令のこと。

表1-1　小学校の教頭および教諭等の数の算定表

学校規模	乗ずる数	学校規模	乗ずる数
1学級及び2学級の学校	1.000	19学級から21学級までの学校	1.170
3学級及び4学級の学校	1.250	22学級から24学級までの学校	1.165
5学級の学校	1.200	25学級から27学級までの学校	1.155
6学級の学校	1.292	28学級から30学級までの学校	1.150
7学級の学校	1.264	31学級から33学級までの学校	1.140
8学級及び9学級の学校	1.249	34学級から36学級までの学校	1.137
10学級及び11学級の学校	1.234	37学級から39学級までの学校	1.133
12学級から15学級までの学校	1.210	40学級以上の学校	1.130
16学級から18学級までの学校	1.200		

注：小学校の適正規模である12学級から18学級に網掛けを付している。
出所：義務教育標準法第7条をもとに作成。

第Ⅰ部　基本的な学校の制度

加えた人数になっている。

　小学校の施設および設備は，指導上，保健衛生上，安全上および管理上適切なものでなければならない（小学校設置基準第7条）。小学校には，校舎（教室，図書室，保健室，職員室），運動場，体育館を備える必要があり，それらの面積についても児童数に応じて適切な大きさを定めている（小学校設置基準第8条，第9条）。また小学校には，学級数および児童数に応じ，指導上，保健衛生上および安全上必要な校具および教具を備えなければならない（小学校設置基準第11条）。

　小学校への就学は，学校教育法第17条において規定されており，保護者は，子の満6歳に達した日の翌日以後における最初の学年の初めから，満12歳に達した日の属する学年の終わりまでを小学校に就学させる義務を負っている。小学校の修業年限は6年であり（学校教育法第32条），学齢に達しない子は，小学校に入学させることはできない（学校教育法第36条）。市町村教育委員会は，就学に関する事務の責任を負っており，当該市町村に住所を有する者で，前学年の初めから終わりまでの間に満6歳に達する者について，あらかじめ学齢簿を作成することが求められている（学校教育法施行令第2条）。また市町村教育委員会は，就学予定者の保護者に対して，小学校への入学期日と，市町村内に小学校が2校以上ある場合は，あらかじめ通学区域を設定して，就学すべき小学校を通知しなければならない（学校教育法施行令第5条）。

　小学校で使用する教科用図書については，学校教育法第34条において，「小学校においては，文部科学大臣の検定を経た教科用図書又は文部科学省が著作の名義を有する教科用図書を使用しなければならない」ことを定めている。学校でどの教科書を使用するかを決定する教科書採択の権限は，公立学校の場合はその学校を設置する市町村や都道府県の教育委員会にあり，国立・私立学校の場合は校長にある。国・公・私立の小・中学校で使用する教科用図書は，「義務教育諸学校の教科用図書の無償措置に関する法律」に基づき，無償である。

［2］　小学校の目的と目標

　教育基本法第5条第2項では，「義務教育として行われる普通教育は，各個人の有する能力を伸ばしつつ社会において自立的に生きる基礎を培い，また，国家及び社会の形成者として必要とされる基本的な資質を養うことを目的として行われるものとする」と義務教育の目的を定めている。この義務教育の目的のうち基礎的なものを施すことが小学校の目的となる。学校教育法第29条において定めた小学校の目的は，「心身の発達に応じて，義務教育として行われる普通教育のうち基礎的なものを施すこと」である。これらの目的を実現するた

▷7　学　齢
保護者が義務教育を子どもに受けさせる義務を負っている期間の子どもの年齢のこと。日本では6歳に達した日の翌日以降の最初の学年の初めから満15歳に達した日の属する学年の終わりまでの年齢。

めに，学校教育法第21条は，「学校内外における社会的活動を促進し，自主，自律及び協同の精神，規範意識，公正な判断力並びに公共の精神に基づき主体的に社会の形成に参画し，その発展に寄与する態度を養うこと」など10項目の目標を掲げている。

小学校の新学習指導要領第 1 章総則の第 1 「小学校教育の基本と教育課程の役割」においては，「学校の教育活動を進めるにあたっては，主体的・対話的で深い学びの実現に向けた授業改善を通して，創意工夫を生かした特色ある教育活動を展開する中で，次の(1)〜(3)に掲げる内容の実現を図り，児童に生きる力を育むことを目指すものとする」としている。

(1)基礎的・基本的な知識及び技能を確実に習得させ，これらを活用して課題を解決するために必要な思考力，判断力，表現力等を育むとともに，主体的に学習に取り組む態度を養い，個性を生かし多様な人々との協働を促す教育の充実に努めること。

(2)道徳教育や体験活動，多様な表現や鑑賞の活動等を通して，豊かな心や創造性の涵養を目指した教育の充実に努めること。

(3)学校における体育・健康に関する指導を，児童の発達の段階を考慮して，学校の教育活動全体を通じて適切に行うことにより，健康で安全な生活と豊かなスポーツライフの実現を目指した教育の充実に努めること。

また「児童に生きる力を育むことを目指すに当たっては，学校教育全体並びに各教科，道徳科，外国語活動，総合的な学習の時間及び特別活動の指導を通して，どのような資質・能力の育成を目指すのかを明確にしながら，教育活動の充実を図るものとする」としている。その際，「(1)知識及び技能が習得されるようにすること。(2)思考力，判断力，表現力等を育成すること。(3)学びに向かう力，人間性等を涵養すること」の 3 つの柱で各教科を整理し，「何のために学ぶのか」という学習の意義を押さえて授業を工夫することが求められている。

③ 小学校の教育課程

学校教育法第33条において，「小学校の教育課程に関する事項は，……文部科学大臣が定める」とあるように，教育課程の編成と基準は学校教育法施行規則で定められている。まず小学校の教育課程の編成は，2019年度までは「国語，社会，算数，理科，生活，音楽，図画工作，家庭及び体育の各教科，道徳，外国語活動，総合的な学習の時間並びに特別活動によって編成するものとする」（学校教育法施行規則第50条）となっているが，2020年 4 月 1 日から施行される省令によれば，小学校の教科に外国語が新たに加わり，小学校の教育課程は10教科に加えて，特別な教科である道徳，外国語活動，総合的な学習の時

第Ⅰ部　基本的な学校の制度

▷8　学校教育法施行規則の一部を改正する省令が2017年3月31日に公布され，2020年4月1日から施行される。

▷9　教科としての「外国語」は小学校第5学年～第6学年で実施され，「外国語活動」は小学校第3学年～第4学年で実施される。

間，特別活動から編成される[18]。具体的には，「小学校の教育課程は，国語，社会，算数，理科，生活，音楽，図画工作，家庭，体育及び外国語の各教科，特別の教科である道徳，外国語活動，総合的な学習の時間並びに特別活動によって編成するものとする」と定められている[19]。

次に教育課程の基準は，「教育課程の基準として文部科学大臣が別に公示する小学校学習指導要領によるものとする」（学校教育法施行規則第52条）となっており，おおよそ10年に一度のペースで改訂がなされている（表1-2参照）。

表1-2　小学校学習指導要領の変遷

発行・告示年	特　徴
1947（昭和22）年発行	初めての学習指導要領が「試案」として発行。「社会科」「家庭科」「自由研究」を新設。
1951（昭和26）年発行	「試案」として発行。各教科の配当授業時数を設定。
1958（昭和33）年告示	これ以降「告示」となる。「道徳の時間」を新設。基礎学力の充実を図るため，小学校の国語と算数の時間が増加。科学技術教育の向上など系統的な学習を重視。各教科および道徳の年間最低授業時数を明示。
1968（昭和43）年告示	教育内容の現代化。教育の質・量ともに最大。各教科および道徳の授業時数を標準時数へと改めた。
1977（昭和52）年告示	「ゆとり」と「充実」。ゆとりある充実した学校生活の実現。授業時数が約1割削減。教育内容の大幅な精選。「ゆとりの時間（学校裁量時間）」を新設。
1989（平成元）年告示	新学力観。社会の変化に自ら対応できる心豊かな人間の育成。小学校低学年で社会科・理科が廃止され，「生活科」が新設。道徳教育の充実。
1998（平成10）年告示	「生きる力」の育成。基礎・基本を確実に身につけさせ，自ら学び自ら考える力などの「生きる力」の育成。教育内容の厳選，「総合的な学習の時間」の新設。完全学校週五日制の導入。年間授業時数の大幅削減。教育内容の厳選。ボランティア活動や自然体験活動などの体験活動の充実。
2008（平成20）年告示	「生きる力」の育成。基礎的・基本的な知識・技能の習得，思考力・判断力・表現力等の育成のバランス。授業時数の増加。小学校外国語活動の導入。
2017（平成29）年告示	「社会に開かれた教育課程」を重視。知識の理解の質を高める資質・能力を育む「主体的・対話的で深い学び」。小学校中学年で外国語活動を，高学年で外国語科を導入。カリキュラム・マネジメントの確立。

出所：筆者作成。

新学習指導要領では，「教育課程を通して，これからの時代に求められる教育を実現していくためには，よりよい学校教育を通してよりよい社会を創るという理念を学校と社会とが共有し，それぞれの学校において，必要な学習内容をどのように学び，どのような資質・能力を身に付けられるようにするのかを教育課程において明確にしながら，社会との連携及び協働によりその実現を図っていくという，社会に開かれた教育課程の実現が重要となる」としている。「社会に開かれた教育課程」の実現に向けて，新学習指導要領では，「教育

第1章　小学校

課程の編成にあたっては，学校教育全体や各教科等における指導を通して育成を目指す資質・能力を踏まえつつ，各学校の教育目標を明確にするとともに，教育課程の編成についての基本的な方針が家庭や地域とも共有されるよう努める」ことが記されている。

　新学習指導要領が示した年間の総授業時数は，第1学年が850時間，第2学年が910時間，第3学年が980時間，第4学年〜第6学年がそれぞれ1015時間である（表1-3参照）。学習指導要領〔平成20年改訂〕と比べると，年間の総授業時数は小学校の中・高学年である第3学年〜第6学年でそれぞれ年間35時間（週1時間相当）ずつ増えている。具体的には，小学校第3学年〜第4学年において「外国語活動」が新設され，両学年ともに年間35時間ずつ授業時数が増えたことと，小学校第5学年〜第6学年において実施してきた年間35時間の「外国語活動」が削減された代わりに，小学校第5学年〜第6学年で教科としての「外国語」が新設され，両学年ともに年間70時間（週2時間相当）ずつ増えたことによる総授業時数の増加である。

表1-3　小学校の標準授業時数

区　分		第1学年	第2学年	第3学年	第4学年	第5学年	第6学年
各教科の授業時数	国　語	306	315	245	245	175	175
	社　会			70	90	100	105
	算　数	136	175	175	175	175	175
	理　科			90	105	105	105
	生　活	102	105				
	音　楽	68	70	60	60	50	50
	図画工作	68	70	60	60	50	50
	家　庭					60	55
	体　育	102	105	105	105	90	90
	外国語					70	70
特別の教科である道徳の授業時数		34	35	35	35	35	35
外国語活動の授業時数				35	35		
総合的な学習の時間の授業時数				70	70	70	70
特別活動の授業時数		34	35	35	35	35	35
総授業時数		850	910	980	1015	1015	1015

　出所：学校教育法施行規則の一部を改正する省令（2017）をもとに作成。

4　小学校の組織

　学校教育法第37条第1項において，「小学校には，校長，教頭，教諭，養護教諭及び事務職員を置かなければならない」ことが定められており，第2項で

第Ⅰ部　基本的な学校の制度

は「副校長，主幹教諭，指導教諭，栄養教諭その他必要な職員を置くことができる」とされている。また同条では，職務についても定めており，「校長は，校務をつかさどり，所属職員を監督する」「副校長は，校長を助け，命を受けて校務をつかさどる」「教頭は，校長を助け，校務を整理し，及び必要に応じ児童の教育をつかさどる」と規定している。ここでいう「校務」とは，学校におけるすべての業務のことをさしており，具体的には，(1)学校教育の管理（教育課程，生徒指導），(2)所属職員の管理（人事・評価），(3)学校施設の管理，(4)学校事務の管理などである。

　2007年の学校教育法改正により，校長のリーダーシップの下，組織的・機動的な学校運営が行われるよう，学校の組織運営体制の確立や指導体制の充実を目的として，新たな職として副校長，主幹教諭，指導教諭を各学校に置くことができるようになった。主幹教諭と指導教諭は，管理職と一般教員とをつなぐミドルリーダーの役割を有している。長い間，学校の組織は，「鍋ぶた型」と言われてきたが，副校長を含めた新たな職の設置により，校長を頂点とする「ピラミッド型」の組織へと変化しつつある。

▷10　鍋ぶた型の学校組織とは，校長と教頭以外の教員に職位の差がない組織のこと。

▷11　ピラミッド型の学校組織とは，校長，副校長，教頭，主幹教諭，指導教諭，主任を含めた一般教員という職位が重層構造である組織のこと。

　教諭の職務は，学校教育法第37条第11項において，「児童の教育をつかさどる」ことと規定している。教員にはここで規定された「教育」に関する業務だけではなく，校長のつかさどる「校務」を業務分担して行う校務分掌がある。それらを含めて，教諭に任された業務は，授業，授業のための準備，授業外の学習活動，成績処理，集団的・個別的な生徒指導，学校行事，学年・学級経営という児童への直接的な教育活動だけではなく，事務書類の作成，研修，保護者・地域住民・行政への対応など多岐にわたる。

　学校の教育職員は，教育職員免許法により授与する各相当の免許状を有する者でなければならない（教育職員免許法第3条）。つまり小学校の教員になるためには，小学校教諭免許状が必要である。また教育職員免許法第9条において，「普通免許状は，その授与の日の翌日から起算して十年を経過する日の属する年度の末日まで，すべての都道府県において効力を有する」と10年間の有効期限が定められており，教員免許を更新する際には，30時間以上の免許状更新講習の受講・修了が必要である。

3　小学校教育制度上の今日的課題

1　学級編制と教職員定数

　義務教育水準の維持向上に資することを目的として，1958年に「公立義務教育諸学校の学級編制及び教職員定数の標準に関する法律」（以下，義務教育標準

第1章　小学校

法）が制定された。同法は法律名のとおり，公立義務教育諸学校の「学級編制」と「教職員定数」を1つの法律のなかで示しており，学級規模と教職員の配置の適正化を図るために必要事項を定めている。

　1958年に義務教育標準法が制定される直前の各県の学級編制の基準は平均60人であり，このような「すし詰め学級」の解消を目指して，同法が制定された。同法制定後，第1次教職員定数改善計画（1959～63年）において，小・中学校の学級編制の標準を50人とすることが示され，続く第2次改善計画（1964～68年）では，学級編制の標準を45人へと縮小した。その後，学級編制の標準が40人へと縮小されたのは，第5次改善計画（1980～91年）においてであるが，第6次改善計画（1993～2000年）および第7次改善計画（2001～05年）の際には，国の定める標準は改められず，少人数指導やティームティーチングなどを実施するための教職員を加配する措置が取られてきた。国の定める学級編制の標準は，第5次改善計画以降，小学校第1学年から中学校第3学年まで40人のままであったが，2011（平成23）年4月に義務教育標準法が改正され，小学校第1学年のみ国の定める学級編制の標準を40人から35人へと引き下げている。

　新学習指導要領で求められている「社会に開かれた教育課程」を実現するためには，それに見合う人材，施設・設備，予算，時間，情報などの条件整備が必要である。例えば，小学校専科指導（外国語・理科・体育など）の充実を図るための教員を確保することや，アクティブ・ラーニングを取り入れた学びを推進するために少人数による学びの場を提供できるよう教職員定数の改善を図ることが求められている。また多様な子ども一人ひとりの状況に応じた教育を実現するために，発達障害などの児童生徒数や外国人児童生徒数に応じて，安定的・計画的に教員を配置できるよう基礎定数化することが促進されている。さらに教員以外の専門スタッフの充実を図ること，地域人材との連携・協働を通じて地域で支えていくことなどが求められている。

［2］ 幼児期の教育と小学校教育の接続

　幼児期の教育（幼稚園，保育所，認定こども園における教育）と児童期の教育（小学校における教育）の接続は，子どもの発達や学びの連続性を保障するために重要である。とくに昨今では，小学校に入学したばかりの第1学年のクラスにおいて，集団行動が取れない，授業中に座っていられない，先生の話を聞けないため授業が成立しないという「小1プロブレム」の課題を抱えている学校がある。

　こうした課題への対応策の一つとして，文部科学省はスタートカリキュラムの編成を推奨している。スタートカリキュラムとは，小学校に入学した子どもが，幼稚園・保育所・認定こども園などの遊びや生活を通した学びと育ちを基

礎として，主体的に自己を発揮し，新しい学校生活を創り出していくためのカリキュラムのことである。2008（平成20）年に文部科学省が示した「小学校学習指導要領解説　生活編」のなかで，幼児教育との接続の観点から，幼児と触れ合うなどの交流活動や他教科等との関連を図る指導は重要であり，とくに学校生活への適応が図られるよう，合科的な指導を行うことなどの工夫により第1学年入学当初のカリキュラムをスタートカリキュラムとして改善を図ることが効果的であると示している。

　新学習指導要領においては，「学校段階等間の接続」の項目のなかで，教育課程の編成にあたって配慮すべき事項として，幼小接続について記している。具体的には，幼小接続において「幼児期の終わりまでに育ってほしい姿を踏まえた指導を工夫することにより，幼稚園教育要領等に基づく教育を通して育まれた資質・能力を踏まえて教育活動を実施し，児童が主体的に自己を発揮しながら学びに向かうことが可能となるようにする」ことが求められている。また「小学校入学当初においては，幼児期の自発的な活動としての遊びを通して育まれてきたことが，各教科等における学習に円滑に接続されるよう，生活科を中心に，合科的・関連的な指導や弾力的な時間割の設定など，指導の工夫や指導計画の作成を行う」ことが配慮事項として記されている。

　他方，幼稚園教育要領［平成29年改訂］においては，小学校教育との接続にあたっての留意事項として，(1)幼稚園教育が，小学校以降の生活や学習の基盤の育成につながることに配慮し，幼児期にふさわしい生活を通して，創造的な思考や主体的な生活態度などの基礎を培うようにすることと，(2)幼稚園教育において育まれた資質・能力を踏まえ，小学校教育が円滑に行われるよう，小学校の教師との意見交換や合同の研究の機会などを設け，「幼児期の終わりまでに育ってほしい姿」を共有するなど連携を図り，幼稚園教育と小学校教育との円滑な接続を図るよう努めるものとすることが示されている。

Exercise

① 小学校の教育制度は，戦前と戦後でどのように違うのか，考えてみよう。

② 学習指導要領は10年単位で改訂される。それぞれに時代背景があり，小学校に求められるものも変わっていく。各改訂において，その特徴がどのような時代的な要請によるものなのか，調べてみよう。

③ 生きる力を育むためには，どのような教育に努めるべきか，小学校の新学習指導要領総則の内容を踏まえて，まとめてみよう。

📖次への一冊

鈴木勲編著『逐条学校教育法』学陽書房，2016年。

　　小学校に関する概説書というのは実はほとんどない。本書は，学校教育法に関する概説書であるが，通達等も含めて網羅されており，小学校に関する法規の説明も充実している。大きな法改正の度に改訂が行われ，現在は第8次改訂版が出ている。

乙訓稔『幼稚園と小学校の教育――初等教育の原理』東信堂，2013年。

　　制度の歴史，教育目的，教育課程，各科の教育法から教員の職務に至るまで，初等教育である幼稚園と小学校について概説している。教育原理の本であるが，小学校の法と制度に関する説明も多く，小学校教育の全体を見渡すことができる。

時事通信出版局編『平成29年3月告示　小学校学習指導要領完全対応　ひと目でわかる！　小学校「新学習指導要領」解説付き　新旧対照本』時事通信出版局，2017年。

　　小学校の新学習指導要領改訂のポイントがひと目でわかる。新旧対照表には，どこがどう変わったかコメントが書き込まれているので，わかりやすい。

志水宏吉編著『のぞいてみよう！　今の小学校――変貌する教室のエスノグラフィー』有信堂，1999年。

　　副題の通り，4つの小学校のフィールドワークによる調査研究の本である。総合的な学習の時間，外国人児童，統合教育などが課題として取り上げられている。本書も法と制度に関する本とは言い難いが，現代の小学校が抱える問題や課題を指摘しており，現代社会の学校論として読むと面白い。

Cave, P., *Primary School in Japan : self, individuality and learning in elementary education*, Routledge, 2007.

　　著者は英国人の文化人類学者である。著者が日本の小学校で観察したことをまとめたもので，学級における"nakama"の重視など英国人の目から見た日本の小学校教育の特徴が浮き彫りにされている。日本人から見ると当たり前のことであるが，それが外国から見るといかに日本的なものであるのかよくわかる。

引用・参考文献

菱村幸彦『教育法規の要点がよくわかる本』教育開発研究所，2015年。
星野真澄『アメリカの学級規模縮小政策』多賀出版，2015年。
海後宗臣『日本近代教育史事典』平凡社，1971年。
教育制度研究会編『要説 教育制度（新訂第三版）』学術図書出版社，2011年。
文部科学省「学校基本調査」2017年。
文部省編『学制百年史』帝国地方行政学会，1981年。
文部省編『学制百二十年史』ぎょうせい，1992年。

第2章
中学校

〈この章のポイント〉
　現在の中学校制度は，第二次世界大戦後の教育改革によって誕生した。本章では，それ以前の中等教育段階の学校の成り立ちとその変遷について触れたうえで，その伝統を一部引き継ぎながらも，新たな学校として誕生した中学校に関する法制度や教育内容（中学校学習指導要領）のこれまでの姿をまとめ，あわせて，中学校が抱える制度上および教育指導上の課題や近年の改革動向について解説する。

1　中学校の歴史的展開

1　明治期から昭和前期（第二次世界大戦以前）までの中等学校の姿

　表 2-1 は，今の中学生に相当する年齢層が学んできたわが国の学校の主な変遷である。中学校にあたる学校制度が時代によって変化し，その役割も多様であったことがわかる。今日の中学校の前身となる学校の歴史をたどってみる。

　明治中期までは，大学に接続する準備機関としての中学校と，初等教育の締めくくりとしての小学校高等科が制度的に重なっていた。高等教育の基礎・準備と初等教育の完成という異なる教育目的が，「中学校」部分に混在していたことになる。明治後期になると，高等教育への基礎・準備段階が「中等教育制度」として独立し，さらにこの段階の教育目的の多様化にともない学校も多様化した。

　旧制中学校[◁1]は男子に必要な高等普通教育を，高等女学校は女子に必要な高等普通教育を，そして実業学校は工業，農業，商業等の実業に従事するに必要な教育を施す学校としてそれぞれ分離したのである。

　一方の初等教育の締めくくりとしての小学校高等科は，1900（明治33）年の第3次小学校令で高等小学校[◁2]となり修業年限が延長された。高等小学校は当時の尋常小学校卒業者の受け皿となり，尋常小学校の科目に手工・実業・家事（女子のみ）が加えられた。1893（明治26）年には「実業補習学校」が設置されたが，これは小学校の補習機関であり，簡易な職業教育を授けることを目的とした。

　1941（昭和16）年の国民学校令[◁3]は，国民学校を初等科6年・高等科2年と

▷1　旧制中学校
1947年に学校教育法が施行される前に，男子に中等普通教育を行っていた学校の一つ。「旧制」とは現在の学校教育法以前の制度をいい，当時は中学校と呼称した。戦後，多くは普通科の新制高等学校へ移行した。

▷2　高等小学校
高等小学校は初等教育の一部であるが，1936年の統計では尋常小学校卒業者の66%が進学し，旧制中学校や高等女学校の浪人生も進学した。卒業者の多くは就職したり家業に従事したりしたが，中等学校への進学者もいた。

29

第Ⅰ部　基本的な学校の制度

表 2-1　現在の中学校年齢に該当する学校制度の変遷

年	法　令	12歳	13歳	14歳
1881（明治14）年	改正教育令	中学校（初等科）		
		小学校（高等科）		
1907（明治40）年	第 5 次小学校令	中学校（～16歳まで）		
		高等女学校（～16歳まで）		
		実業学校（～16歳まで）		
		高等小学校		
		実業補習学校		
1918（大正7）年	高等学校令	高等学校（尋常科，～15歳まで）		
		中学校（～15歳まで）		
		高等女学校（～16歳まで）		
		実業学校（～16歳まで）		
		高等小学校		
		実業補習学校		
1941（昭和16）年	国民学校令	高等学校（尋常科，～15歳まで）		
		中学校（～15歳まで）		
		高等女学校（～16歳まで）		
		実業学校（～16歳まで）		
		国民学校（高等科）		
		青年学校（～18歳まで）		
1947（昭和22）年	学校教育法	中学校		
2016（平成28）年	学校教育法	中学校		
		中等教育学校（前期課程）		
		義務教育学校（後期課程）		

出所：筆者作成。

▷3　国民学校
初等科では国民科，理数科，体錬科，芸能科の教科が開設されたが，高等科では「将来ノ職業生活ニ対シ適切ナル指導ヲ行フ」ために実業科が加わり，農業，工業，商業，水産の科目が設置され，女子には家事および裁縫が加わった。

▷4　第1次米国教育使節団
1946年に戦後日本の教育改革のために占領軍が招聘したアメリカの使節団であり，その報告書は 6・3・3 制や地方分権による公選制の教育委員会などを勧告し，戦後日本の教育の民主化に大きな影響を与えた。

し，この 8 年間を義務教育とする案であったが，戦時非常措置によりその実現が延期されたまま終戦を迎えた。また1935（昭和10）年に，実業補習学校と青年訓練所を統合した青年学校が設置された。青年学校には普通科（2年），本科（男子 5 年，女子 3 年），研究科（1 年）の課程があり，普通科は小学校卒業者，本科には普通科修了者または高等小学校卒業者が学んでいた。

以上のように，初等教育である小学校（国民学校初等科）に続く学校教育として，中学校，高等女学校，各種実業学校等の各種の中等学校と，国民学校高等科や青年学校等における職業教育が提供されていた。今日の中学校にあたる段階は，(1)高等教育機関への準備，(2)女子教育や実業教育の基礎，(3)高度な初等教育機関，(4)社会教育や職業訓練の機会など，多様な役割が与えられた状態で終戦を迎えたのである。

2　戦後の学制改革と新制中学校の誕生

学校教育法（1947（昭和22）年）の制定によって 3 年の新制中学校が誕生し，9 年間の義務教育制度が発足した。新制中学校の発足には，「第 1 次米国教育使節団報告書」（1946（昭和21）年）の影響があった。報告書では，「男女共学制」と「授業料無徴収」「義務教育の引上げ」「初級中等学校（現行の中学校）での職業および一般的教育」の実施が提案された。戦前の複雑な学校制度を単一化し，普通教育と職業教育をともに提供する無償かつ義務教育の中等学校を提言した。

新制中学校は1947年 4 月に発足したが，当初の中学校は予算や資材，教員の大幅な不足から，校舎・設備，教材・教具が不十分であり，二部・三部授業を行ったり講堂や体育館を教室に代用することもあった。また，生活の困窮や家族離散などで長期欠席する生徒や昼間働く生徒も多く，夜間学級（今日の夜間中学）で対応したケースもあった。しかし，困難な状況で出発した新制中学校も徐々に体制が整備されていった。

2　中学校の教育制度

1　中学校の目的・目標

　制定当初の学校教育法（第35条）で，中学校の目的は「小学校における教育の基礎の上に，心身の発達に応じて中等普通教育を施すことを目的とする」と規定された。この目的のために，以下の3つの教育目標が定められた。

第三十六条　中学校における教育については，前条の目的を実現するために，次の各号に掲げる目標の達成に努めなければならない。
　一　小学校における教育の目標をなお充分に達成して，国家および社会の形成者として必要な資質を養うこと。
　二　社会に必要な職業についての基礎的な知識と技能，勤労を重んずる態度および個性に応じて将来の進路を選択する能力を養うこと。
　三　学校内外における社会的活動を促進し，その感情を正しく導き，公正な判断力を養うこと。

　このように中学校は小学校教育を基礎とし，「中等普通教育」を担う学校として，普通教育，職業教育の基礎と進路指導，社会的活動による市民教育の3つの要素を含んだ教育機関としてスタートし，今日に至っている。
　2007（平成19）年6月に「学校教育法」の一部改正が公布され，教育基本法の改正で新たに「義務教育」（第5条）が規定されたことにより，小・中学校ごとに規定された教育目標が「義務教育」として一本化された。学校教育法第21条で「義務教育として行われる普通教育は，教育基本法第五条第二項に規定する目的を実現するため，次に掲げる目標を達成するよう行われるものとする」と定められ，10項目の具体的な教育目標が設定されている。

2　中学校制度の概要

　「学校教育法」では，中学校の目的・目標のほか，3年の修業年限（第47条）が定められ，同法第17条の第2項に，保護者は小学校の課程を修了した日の翌日以後における最初の学年の初めから，満15歳に達した日の属する学年の終わりまで，中学校に就学させる義務を負うことが定められている。また，中学校の教員組織や教科書使用義務等は，小学校の規定を準用している（第49条）。
　「学校教育法施行規則」では，中学校の設備，編制その他設置に関する事項について「中学校設置基準」を定めている（第69条）。このほか，中学校には原則として生徒指導主事，進路指導主事を置くこと（第70・71条）を定めている。ともに指導教諭または教諭が務め，校長の監督を受けながら，生徒指導主事は

▷5　二部・三部授業
生徒を複数の学級に分け別々の時間帯で授業を行うことであり，学校教育法施行令第25条第5号を根拠としている。校舎や教室などの施設が極端に不足している場合などに行われた。

第Ⅰ部　基本的な学校の制度

生徒指導に関する事項をつかさどり連絡調整および指導，助言に当たること，進路指導主事は生徒の職業選択の指導その他の進路の指導に関する事項をつかさどり，連絡調整および指導，助言に当たることを職務としている。

　中学校の教育課程は，国語，社会，数学，理科，音楽，美術，保健体育，技術・家庭および外国語の各教科，特別の教科である道徳，総合的な学習の時間ならびに特別活動によって編成すること（第72条），各学年における各教科等の授業時数と総授業時数の標準を定め（表2-2を参照），教育課程の基準を文部科学大臣が公示する中学校学習指導要領によると規定している（第74条）。

表2-2　中学校の標準授業時数

区　分	各教科の授業時数									特別の教科である道徳の授業時数	総合的な学習の時間の授業時数	特別活動の授業時数	総授業時数
	国語	社会	数学	理科	音楽	美術	保健体育	技術・家庭	外国語				
第1学年	140	105	140	105	45	45	105	70	140	35	50	35	1015
第2学年	140	105	105	140	35	35	105	70	140	35	70	35	1015
第3学年	105	140	140	140	35	35	105	35	140	35	70	35	1015

出所：筆者作成。

　「中学校設置基準」では，学級編制の原則として，1学級の生徒数40人以下（第4条）とし，同学年の生徒で編制し（第5条），教諭は一学級当たり一人以上とする（第6条）ことが定められている。また，中学校の施設および設備は，指導上，保健衛生上，安全上さらに管理上適切なものでなければならない（第7条）と定め，校舎ならびに運動場の面積の基準等や設置場所（第8条），校舎に備えるべき施設として，教室（普通教室，特別教室等），図書室，保健室，職員室，体育館を定めている（第9・10条）。このほか，学級数および生徒数に応じ，指導上，保健衛生上また安全上必要な種類・数の校具や教具を備えなければならないと定めている（第11条）。

　なお，中学校の適正規模と適正配置について，文部科学省は「公立小学校・中学校の適正規模・適正配置等に関する手引の策定について（通知）」(2015（平成27）年1月）のなかで，学校規模はクラス替えを判断基準に，3学級以下の学校は「速やかに統廃合の適否を検討」の必要があるとしている。すなわち，1～2学級（複式学級が存在する）場合は学校統合等をすみやかに検討する必要があるとし，3学級（クラス替え不可）の場合は生徒数の状況，小規模化の可能性，複式学級が発生する可能性も勘案し，学校統合等をすみやかに検討する必要があること，4～5学級（全学年ではクラス替えができない）の場合は学校全体および各学年の生徒数も勘案し，教育上の課題を整理したうえで，学校統合

の適否も含め今後の教育環境のあり方を検討することが必要であることを示している。学校の適正配置では，従来の通学距離（中学校6キロ以内）の基準は継続しつつ，スクールバスなどの交通手段が確保できる場合は「おおむね1時間以内」を目安とするという基準を加えている。

3 中学校の教育課程，課外活動

1 中学校の教育課程の変遷と現状

戦後の「中学校学習指導要領」の変遷を表2-3にまとめた。以下，その特色，変化の概要である。

① 1947年版

新制中学校の教科は必修教科と選択教科に分かれ，前者は国語・社会・数学・理科・音楽・図画工作・体育・職業を基準とし，後者は外国語・習字・職業・自由研究を基準とした。1947年版の特色は，新たに制定された日本国憲法

表2-3 中学校学習指導要領の変遷と改訂の主な柱

年	主な特色，変更点など	総授業時間数
1947(昭和22)年	「社会科」「職業科」の新設。「自由研究の時間」の設定。授業時間数の弾力的運用。	1050～1190
1951(昭和26)年	体育科が保健体育科に，職業科が職業・家庭科に変更。特別教育活動の領域の設定（自由研究の廃止）。	1050
1958(昭和33)年	「告示」としての法的拘束力。道徳の時間の設定。選択教科が細分化され教科名が明記。	1120
1969(昭和44)年	教育課程の「現代化」（高度化）。【各教科】【道徳】【特別活動】の3領域に区分。授業時数を「最低」から「標準」に改める。	1190
1977(昭和52)年	「ゆとり」と「充実」。授業時間数の削減，教育内容の精選。特別活動の時間数増加。	1050
1989(平成元)年	心豊かな人間，自己教育力の育成，基礎的・基本的事項の徹底と個性の重視。選択教科の拡大。	1050
1998(平成10)年	生きる力の育成，総合的な学習の時間，学校5日制。教育内容の大幅削減。	980
2008(平成20)年	ゆとり教育の修正。確かな学力と思考力，判断力，表現力等の重視。授業時数の増加，総合学習の時間の減少。	1015
2017(平成29)年	主体的・対話的で深い学びの重視。カリキュラム・マネジメントの導入。部活動の運営の改善や教育課程との関連づけ。	1015

出所：筆者作成。

や教育基本法の理念を重視し，アメリカの教育思潮が色濃く反映されたことである。それは，社会科や職業科の新設，「自由研究」の時間の設定などである。職業科は，農業・商業・工業・水産・家庭から1〜数科目を学習することとし，「自由研究」は生徒の自発的な学習の時間とされ，「同じことを学ぶ時間として，この時間を用いて行くことは避けたい」と解説されていた。

② 1951年版

　この改訂では，教科の変更と「特別教育活動」の設定が大きな変更点である。教科の変更点は，体育活動と保健衛生の両面を明確にするため，体育科が「保健体育科」と改められたこと，職業科も幅広い分野にわたる職業的，家庭的な経験を与えるため，自分の興味と必要に応じて職業の分野を組み合わせて学べるよう変更し，名称も「職業・家庭科」に変更された。さらに，自由研究は「特別教育活動の時間」に変更され廃止された。

③ 1958年版

　この改訂では，学習指導要領が「告示」として法的拘束力をもったこと，「道徳の時間」が導入されたこと，さらに科学技術教育向上のため，数学・理科の時間数の増加したこと，「図画工作」が「美術」に，「職業・家庭科」が「技術・家庭科」に名称変更されたことが大きな変更点である。授業時間数は年間最低1050時間から1120時間に増加した。選択教科について，毎学年1以上の選択教科を105単位時間以上履修し，教科は外国語，農業，工業，商業，水産，家庭，数学，音楽，美術とされ，外国語は英語，ドイツ語，フランス語その他の現代の外国語のうちいずれか1か国語を履修することを原則とした。

④ 1969年版

　この改訂では，高度経済成長に対応した教育課程の抜本的な改善が図られた。すなわちアメリカの「教育の現代化」運動に対応し，とくに科学技術の急速な発展に即応した数学，理科の教育内容の見直し（高度化）が行われた。その一方で，人間としての「調和的発達」を目指す教育課程となるよう「各教科」「道徳」「特別活動」の3つの領域に区分した。年間の総時間数は標準時数として示され1190時間（戦後最多）に増加した。

⑤ 1977年版

　「ゆとりと充実」というキャッチフレーズで授業時間数の削減が実施され，知・徳・体の調和を重視するとともに，基礎的・基本的事項を確実にするために教育内容を精選した。各教科の標準授業時数を削減し，地域や学校の実態に即して授業時数の運用に創意工夫ができるように，また，教師の自発的な創意工夫を加えた学習指導が展開できるようにした。

⑥ 1989年版

　この改訂では，生涯学習の基盤を培うという観点に立ち，心豊かな人間の育

▷6　教育の現代化
1960年代の初等・中等教育における数学や理科などの教科内容を，科学・技術革新の時代的要請に応えて根本的に改造することを目指した教育運動をいう。

▷7　ゆとりと充実
それまでに学校教育が知識の伝達に偏る傾向が強く，知・徳・体の調和のとれた発達を図るため，「ゆとりのあるしかも充実した学校生活が送れるようにすること」が重視され，その後の「ゆとり教育」路線に継続された。

成，基礎・基本の重視と個性教育の推進，自己教育力の育成，文化と伝統の尊重と国際理解の推進が改善の観点となった。技術・家庭科に「情報基礎」を導入するとともに，選択履修の幅を拡大し，選択教科の種類を第2学年で音楽，美術，保健体育，技術・家庭を加え，第3学年で国語，社会，数学，理科を加えた。各教科等の授業時数も教科ごとに幅をもたせた示し方となった。

⑦　1998年版

1969年以来，「ゆとり教育」路線を軸に改訂されてきたが，この改訂はその完成版となった。生涯学習の基礎となる力として「生きる力」を身につけることを重視するため，教育内容を必要かつ最小限の基礎的・基本的内容に徹底的に厳選し，授業時数を大幅に削減（戦後最低）するとともに，「総合的な学習の時間」の創設，学校週5日制の実施，教科内容のスリム化を図った。

⑧　2008年版

この改訂では，「生きる力」をはぐくむというそれまでの理念を継承しつつも，「ゆとり教育」を大幅に軌道修正し，授業時間数が再び増加した。「基礎的・基本的な知識及び技能」の確実な習得や「課題を解決するために必要な思考力，判断力，表現力その他の能力」をはぐくむこと，すなわち「確かな学力」の習得を明確にした。

⑨　2017年版（2021年全面実施）

新学習指導要領は，2008年度版の授業時数や指導内容を前提としつつ，高等学校における新たな教科・科目構成との接続を含め，小・中・高等学校を見通した改善・充実のなかで，中学校教育の充実を図っている。主な改訂は，(1)「主体的・対話的で深い学び」（アクティブ・ラーニング）の重視，(2)カリキュラム・マネジメントの導入，(3)教育課程外の教育活動や地域主体の教育活動の有機的な関連づけ，(4)部活動の教育課程との関連を図った適切な運営の推進などを目指している。また，道徳教育について，これまでの「道徳の時間」を要として学校の教育全体を通じて行うと基本的な考え方を継承しつつも，道徳の時間を「特別の教科道徳」として新たに位置づけた。

2 課外活動としての部活動の変遷と課題

新学習指導要領では，中学校での部活動のあり方が注目されている。教育課程外の活動でありながら，部活動は生徒にとって中学校生活の中心にあると言っても過言ではない。しかし，その位置づけは歴史的にも流動的で，今日の体罰やいじめ，教員の多忙化の問題とも重なっている。以下，部活動の変遷をまとめてみる。

学習指導要領［昭和26年改訂］では，特別教育活動のなかに「クラブ活動」が位置づけられていた。クラブ活動は，「生徒の団体意識を高め……秩序を維

▷8　生きる力
自分で課題を見つけ自ら学び，自ら考え主体的に判断し行動し，よりよく問題を解決する資質や能力と，自らを律しつつ，他人とともに協調し，他人を思いやる心や感動する心などの豊かな人間性，健康と体力を含んだものをいう。

▷9　確かな学力
知識や技能はもちろんのこと，これに加えて，学ぶ意欲や自分で課題を見つけ，自ら学び，主体的に判断し，行動し，よりよく問題解決する資質や能力などまで含めたもの。

第 I 部 　基本的な学校の制度

持し，責任を遂行し，自己の権利を主張し，いっそう進歩的な社会をつくる能力を養う」とされ，民主的で自主的な活動として期待された。学習指導要領［昭和33年改訂］でも，クラブ活動の全員参加を奨励しつつも自発的な参加や各学校の裁量で行うとされていた。しかし，学習指導要領［昭和44年改訂］で週１時間の必修のクラブ活動が設定された。これにともない，それまでの自主的なクラブ活動は教育課程外の部活動となり，以来クラブ活動と部活動が併存状態になった。

しかし，学習指導要領［平成元年改訂］で，部活動への参加をもってクラブ活動の一部または全部の履修に代替できるようになった。さらに学習指導要領［平成10年改訂］でクラブ活動は廃止されたが，課外活動としての部活動は正規の教育課程との関係が曖昧にされたまま存続した。学習指導要領［平成20年改訂］の「総則」では，部活動の意義を「スポーツや文化及び科学等に親しませ，学習意欲の向上や責任感，連帯感の涵養等に資するものであり，学校教育の一環として，教育課程との関連が図られるよう留意する」と指摘している。しかし，「教育課程との関連」という曖昧な表記のもとで部活動がますます盛んになる一方，体罰や学校事故，顧問の教員の位置づけなどさまざまな問題が表面化することとなった。

文部科学省は，部活動での体罰事件を受けて「運動部活動の在り方に関する調査研究協力者会議」を設置し，2013（平成25）年に「運動部活動での指導のガイドライン」を示した。運動部活動が適切かつ効果的な指導のもとで充実したものとなるよう，運動部指導の基本的な考え方や留意点を強調している。

2014（平成26）年に公表された日本体育協会「学校運動部活動指導者の実態に関する調査」によれば，部活動顧問が保健体育教員以外でかつ担当種目の競技経験がない教員が中学校で45.9％，高等学校で40.9％という結果であった。また「OECD 国際教員指導環境調査」（2013年）でも，中学校教員の部活動の指導時間は週7.7時間で，調査参加国の平均2.1時間を大きく上回った。

こうした実態を受けて，中央教育審議会「チームとしての学校の在り方と今後の改善方策について（答申）」（2015年12月）では，部活動指導を行う「部活動指導員」を検討する必要があると提言し，2017年４月に学校教育法施行規則第78条の２に規定された。また，同審議会の初等中等教育分科会教育課程部会「次期学習指導要領等に向けたこれまでの審議のまとめについて（報告）」でも，(1)地域単位で運営を支える体制を作る，(2)部活動に生徒の「主体的・対話的で深い学び」を求める，(3)休養日や活動時間を適切に設定する，(4)地域の人々の協力，社会教育施設や社会教育関係団体等，各種団体との連携等を提言した。こうした提言を受け，新学習指導要領の「総則」では，部活動が「学校教育の一環として，教育課程との関連が図られるよう留意すること」や「学校

▷10　部活動指導員
部活動指導員は，学校の教育計画に基づき，生徒の自主的，自発的な参加により行われるスポーツ，文化，科学等に関する教育活動である部活動において，校長の監督を受け，技術的な指導に従事する。

第2章　中学校

や地域の実態に応じ，地域の人々の協力，社会教育施設や社会教育関係団体等の各種団体との連携などの運営上の工夫を行い，持続可能な運営体制が整えられるようにする」ことを強調している。

4　中学校の制度と教育方法の今日的課題

1　中学校をとりまく制度の改変

　表2-1にあるように，今日の中学校段階の学校制度は中学校，中等教育学校，義務教育学校と再び多様化している。一つは中高一貫教育の制度的な導入である。中央教育審議会「21世紀を展望した我が国の教育の在り方について」（第二次答申，1997年6月）の提言を受け，学校教育法の一部が改正され（1998年6月），中学校，高等学校に加え6年間の一貫した教育の機会を選択できるよう中等教育の多様化を推進した。中高一貫教育の実施形態には，中等教育学校，併設型の中学校・高等学校，連携型の中学校・高等学校の3つがある。

　また，小中一貫教育の制度的な導入として，「義務教育学校」が学校教育法の一部改正（2016年4月施行）によって創設された。義務教育学校は「義務教育として行われる普通教育を基礎的なものから一貫して施すことを目的とする」（学校教育法第49条の2）と規定され，修業年限9年，6年の前期課程と3年の後期課程に区分されている。

　このように中学校段階の教育は義務教育という枠組みに収まる一方で，中学校，中高一貫教育の前期課程，小中一貫教育の後期課程という3つの異なる教育課程が並行し，その位置づけや役割は再び多様化している。

2　学校選択制の広がりと課題

　市町村教育委員会は，設置する小・中学校にあらかじめ通学区域を設定し，就学すべき学校を指定することが通例であった。しかし，就学先を決定する前に保護者の意見を聴取したうえで就学する学校を指定する制度，すなわち「学校選択制」が今日多くの自治体で，とくに中学校で導入されている。学校選択制度は，2003（平成15）年の学校教育法施行規則第32条の一部改正によって導入された。これは，市町村教育委員会が就学先の学校を指定する場合にはあらかじめ保護者の意見を聴取することができ，その意見聴取に必要な事項を定め公表するという規定である。学校選択制の選択方式には大きく分けて以下の5つが考えられる。

　(1)自由選択＝市町村内のすべての学校から選ぶ。
　(2)ブロック選択＝市町村をブロックに分け，ブロック内の学校から選ぶ。

37

第Ⅰ部　基本的な学校の制度

(3)隣接区域選択＝従来の通学区を含め隣接する通学区内の学校から選ぶ。

(4)特任校選択＝従来の通学区に加え，指定された特定の学校から選ぶ。

(5)特定地域選択＝特定の地域に限って選択を認める。

　なお，選択に必要な学校情報を十分に提供するとともに，選択の方法として「選抜」は禁じられ，入学希望者が定員を上回る場合，元々の通学区以外の希望者で抽選するなどしている。学校選択制のメリットには，保護者の学校教育への関心が高まる，子どもの個性にあった学校で学べる，特色ある学校づくりが推進できるなどがある一方，問題点として，通学距離が長く安全確保に問題がある，学校と地域との関係が希薄化する，入学者の減少により適正な規模の維持が難しくなる，などが指摘されている。

３ 小中一貫教育の可能性と課題

　小・中学校の教育上の接続方法として「小中連携」と「小中一貫」の２つがある。「小中連携」は，小・中学校が情報交換や交流活動を通じて，小学校から中学校への円滑な移行を目指す教育をいう。「小中一貫」は，目指す子ども像を共有し，９年間を通じた教育課程を編成し，系統的な教育を目指す教育をいう。

　今日，全国各地で小中一貫教育が推進されている背景には，教育基本法や学校教育法の改正によって小・中学校の教育目的・目標が義務教育のそれとして統一されたこと，小・中学校の教育内容・方法上の連携が進んだこと，中学校進学時の「中１ギャップ」への対応が求められていること，少子化にともない地域ぐるみで小・中学生を育てる取り組みが注目されていることなどがある。とくに「中１ギャップ」の要因として小・中学校の「違い」がある。授業形態として小学校が学級担任制，中学校が教科担任制であること，指導方法として小学校が活動型・個別指導重視，中学校が講義型であること，評価方法として小学校が単元テストや関心・意欲・態度の重視，中学校が定期考査や知識・技能の重視であることなどが指摘されている。

　小中一貫教育の意義として，まず，小中一貫教育を効果的・継続的に実施していくことによって，教育活動や学校運営の一貫性を確保し総合的かつ効果的な取り組みの実施が可能となることがある。また，教育課程の特例が認められ柔軟な教育課程編成が可能となることや，地域の実態に対応した多様な取り組みの選択肢を提供することができることなどがある。一方，小中一貫教育の課題として，９年間の一貫教育のなかで人間関係が固定化するという懸念や，小中一貫校と通常の小・中学校が併存することで転校する際の不都合や学校生活への適応に困難が生じること，さらに小中一貫教育の場合に小学校高学年段階におけるリーダーシップの育成などが課題とされている。

▷11　文部科学省の「小中一貫教育等についての実態調査（平成26年度）」によれば，小中一貫教育に取り組む市町村は211，取り組み総件数は1130件で全体の約１割が実施している。今後小中一貫教育の実施を予定または検討している市町村は166，国および他市町村の状況を注視している市町村は450ある。

▷12　中１ギャップ
中学校入学後に，学習や生活面での大きな環境変化に適応できず，不登校やいじめなどの生徒指導上の問題が増加することをいう。学校の制度や指導の方法が大きく変化するという背景がある。

第**2**章　中学校

　小中一貫教育には制度上２つの類型がある。「義務教育学校」と「小中一貫型小学校・中学校」である。後者は「併設型」と「連携型」に分かれる。ともに修業年限は同一（小学校６年，中学校３年）であり，小・中学校それぞれに校長のほか教職員組織が必要となり，小学校には小学校設置基準，中学校には中学校設置基準が適用される。また，教育課程の特例として「一貫教育に必要な独自教科の設定」が認められている。次に，併設型と連携型の違いである。

①　併設型（中学校併設型小学校・小学校併設型中学校）

　同一の設置者が設置する小・中学校で，義務教育学校に準じて小・中学校における教育を一貫して施す学校であり，一貫した教育課程とそれにふさわしい運営の仕組みを整えることが要件となる。例えば，小・中学校を一体的にマネジメントする組織を設けて学校間の総合調整を担う，学校運営協議会を合同で設置する，管理職を含め全教職員を併任させるといったことがある。また，教育課程の特例として「指導内容の入れ替え，移行」が認められている。

②　連携型（中学校連携型小学校・小学校連携型中学校）

　それぞれ独立した小学校と中学校が，ともに連携しながら一貫性に配慮した教育を行うために，各学校が協議して教育課程を編成する学校である。「併設型」の運営の仕組みを参考に，小中一貫教育の実質が担保されるよう適切な運営体制を整備することが求められている。教育課程の特例としての「指導内容の入れ替え，移行」は認められていない。

　4　生徒指導，進路指導の課題

　中学校は，思春期という発達上の特性や高校入試という進路問題などを背景に，不登校や暴力行為，いじめ問題などの生徒指導，進路指導上の課題を多く抱えてきた。

①　生徒指導の現状と課題

　文部科学省の2015（平成27）年度「児童生徒の問題行動等生徒指導上の諸問題に関する調査」によれば，暴力行為[13]の発生件数は小学校１万1472件に対して中学校はその３倍以上の３万5683件，不登校児童生徒数[14]は小学校２万5864人に対して中学校はその3.8倍の９万7033人であり，在籍者数に占める割合は2.76％であった。不登校のきっかけとしては，「友人関係をめぐる問題」が15.4％，「学業の不振」9.3％，「部活動等への不適応」2.2％，「あそび・非行」8.4％，「無気力」26.7％であった。また，「いじめ」[15]の認知件数では，小学校12万2734件に対して中学校５万2971件と比較的少ないが，その具体的な行為の内訳としては「冷やかしやからかい，悪口や脅し文句，嫌なことを言われる」が67.6％を占める一方，「パソコンや携帯電話などで，誹謗中傷や嫌なことをされる」が7.8％であり，「見えにくい」いじめが特徴である。

▷13　調査では暴力行為を，対教師暴力，生徒間暴力，対人暴力，器物損壊の４つに分類している。

▷14　調査では，年度間に連続または断続して30日以上欠席した児童生徒のうち不登校を理由とする者を不登校とし，不登校とは何らかの心理的，情緒的，身体的，あるいは社会的要因・背景により，児童生徒が登校しない，あるいはしたくともできない状況にあること（ただし，病気や経済的理由によるものを除く）としている。

▷15　調査では，「いじめ」とは「児童生徒に対して，当該児童生徒が在籍する学校に在籍している等当該児童生徒と一定の人的関係のある他の児童生徒が行う心理的または物理的な影響を与える行為（インターネットを通じて行われるものを含む）であって，当該行為の対象となった児童生徒が心身の苦痛を感じているもの」とする。なお起こった場所は学校の内外を問わない，としている。

39

第Ⅰ部　基本的な学校の制度

新学習指導要領の「総則」では，「第4　生徒の発達の支援」として，「生徒が，自己の存在感を実感しながら，よりよい人間関係を形成し，有意義で充実した学校生活を送る中で，現在及び将来における自己実現を図っていくことができるよう，生徒理解を深め，学習指導と関連付けながら，生徒指導の充実を図ること」を掲げている。生徒指導は，すべての生徒にとってそれぞれの人格の発達と，学校生活が充実したものになるようにすることを目指している。単に生徒の問題行動の抑止という消極的な面だけにとどまらず，教科指導と並んで重要な意義をもつのである。

同じく「総則」では，「主に集団の場面で必要な指導や援助を行うガイダンスと，個々の生徒の多様な実態を踏まえ，一人ひとりが抱える課題に個別に対応した指導を行うカウンセリングの双方により，生徒の発達を支援すること」を掲げている。ガイダンスやカウンセリングの充実を図ることは，すべての生徒が学校や学級の生活によりよく適応し，豊かな人間関係のなかで有意義な生活を築くとともに，主体的な活動に関して適切な指導・援助を与えることによって，現在および将来の生き方を考え行動する態度や能力を育てるうえで重要な意味をもっている。

また，不登校の生徒に対する支援も新学習指導要領では強調されている。「総則」では，「社会的自立を目指す観点から，個々の生徒の実態に応じた情報の提供その他の必要な支援を行う」ことや，長期間不登校となる生徒に対する「特別の教育課程」の編成を認め，個別学習やグループ別学習など指導方法や指導体制の工夫改善に努めることを求めている。

▷16　特別の教育課程
不登校の実態に配慮した特別の教育課程を編成して教育を実施する必要があると文部科学大臣が認める場合，教育課程の基準によらずに特別の教育課程を編成して教育を実施することができる（学校教育法施行規則第56条〈第79条で中学校に準用〉）。

② 進路指導の現状と課題

新学習指導要領の「総則」では，進路指導を「学ぶことと自己の将来とのつながりを見通しながら，社会的・職業的自立に向けて必要な基盤となる資質・能力を身に付けていくことができるよう，特別活動を要としつつ各教科等の特質に応じて，キャリア教育の充実を図ること」と記している。そしてそれに向けて，生徒が自らの生き方を考え主体的に進路を選択できるよう，学校の教育活動全体を通じ組織的かつ計画的な進路指導を行うこととしている。とくに中学生は自己の生き方に関心が高まる時期であり，自分自身を見つめ，自分と社会とのかかわりを考え，将来の生き方や進路の選択可能性を探るとともに，進路を選択できるよう適切な指導・援助を行うことが必要となる。

進路指導は，生徒の勤労観・職業観を育てるキャリア教育の一環として重要な役割を果たしている。中学校のキャリア教育の意義は，社会における自らの役割や将来の生き方・働き方などを考えること，目標を立てて計画的に取り組む態度を育てること，体験を通じてその進路への関心を深め，進路の選択・決定へと導くことがある。具体的には「職場体験活動」などを通じて，職業や仕

▷17　キャリア教育
社会のなかで自分の役割を果たしながら，自分らしい生き方を実現していく過程をキャリア発達といい，一人ひとりの社会的・職業的自立に向け，必要な基盤となる能力や態度を育てることを通して，キャリア発達を促す教育をいう。

事を体験しながら実社会の現実を実感することが中心的な活動であるが，高校入試による現実的な進路選択を迫られる時期でもあり，自分を見つめ直し，自分と社会とのかかわり合いを継続的に考え，社会的・職業的自立に向けた基盤となる「基礎的・汎用的能力」[18]をいかに積み上げていくかが大きな課題である。

▷18　基礎的・汎用的能力
文部科学省は，仕事の分野や職種にかかわらず，社会的・職業的自立に向けて必要な基盤となる能力を基礎的・汎用的能力とし，これを「人間関係形成・社会形成能力」「自己理解・自己管理能力」「課題対応能力」「キャリアプランニング能力」の4つの能力に整理している。

Exercise

①　卒業した中学校の「校歌」の歌詞をふりかえり，歌詞にこめられた中学校や中学生に「求められていたもの」や「期待されていた姿」をまとめてみよう。

②　小学校と中学校，中学校と高等学校を比較して，学習や生活など何がどのように異なるのか，討議してみよう。

③　中学校での部活動の効果や効用とその問題点をまとめてみよう。

📖次への一冊

望月一宏『中学校は，いま』岩波新書，1987年。
　　当時の公立中学校の校長を務めた著者が在職中の体験を踏まえて，1980年代の中学校のさまざまな問題点を教師や生徒の悩みや迷いを通じて語っており，現在の中学校との共通点と相違点をうかがう手がかりとなる。

江沢穂鳥『よみがえれ，中学』岩波新書，1992年。
　　1980～90年代の徹底した管理主義と苛酷な受験競争，不登校やいじめなどさまざまな問題を通じて，当時の中学校の雰囲気を感じることができる。

国立教育政策研究所編『小中一貫［事例編］』東洋館出版社，2016年。
　　国立教育政策研究所のプロジェクト研究の一つである「初等中等教育における学校体系に関する研究」（平成26年度～27年度）の研究成果の一部として，小中一貫教育の先導的事例の成果と課題に関する研究の成果をまとめた報告書。

学びリンク編集部編『全国夜間中学ガイド』学びリンク，2016年。
　　全国で初めて公立中学校夜間学級，自主夜間中学の情報をまとめたガイドブックで，夜間中学の制度的位置づけ，変遷，各地の取り組み事例，増設に向けた動きなど夜間中学の実態がわかる。

引用・参考文献

文部省編『学制百年史』帝国地方行政学会，1981年。
文部省編『学制百二十年史』ぎょうせい，1992年。
文部科学省「平成27年度児童生徒の問題行動等生徒指導上の諸問題に関する調査」。
村井実訳『アメリカ教育使節団報告書』講談社，1979年。

第Ⅰ部　基本的な学校の制度

中央教育審議会「今後の学校におけるキャリア教育・職業教育の在り方について（答申）」2011年。

中央教育審議会「子供の発達や学習者の意欲・能力等に応じた柔軟かつ効果的な教育システムの構築について（答申）」2014年。

運動部活動の在り方に関する調査研究協力者会議「運動部活動の在り方に関する調査研究報告書」2013年。

第3章
高等学校

〈この章のポイント〉

　高等学校は義務教育段階にはない。しかし，中学校卒業者に占める高等学校等進学者の割合は2017年現在98.8％に達する。一方，同じ高等学校卒業者でも，その進路は，大学などへの進学が54.7％，専門学校進学が16.2％，就職が17.8％と多様である。高等学校という1つの学校種には，義務教育段階と，高等教育段階または職業社会とをつなぐ，2つの役割が期待されているのである。高等学校の歴史は，多様性と一元性とのせめぎ合いであった。本章では高等学校について，(1)制度の歴史的展開，(2)教育課程，(3)制度上の新たな展開と課題について解説する。

1　高等学校制度の歴史的展開

［1］　旧制中等学校から新制高等学校へ

　現在の高等学校にあたる戦前の学校種は，旧制高等学校ではなく，旧制中学校，高等女学校および実業学校の3つの学校種である。現在の小学校にあたる戦前の学校種は，時代により名称の変更はあったものの1つの学校種であり，義務教育はこの学校で修了していた。そのため，戦前は，現在の小学校にあたる学校種を卒業した後，進学を希望する者は，主にこの3つの学校種へ分岐して進学していた。旧制中学校は，「男子ニ須要ナル高等普通教育ヲ為ス」(1899(明治32)年改正中学校令)ことを目的とし，男子に対して実質的に上級学校進学を目指す準備教育を行っていた。高等女学校は，「女子ニ須要ナル高等普通教育ヲ為ス」(1899年高等女学校令)ことを目的としていたが，こちらは女子に対して「良妻賢母」という女性像を目指す完成教育を行っていた。実業学校は，「工業農業商業等ノ実業ニ従事スル者ニ須要ナル教育ヲ為ス」(1899年実業学校令)ことを目的とし，産業別に実業教育を行っていた。

　このような分岐型学校体系では，同年齢の者が異なる目的の教育を受けることになる。そのため，中学校を卒業すれば上級学校へ進学する資格が得られる一方で，高等女学校や実業学校を卒業しても進学の機会が限られているという問題や，異なる学校種への転学が認められないという問題を含んでいた。前者の問題に対しては，例えば1924(大正13)年の文部省告示によって，実業学校

▷1　旧制高等学校
戦前の高等教育機関。「男子ノ高等普通教育ヲ完成スル」(1918(大正7)年改正高等学校令)ことを目的とし，旧制中学校の課程に相当する尋常科4年と高等科3年の7年制を採っていた。戦前の第一高等学校が戦後は東京大学教養学部へ引き継がれるなど，現在の大学教養課程の前身となっている。

第Ⅰ部　基本的な学校の制度

卒業者を中学校卒業者と同等以上の学力をもつ者と認め，実業学校から高等学校への進学を可能とするなどの改善が図られてきた。後者の問題に対しては，1943（昭和18）年の中等学校令によって，中等学校の目的を「高等普通教育又ハ実業教育ヲ施シ国民ノ錬成ヲ為ス」（傍点は筆者による），中等学校の構成を「中学校，高等女学校及実業学校トス」として3つの学校種を同格に扱ったうえで，中学校・高等女学校と実業学校との間で転学を認めるといった制度改革が行われた。ただし，中等学校の目的において高等普通教育と実業教育を結ぶ「又ハ」という表現は，中学校・高等女学校では高等普通教育のみを，実業学校では実業教育のみを行う，実質的な分岐型学校体系を許すものであった。

　戦後になると，これら3つの学校種は順次廃止された。そして（実際には高等普通教育を主とする高等学校と実業を主とする高等学校とが存在したが），新制高等学校という1つの学校種に統一されることとなる。分岐型学校体系から，単線型学校体系へと舵を切ったのである。新制高等学校の目的は，1947（昭和22）年に公布された学校教育法によって，「中学校における教育の基礎の上に，心身の発達に応じて，高等普通教育及び専門教育を施すこと」（傍点は筆者による）と定められた。

　このような高等学校制度改革の方針は，米国教育使節団の報告書（1946年）において提言にされている。そのうち，連合国軍最高司令官総司令部（GHQ／SCAP）によって強調された次の3つは，新制高等学校の理想を示す，いわゆる「高校三原則」として受け入れられた。すなわち，入学者選抜を避け，希望者全入を達成するために居住地によって通学先を限定する「学区制」，限定された通学先において男女が学べるよう保障する「男女共学制」，そして限定された通学先において普通教育を受けたい者も専門教育を受けたい者も学べるよう保障する「総合制（複数学科の併設制）」である。1つの学校種で普通教育「及び」専門教育を施すという統一された目的と高校三原則によって，同年齢の男女が同じ目的の教育を受ける，平等な高等学校教育が目指された。

▷2　連合国軍最高司令官総司令部（GHQ／SCAP）
1945〜52（昭和20〜27）年，連合国軍が占領下の日本において設置した総司令部。英語名称は，"General Headquarters, the Supreme Commander for the Allied Powers"。

2　高校三原則の限界

　高校三原則は，希望するなるべく多くの者が，男女の格差なく，そして普通教育であっても専門教育であっても同じ一つの学校で教育を受けられるようにするという，新制高等学校の理想像を目指すための目標であった。男女共学制と総合制は法律によっては定められず，通達など行政が示すガイドラインによるいわば任意規定であった。そのため，実際には男子高等学校と女子高等学校とを別々に設置した都道府県もあり，また総合制をとっていた高等学校は全体の3割強であった。学区制については都道府県教育委員会が定めることとなっていたが，入学者選抜を避け，希望者全入を達成するという目的の達成度につ

いてはばらつきがあった。例えば1952（昭和27）年において，入学者選抜を前提とせず１学区に１校を設置する小学区制を採用していたのは23道府県にとどまり，１学区に２〜６校を設置する中学区制が15都府県，小学区・中学区の併用が５県という実態であった。

　このようにもともと厳格に徹底されていたわけではない高校三原則は，1950年代以降急速に後退する。科学技術の発達にともない産業社会の担い手を効率的に育成する必要が生じてきたうえ，1950（昭和25）年に42.5％であった高等学校進学率は1960（昭和35）年には57.7％に上昇し，より多様なニーズをもつ者が高等学校で教育を受けるようになったからである。これに応じて高等学校には多様化と機能分化が求められ，小学区制は障害とみなされたのである。小学区制を採用していた多くの都道府県は，1960年代までに中学区制へ次々と移行させた。これによって生徒と学校との一対一の対応がなくなるにともない，入学者選抜の実施も促進された。さらに，小学区でなければ総合制である必要もなくなるため，総合制の高等学校は普通高等学校と専門高等学校とに分離・独立していった。

③　序列化から多様化へ

　入学者選抜の実施が促進されると，「学区制」を支えていた希望者全入主義は見直さざるを得ない。1963（昭和38）年に学校教育法施行規則が一部改正され，高等学校の入学は，調査書や学力検査の成績などを資料として行う入学者の選抜に基づいて許可するものと改められた。同年に文部省が通知した「公立高等学校入学者選抜要項」では，「……高等学校教育の普及およびその機会均等の精神にのっとり志願者のなるべく多数を入学させることが望ましいが……高等学校の入学者の選抜は，……高等学校教育を受けるに足る資質と能力を判定して行うものとする」とされた。戦後からとられてきた希望者全入主義は，それを一部取り入れた適格者選抜主義へと変容していったのである。

　このように入学者選抜は実施されながらも，その一方で，進学率は上昇し続けた。進学の求めに応じて高等学校の新設も続けられた。第一次ベビーブーム世代（団塊の世代）が入学してくる影響も受けながら，高等学校進学率はますます上昇し，1974（昭和49）年には初めて90％を超えた。

　この頃同時に，大学への進学志向が高まっていった。それとともに，大学進学に有利とされる普通科，とくに進学実績のある普通高等学校への進学を目指す風潮が生まれた。このような学校数増加や進学志向は，職業高等学校をも巻き込みながら，高等学校の序列化，高等学校間の格差拡大，そして受験競争の激化をもたらした。

　この時期には，高校生の無気力，無関心，無責任の「三無主義」が社会問題

▷3　第一次ベビーブーム世代
1947年前後に出生した集団のこと。団塊の世代とも呼ばれる。戦争中の困難な時期を経験した者が，敗戦により外地から引き揚げてきた結果として出生した。1957（昭和32）年の出生数が156.7万人であるのに対して，1947年の出生数は267.9万人であった。

第Ⅰ部　基本的な学校の制度

となる。浪人生を出さないという中学校の進学指導により，成績順に普通科，次いで商業科，工業科，農業科，そして立地条件の悪い新設の高等学校へと生徒の選抜・配分が行われた。その結果，自らの希望しない高等学校に入学した不本意入学者が増加し，最下位に位置づけられた普通高等学校では，分数計算ができない，アルファベットが書けないなど，学力の低い生徒が入学する。さらに，非行，暴力，いじめ，不登校，中退といった問題も各地で発生した。高等学校制度の限界が露わになったのである。

　このような問題を解決するため，その後の高等学校制度は多様化の一途をたどっている。1988（昭和63）年には，ある単位を修得できない場合に原級留置となりうる従来の学年制によらず，決められた単位を修得すれば卒業が認められる単位制のみを採用する単位制高等学校が制度化された。当初は定時制・通信制課程（後述）においてのみ導入可であったが，1993（平成5）年からは全日制課程においても導入可となった。後述する総合学科や中等教育学校の制度化も含め，高等学校を選択する幅を広げ，個々の進路や適性に応じた学習を可能とするための模索が進められている。

▷4　原級留置
いわゆる「留年」のこと。各教育委員会が定める学校管理規則においては，一般に原級留置と表記される。

2　高等学校の教育課程

1　教育課程とその法的根拠

　現在の高等学校の目的は，学校教育法によって次のように定められている。「高等学校は，中学校における教育の基礎の上に，心身の発達及び進路に応じて，高度な普通教育及び専門教育を施すことを目的とする」（学校教育法第50条）。高等学校の教育課程も，同法によって次のように定められている。「高等学校の学科及び教育課程に関する事項は……文部科学大臣が定める」（学校教育法第52条）。そして文部科学大臣が定めたものが，学校教育法施行規則である。そこでは，「高等学校の教育課程は，別表第三に定める各教科に属する科目，総合的な学習の時間及び特別活動によつて編成するものとする」（学校教育法施行規則第83条）と定められている。

　この別表第三には，各学科に共通する各教科・科目名と，主として専門学科において開設される各教科・科目名のみが示されている。各教科・科目のさらに具体的な事項については，「高等学校の教育課程については，この章に定めるもののほか，教育課程の基準として文部科学大臣が別に公示する高等学校学習指導要領によるものとする」（学校教育法施行規則第84条）とあるように，高等学校の学習指導要領が定めている。

　学習指導要領は，全国的な教育水準の維持を図るため，学校種別に定められ

ており,およそ10年ごとに改訂されるが,高等学校の学習指導要領は小学校や中学校のものに比べて厚い。その最大の理由は,高等学校に3つの学科が存在していることにある。

2 3つの学科

現在の高等学校には,普通教育を主とする普通科,専門教育を主とする専門学科,そして普通教育および専門教育を選択履修を旨として総合的に施す総合学科の3つの学科がある。総合学科は1994(平成6)年に新たに導入されたものである。その教育上の特色は,幅広い選択科目のなかから生徒が自分で科目を選択し学ぶことが可能であり,生徒の個性を生かした主体的な学習が重視されていること,そして将来の職業選択を視野に入れた自己の進路への自覚を深めさせる学習を重視することにある。

文部科学省が実施した平成29年度学校基本調査によると,全高校生に占める普通科に在籍する生徒の割合は73.0%で,専門学科は21.6%,総合学科は5.4%である。また,全高校生に占める各専門学科に在籍する生徒の割合は,工業科が7.6%(専門学科在籍生徒の35.4%にあたる),商業科が6.0%(同27.6%),農業科が2.5%(同11.5%)である。以下,家庭科,看護科,水産科,福祉科,情報科と続く(図3-1)。その他の学科には,理数科,外国語科,音楽・美術科,体育科などがある。

▷5 学校基本調査
文部省・文部科学省が1948(昭和23)年より毎年実施している,学校の基本的事項に関する調査。学校数,在学者数,教職員数,学校施設,学校経費,卒業後の進路状況などが,学校種別,学年別,男女別,課程別などさまざまな観点によって分析されている。

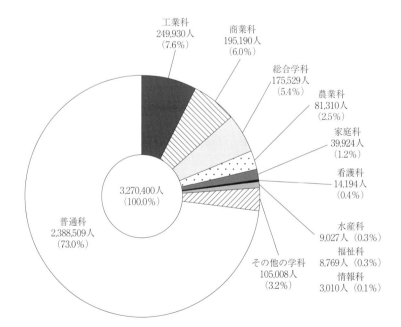

図3-1 分野別専門学科生徒数の割合
出所:文部科学省(2017)。

第Ⅰ部　基本的な学校の制度

各専門学科における科目も，多様である。高等学校の学習指導要領をみると，例えば工業科には，製図，機械工作，プログラミング技術，建築施工，繊維・染色技術といった科目が，水産科には，漁業，船舶運用，海洋生物，食品製造，マリンスポーツといった科目が，目標や内容とともにあげられている。学習指導要領［平成21年改訂］では，すべての学科に共通して，標準38単位の必履修教科・科目を履修したうえで74単位以上の修得をもって全課程の修了が認定されると定められている。これに加えて，専門学科においては，前述のような専門的な科目を履修する単位数が原則として25単位を下回ってはならず，また総合学科においては，原則として標準2〜4単位の科目「産業社会と人間」を履修しなければならないと定められている。

▷6　履　修
各教科・科目や総合的な学習の時間の授業を受けること。原則として，年間授業日数のうち3分の2以上を出席すれば履修したものとみなされるのが一般的である。これに対して修得とは，履修した各教科・科目や総合的な学習の時間について，その目標から見て満足できると認められる場合に単位が認定されることを言う。したがって，例えば試験などの成績が悪く単位が認定されなくても，年間授業日数のうち3分の2以上を出席していれば，履修したことになる。必履修教科・科目については，修得することではなく，履修することが全課程修了の要件となっている。

③　定時制と通信制

高等学校の課程の形態には，全日制，定時制，通信制の別がある。全日制は，教室にて朝から夕方まで授業が実施される，修業年限3年の課程をいう。定時制は，夜間その他特別の時間または時期において授業が実施される修業年限3年以上の課程をいい，職業に従事するなどさまざまな理由で全日制の高等学校へ進学することができない者に対して提供される。通信制は，ラジオ放送，テレビ放送その他の多様なメディアを利用して授業が実施される修業年限3年以上の課程をいい，全日制・定時制の高等学校へ通学することができない者に対して提供される。

平成29年度学校基本調査によると，全日制に在籍する生徒数は318万866人，定時制は8万9534人，通信制は18万2515人である（ただし，定時制と通信制を併習する生徒が存在している）。

3　高等学校制度上の新たな展開と課題

①　国民的な教育機関としての高等学校教育

冒頭で述べたとおり，高等学校教育は義務教育ではないが，2017年現在における高等学校等進学率は98.8％に達している。このため，高等学校教育は国民的な教育機関であるとも，準義務教育であるとも言われることがある。中等教育が大衆化した状況に対応するための新たな制度として，高等学校等就学支援金制度と中等教育学校制度をみてみよう。

▷7　中等教育
11，12歳頃から18，19歳頃までの青年期男女を対象として行われる教育。学校教育の水準によって区分された3段階の教育のうち，初等教育と高等教育の間の第2段階に位置する。

準義務教育と言われるまでに中等教育が大衆化すると，家庭の教育費負担を国が支援する必要が出てくる。2010年，「公立高等学校に係る授業料の不徴収及び高等学校等就学支援金の支給に関する法律」が制定され，「高等学校等に

おける教育に係る経済的負担の軽減を図り，もって教育の機会均等に寄与すること」（第1条）を目的とした，返済不要の高等学校等就学支援金制度が導入された。

同制度を導入する理由として，当時の政府は次の3点をあげている。すなわち，(1)高等学校等は国民的な教育機関となっており，その教育の効果は広く社会に還元されるものであることから，その教育に係る費用については社会全体で負担していく方向で諸政策を進めていくべきであること，(2)家庭の経済状況にかかわらず，家庭の経済的負担の軽減を図ることが喫緊の課題であること，(3)多くの国で後期中等教育を無償としており，国際人権A規約[8]にも中等教育における無償教育の漸進的な導入が規定されているなど，高校無償化は世界的な常識であること，である。

現在の同制度において，就学支援金の支給の対象となるのは，全日制・定時制・通信制の国公私立高等学校，中等教育学校の後期課程，特別支援学校の高等部，高等専門学校の第1学年から第3学年まで，専修学校の高等課程，専修学校の一般課程および各種学校のうち高等学校入学資格者を入所資格とする国家資格者の養成施設，そして各種学校のうち告示で指定した外国人学校に在学し，かつ日本国内に住所を有する者である。支給額は，例えば全日制で定額授業料制の公立高等学校に通う者については，月額9900円が36か月にわたって支給される。ただし，保護者等の年収が一定額を上回ると支給を受けられなくなり，一定額を下回ると私立高等学校等の場合は増額される。なお，これらの金額や支給要件は2017（平成29）年3月現在のものであり，今後変更される可能性がある。

高等学校等就学支援金制度は導入されたばかりである。在学要件が専修学校の一般課程および各種学校のうち国家資格者の養成施設に限定されているのは妥当なのか，また外国人学校のうち国内の高等学校と同等の教育課程を有すると認定されている学校に限定されているのは妥当なのか，年収により支給額につけられている差は妥当なのかといった点は，今後の課題であると言える。

その一方で，準義務教育と言われるまでに中等教育が大衆化すると，生徒たちの個性やニーズはより多様になる。中等教育には，多様な個性やニーズに対応した教育目標や学校形態を提供する必要が出てくる。こうした背景のもと，1999（平成11）年より，中等教育において中高一貫教育を選択的に導入することが可能となった。

中高一貫教育には，次の3つの実施形態がある。まず中等教育学校は，一つの学校種として，一体的に中高一貫教育を行うものである。次に併設型の中学校・高等学校は，高等学校入学者選抜を行わずに，同一の設置者による中学校と高等学校を接続するものがある。最後に連携型の中学校・高等学校は，市町

▷8　国際人権A規約
国際人権規約のうち，社会権に関する規約のこと。国際人権規約は，人権に関する諸条約のなかで最も基本的かつ包括的な条約で，1966（昭和41）年の第21回国際連合総会において採択され，1976（昭和51）年に発効した。国際人権規約のうち，自由権に関する規約はB規約と呼ばれる。日本はA・B両規約ともに1979（昭和54）年に批准しているが，一部の領域については批准せず留保してきた。2012（平成24）年，高校無償化の実現等により，日本はA規約13条2（b）および（c）が定める，中等教育・高等教育における無償教育の漸進的導入に対する留保を撤回した。

村立中学校と都道府県立高等学校など，異なる設置者間でも実施可能な形態で，中学校と高等学校が，教育課程の編成や教員・生徒間交流などの連携を深めるかたちで中高一貫教育を実施するものがある。2016年現在，中等教育学校は52校，併設型の中学校・高等学校は464組，連携型の中学校・高等学校は205組に上っている。

公立中高一貫教育の創設にあたっては，受験競争の低年齢化やエリート校化が危惧されていた。そのため，衆議院文教委員会および参議院文教委員会は，これらを防止する措置を「学校教育法等の一部を改正する法律案に対する附帯決議」によって求めていた。現在，多くの公立中等教育学校は，入学者選抜に際して，学力検査を用いず，適性検査や作文で選考を行っている。その一方で，公立中等教育学校には，地方議会や保護者から進学校としての期待が向けられるようになっている。この期待を背景として，入学者選抜における学力検査が実施される懸念も指摘されている。

2　不登校

文部科学省が実施する「児童生徒の問題行動等生徒指導上の諸問題に関する調査」によると，2015年度において高等学校に在籍する生徒のうち，年度間に連続または断続して30日以上欠席した不登校生徒の割合は1.5%である。さらに，この不登校生徒のうち23.4%は90日以上欠席している。すべての全日制・定時制高等学校のうち，不登校生徒が在籍する高等学校の割合は79.4%に上る。全日制・定時制高等学校における不登校の要因（複数回答可，あてはまるものがない場合は回答せず）を見ると，「学業の不振」が最も多く20.8%を占め，家庭の生活環境の急激な変化など「家庭にかかる状況」が17.0%，「いじめを

▷9　不登校
この調査によると，不登校とは，「何らかの心理的，情緒的，身体的，あるいは社会的要因・背景により，児童生徒が登校しないあるいはしたくともできない状況にあること（ただし，病気や経済的理由によるものを除く）」と定義されている。

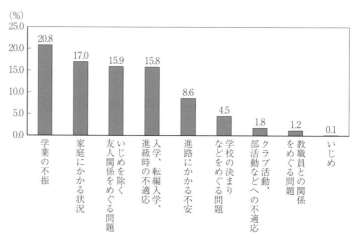

図3-2　全日制・定時制高等学校における不登校の要因
出所：文部科学省（2016）をもとに作成。

除く友人関係をめぐる問題」が15.9%と続いている（図3-2）。不登校生徒のうち27.2%は中途退学に，7.7%は原級留置に至っている。高等学校は小・中学校とは異なり義務教育の段階にはないため，高等学校に在籍する生徒が中途退学に至ると，それが社会との断絶に直結しかねない。そのため，高等学校における不登校生徒には，一層の配慮を施す必要がある。

　そこで2005（平成17）年，文部科学省は学校教育法施行規則の一部を改正する省令を施行し，小学校，中学校，高等学校などにおいて，不登校児童生徒等の実態に配慮した特別の教育課程を編成する必要があると認められる場合に，特定の学校において教育課程の基準によらずに特別の教育課程を編成することができるようになった。2009（平成21）年には，文部科学省初等中等教育局長の通達「高等学校における不登校生徒が学校外の公的機関や民間施設において相談・指導を受けている場合の対応について」により，「保護者と学校との間に十分な連携・協力関係が保たれていること」などの一定の要件を満たす場合に，不登校の高校生が学校外の施設において相談・指導を受けた日数を指導要録上出席扱いとすることができるようになった。実際に，「児童生徒の問題行動等生徒指導上の諸問題に関する調査」によると，全日制・定時制高等学校における不登校の生徒のうち，2015（平成27）年度に学校外の施設（病院・診療所，児童相談所・福祉事務所等）において相談・指導を受けた者は7507人であり，うち指導要録上出席扱いとされた者は431人に上っている。さらに2009年，文部科学省初等中等教育局長の通達「高等学校の全日制課程及び定時制課程における不登校生徒に対する通信の方法を用いた教育による単位認定について」により，全日制・定時制の高等学校に在籍する不登校生徒のうち，学習意欲はありながら登校できない者について，通信の方法を用いた教育により単位認定を行うことも一定の範囲内で認められるようになった。

③　「スーパー○○ハイスクール」事業

　文部科学省は2002（平成14）年度以降，高等学校等を各種「スーパー○○ハイスクール」の指定校に採択し，予算を措置して，各種領域の教育課程を研究開発する取り組みを展開している。

　スーパー・イングリッシュ・ランゲージ・ハイスクール（SELHi, 2002年度～2009年度）は，英語教育の先進事例となる学校づくりを推進することを趣旨として，英語教育を重視したカリキュラムの開発，大学や中学校などとの効果的な連携方策等についての実践研究を実施した事業である。指定期間は3年間であり，8年間で延べ169校が指定された。主な取り組み内容は，「ライティング能力の開発・指導法の改善」「スピーキング能力の開発・指導法の改善」「評価方法の開発（定期テストの改善を含む）」「小・中・高・大や外部機関との連携」

であった。

　スーパーサイエンスハイスクール（SSH, 2002年度〜）は，先進的な科学技術，理科・数学教育を通して，生徒の科学的能力および技能ならびに科学的な思考力，判断力および表現力を培い，もって，将来国際的に活躍し得る科学技術人材等の育成を図ることを趣旨とする。指定期間は，2004年度指定校までは3年間，2005年度指定校以降は5年間である。2016年度までに正味240校が指定されている。例えば横浜市立横浜サイエンスフロンティア高等学校では，英語での科学プレゼンテーション力の向上に力を入れ，各種科学オリンピックや国際的なコンテストなどに多くの生徒がチャレンジしている。

　スーパーグローバルハイスクール（SGH, 2014年度〜）は，グローバル・リーダー育成に資する教育を通して，生徒の社会課題に対する関心と深い教養，コミュニケーション能力，問題解決力などの国際的素養を身につけ，もって，将来，国際的に活躍できるグローバル・リーダーの育成を図ることを趣旨とする。指定期間は5年間である。2016年度までに正味123校が指定されている。例えば筑波大学附属坂戸高等学校では，第1学年が取り組む課題研究基礎（キャリアデザイン・校外学習）と，第2学年から取り組む課題研究プログラム（インドネシアにおけるフィールドワーク，筑波大学における英語論文指導およびゼミ指導）を開発している。なお，SGH事業の構想をより多くの学校に広げていく観点から，SGH事業を踏まえたグローバル・リーダー育成に資する教育の開発・実践に取り組む高等学校等が「SGHアソシエイト」（2014年度〜）として選定されている。

　スーパー・プロフェッショナル・ハイスクール（SPH, 2014年度〜）は，大学・研究機関・企業等との連携の強化等により，社会の変化や産業の動向等に対応した，高度な知識・技能を身につけ，社会の第一線で活躍できる専門的職業人の育成を図ることを趣旨とする。指定期間は3年間である（専攻科を含める場合は最長5年間）。2017年度までに延べ40校が指定されている。例えば兵庫県立龍野北高等学校総合福祉科では，利用者本位の介護を主体的に考え，課題を発見し，介護計画を作成・実施・評価できるようなケアワーカーを育成するための教材，指導法，評価法を開発している。

　これら以外にも，文部科学省は，「スーパー」という語は含まれていないものの，学力向上フロンティア・ハイスクール事業（2002〜2004年度）を展開したり，「ハイスクール」には限定されていないものの，スーパー食育スクール（2014年度〜）を展開したりしている。

４　進路指導とキャリア教育

　既述のように，1970年代の高等学校における進路指導は，大学進学率の上昇

第**3**章　高等学校

や受験競争の激化とともに，偏差値による輪切りの「受験指導」に終始せざるを得なかった。

このような状況に対し，1999年の中央教育審議会答申「初等中等教育と高等教育との接続の改善について」は，「……大学に進学する場合は，単に，偏差値を指標として『入れる大学』に入学するという姿勢ではなく，自分の将来の進路・職業を長期的に展望した上で，自己の能力・適性，関心等を最大限生かすことのできる『入りたい大学』を選択することが求められる」と述べたうえで，キャリア教育を発達段階に応じて実施する必要があると提言した。キャリア教育とは，2011年の中央教育審議会答申「今後の学校におけるキャリア教育・職業教育の在り方について」によると，「一人一人の社会的・職業的自立に向け，必要な基盤となる能力や態度を育てることを通して，キャリア発達を促す教育」である。そしてキャリア発達とは，「社会の中で自分の役割を果たしながら，自分らしい生き方を実現していく過程」と説明されている。

キャリア教育は，偏差値輪切りを典型例とするこれまでの進路指導の実践を捉え直す視点を提供するものであり，進路がとくに多様である高等学校のみならず，幼稚園から大学院を含む高等教育機関までを一貫する教育活動として構想されている。

高等学校におけるキャリア教育の一環としての体験的な学びの例としては，職場や研究機関の訪問・見学，地域の職業人に職業・生き方を学ぶ調査活動，インターンシップ，デュアルシステム[10]，熟練技術者を学校に招いての技術指導，学校オリジナル商品の開発と空き店舗などを利用しての販売，オープン・キャンパスや上級学校の授業の受講，その他奉仕・ボランティア活動などの体験活動があげられる。

高等学校におけるキャリア教育の課題としては，2013年の国立教育政策研究所生徒指導・進路指導研究センター「キャリア教育・進路指導に関する総合的実態調査第一次報告書」によると，62.6％の卒業生が「学校や職場で学んだり働いたりすることが困難な問題が起こったときに相談できる機関」について把握していないこと，65.3％の高等学校が大学・短期大学・高等専門学校へ進学した卒業生に対する追指導を実施していないことなどがある。また，34.6％の学級担任が「キャリア教育を実施する十分な時間が確保できない」と回答していることや，とりわけ普通科におけるインターンシップの参加率が中学校における職場体験活動への参加率に比べて著しく低いことも課題としてあげられる。

▷10　デュアルシステム
専門高校生の実践力の向上，勤労観・職業観の育成を目的として，学校での座学と企業での実習を組み合わせて行うシステム。モデル校として2004（平成16）年度から2007（平成19）年度までに25校が選定・推進された。

Exercise

① 日本の学校体系は，戦前は分岐型であったが，戦後は単線型へと舵を切った。しかし，現在の学校体系には，単線型の要素も分岐型の要素も見られる。どのような点が単線型の要素で，どのような点が分岐型の要素か，考えてみよう。

② 高等学校進学率が80％に達した1970年頃，分数計算ができないなど，中学校における学習が定着しないまま高等学校に進学する者の存在が浮き彫りになった。現在では大学進学率が55％に達しつつあるが，高等学校における学習が定着しないまま大学に進学する者も存在しているのだろうか，調べてみよう。

③ 高等学校教育は，準義務教育と言われることがある。そのため，高等学校においてすべての生徒が履修する，ミニマムとしての必履修科目の位置づけがいっそう重要となる。必履修科目を決めるプロセスでは，これまでどのような議論が行われてきたのだろうか，調べてみよう。

📖次への一冊

清水一彦監修，藤田晃之・高校教育研究会編著『講座　日本の高校教育』学事出版，2008年。

　　戦後の高等学校教育の歴史的経緯や改革の意義・問題点が，「高校入試」「不本意入学」「高卒就職」など16のテーマごとに整理され，さらに未来の高等学校教育改革に向けて現状の課題が提示された一冊。関係する答申・統計・年表からなる資料編も充実している。

「高校教育半世紀の検証シリーズ」学事出版。

　　菱村幸彦『教育行政から見た戦後高校教育史』1995年，山口満『教育課程の変遷からみた戦後高校教育史』1995年，黒羽亮一『ジャーナリストからみた戦後高校教育史』1997年の3冊からなるシリーズ。教育行政版では，戦後の高等学校教育の歴史について，いわゆる教科書裁判，臨時教育審議会による教育改革，国旗・国歌の取り扱い等を含む，教育行政の視点から解説されている。著者は文部省において教科書検定課長，高校教育課長，初等中等教育局長などを歴任している。

佐々木享『高校教育論』大月書店，1976年。

　　高等学校という学校制度の現状や特徴を，その歴史的な位置づけを踏まえて明らかにした一冊。高等学校進学率が90％を超えた本書発行当時において，高等学校に与えられていた課題が解説されている。

藤田晃之『キャリア教育基礎論——正しい理解と実践のために』実業之日本社，2014年。

　　キャリア教育とは何か，学級活動などにおけるキャリア教育のあり方，そしてキャリア教育の効果と今後の課題などについて，文部科学省におけるキャリア教育に関

する調査官でもあった教育制度学研究者によって解説された一冊。

筑波大学附属坂戸高等学校編『「総合学科」を創る——生き生きと伸び伸びと学ぶ喜び
を』学事出版，2001年。

　1994年に全国初の総合学科を開設した筑波大学附属坂戸高等学校が，どのような経
　緯で開設を決断し，どのように新しい教育課程を編成し，生徒の学習意欲などにど
　のような影響がみられたのかについて，当事者の教師たちによってまとめられた一
　冊。

引用・参考文献

藤田晃之『キャリア教育基礎論——正しい理解と実践のために』実業之日本社，2014年。
萱原昌二『戦後高校教育史——全国高等学校長協会の歩みより』学事出版，2006年。
窪田眞二・清水一彦編『新教職教育講座　第2巻　学校教育と経営』協同出版，2013年。
教育制度研究会編『要説　教育制度　新訂第三版』学術図書出版社，2011年。
文部科学省「平成27年度児童生徒の問題行動等生徒指導上の諸問題に関する調査【2月
　確定値】」2016年。
文部科学省「平成29年度学校基本調査」2017年。
文部省編『学制百二十年史』ぎょうせい，1992年。
奥田真丈・河野重男監修『現代学校教育大事典』ぎょうせい，1993年。
佐々木享『高校教育の展開』大月書店，1979年。
清水一彦監修，藤田晃之・高校教育研究会編著『講座　日本の高校教育』学事出版，
　2008年。

第4章
各種学校・専修学校

〈この章のポイント〉

　戦後の各種学校および専修学校は，学校教育法第1条に定める学校（一条校）ではないことから，学校体系において傍流の教育機関として位置づけられてきた。しかし，それゆえに，時代の要請に比較的柔軟に対応し，多様な需要に応えてきたことも事実である。他方で，専修学校に対して一条校としての位置づけを与えようとする動向も見られる。本章では，まず，各種学校制度が成立した経緯と，その現状や課題を確認する。次に，各種学校制度を基盤として生まれた専修学校制度について，成立の背景や制度の概要，今後の展望と課題を説明する。

1　各種学校の成立と展開

［1］　明治期から昭和前期（第二次世界大戦）までの各種学校

　「各種学校」と呼ばれる学校は，日本の学校教育制度の歴史を概観すれば，第二次世界大戦を境として，その前後の各時期に存在する。まずは，戦前の各種学校について確認する。

　明治政府が誕生したのち，1872（明治5）年に頒布された学制に基づいて，近代的な学校教育制度が整備された。当時，藩校や寺子屋，私塾などの教育機関のうち，一定の基準に達するとみなされたものに関しては，小学校や中学校という形で正規の学校教育制度の枠組みに再編されたのである。

　他方で，それらに収まらない教育機関は，学制において「変則小学」「変則中学」「家塾」と定義された。その後，前述の学制を廃止し，1879（明治12）年に発布された教育令において，「学校ハ小学校中学校大学校師範学校専門学校其他各種ノ学校トス」と定められ，正規の学校種に該当しない学校を「各種ノ学校」と総称するようになった。すなわち，戦前における各種学校の成立は，教育令に遡るのである（土方，2008，29〜30ページ；韓，1996，31〜34ページ）。

　このように，正規の学校には当てはまらないということは，戦前の各種学校が「不完全な」教育機関であることを連想させる。しかし，そのような認識は，各種学校の特質の一側面を説明するものではあるが，十分とは言えない。確かに，明治期から昭和前期に至るまでの教育政策を概観しても，各種学校を

▷1　なお，正確を期するならば，「各種学校」という表記が初めて用いられたのは，1880年に公表された『文部省第八年報』においてのことである。同文書においては，学校種として，「各種学校」という項目が新設されている。

57

第Ⅰ部　基本的な学校の制度

表4-1　戦前の各種学校の役割と機能

役割・機能	概要
補完的基礎教育	正規の小学校などに入れなかったものに対する初中等教育レベルの初歩的・基礎的教養の提供
予備教育	専門学校や高等中学校に入学するための語学や数学，理学などに関する準備教育
実業教育	農業，工業，商業，水産などの産業教育
女子教育	正規の学校に就学しない（できない）女子児童・生徒に対する教育
専門教育	法学，医学などに関する高度な専門性を育成する教育
特別支援教育	視覚，聴覚などに障がいのある児童・生徒に対する教育
宗教教育	キリスト教関係の女学校などにおける，官立・公立学校で禁止された宗教に基づく教育や儀式の実施

出所：韓（1996，39ページ）をもとに作成。

政策の対象として振興策が講じられることはほとんどなかった。その代わりに，他の学校種と比べれば，第二次世界大戦中を除いて特段の規制を受けることなく，自由に発展を遂げてきたのである。戦前の各種学校が果たした具体的な役割や機能は，表4-1のようにまとめられる。

表4-1からは，各種学校が果たした多岐にわたる役割や機能を確認できる。このことは，明治期以降の社会においては，正規の学校教育制度の枠組みには収まりきらない多岐にわたるニーズが存在していたことを示している。そして，各種学校は，教育内容などについて自由が利くことを強みとしつつ，それらのニーズの受け皿としての役割を果たしてきたのである。

2　昭和後期（第二次世界大戦後）以降の各種学校

　　戦後の各種学校制度は，6・3・3・4制の新たな学校教育制度とともに開始された。具体的には，学校教育法（1947年）第83条[2]における「第1条に掲げるもの以外のもので，学校教育に類する教育を行うもの（中略）は，これを各種学校とする」という定めによって，各種学校は法的な位置づけを得た。この条文では，いわゆる一条校や職業訓練法（現在の職業能力開発促進法）に基づく職業訓練所，後に詳述する専修学校を除く，その他の多様な教育機関を各種学校とすることが述べられている。正規の学校以外の教育機関を各種学校とする定義は，戦前と戦後の各種学校に共通する点である。

　　戦後の各種学校は，学校教育制度という枠組みにおいて捉えようとするならば，一条校と比べて緩やかな規制の下に運営されている教育機関である。他方で，生涯学習体系全体のなかで各種学校の特徴を把握しようとすれば，家庭教育のようなインフォーマル・エデュケーションや社会教育などのノンフォーマル・エデュケーションと比べ，組織化の程度が高いことが指摘できる。

　　このような中間的な位置づけにあるがゆえに，各種学校は時代の経過にともない，その一部をより高度化・組織化し，学校教育制度のなかで正統的な地位を獲得しようとする制度的志向性を持ち続けてきた[3]。詳しくは後述するが，各種学校を基盤として専修学校が創設されたことや，各種学校としての外国人学校の位置づけを巡る議論が起こっていることは，そのような志向性を示してい

▷2　条番号は，学校教育法制定当時のもの。現在では，同様の条文が第134条として定められている。

▷3　このような点は，戦前の各種学校にも共通する性格である。すなわち，戦前の各種学校もまた，時代の経過にともない，時として旧制専門学校へ移行する事例が見られた。また，戦前のいくつかの各種学校は，戦後に至り，一条校である私立中学校，高等学校へと移行した。

58

る。

そこで，次節以降では，戦後の各種学校と専修学校の制度的特質と課題について概観していくこととする。

2　戦後の各種学校制度の概要と課題

1　各種学校の設置・認可

各種学校の設置形態は，公立と私立に大別される[4]。このうち，私立学校が全体の機関数の9割以上を占めるという状況は，1950年代から現在に至るまでに一貫した傾向であり，近年の私立学校の割合は，99％を上回る。

このような私立の各種学校は，一条校とは異なり，学校法人以外の主体が設置することも可能である。具体的には，財団法人や社団法人，さらには個人が設置するケースがある。設置者については，学校教育法第134条を根拠として定められた各種学校規程（1956年）の第14条において，「各種学校の設置者が個人である場合には，教育に関する識見を有し，かつ，各種学校を経営するにふさわしい者でなければならない」とされている。

また，各種学校の設置認可に関しては，学校教育法第134条第2項の定めに基づき，学校教育法第4条の前段の規定が準用される。具体的には，公立の各種学校に関しては各都道府県の教育委員会が，私立は各都道府県知事が認可する。

それゆえ，各都道府県においては，前述の各種学校規程の枠内で，私立の各種学校の設置認可に関する基準を定めていることが通例である。それらの基準には，通常，前述の私立学校の設置者として認められる主体に関する規定も含まれており，各都道府県によって内容に若干の相違が見られる。多くの自治体に共通するのは，個人が設置者になる場合には，学校運営に支障のない程度の経費をまかなえる状況にあることを，認否の基準としている点である。

なお，各種学校の数は戦後直後に急増し，1950年代後半から1970年代前半まで，8000校程度を保っていた。その後，専修学校の制度化にともない，多くの各種学校は専修学校へ移行し，各種学校そのものの数は減少傾向にある。2016（平成28）年の学校基本調査によれば，1200校にまで規模が縮小している。

2　各種学校の目的と教育課程等

戦後の各種学校に関して，その目的を示した法令等は見られない。このことは，そもそも各種学校が，正規の学校教育制度の枠組みに収まらない多様な教育機関を包括する役割をもつことによるものと考えられる。別の言い方をすれ

▷4　国立の各種学校も，戦後から2000年代初頭までは存在していた。1970年代は全国に70校程度見られたものの，時代とともに漸減し，2001年の2校を最後に，国立の各種学校は学校基本調査において確認できない。

第Ⅰ部　基本的な学校の制度

ば，目的を１つに絞ることができないことこそ，各種学校の特徴なのである。

　こうした特徴は，実際に各種学校において提供されている教育課程の分野・領域からも読み取れる。以下の表４－２は，2016年の学校基本調査において，各種学校の教育課程として示されている分野・領域のうち，実際に該当する機関が存在するものをまとめたものである。

表４－２　各種学校の教育課程の分野・領域（2016年）

分　野	具体的な領域
工　業	土木・建築／電気・電子／電子計算機
農　業	農業
医　療	看護／准看護／はり・きゅう・あんま
衛　生	調理／理容／美容／製菓・製パン
教育・社会福祉	教員養成
商業実務	商業／経理・簿記／タイピスト／情報／ビジネス
家　政	家政／家庭／和洋裁／料理／編物・手芸／ファッションビジネス
文化・教養	音楽／美術／デザイン／茶華道／外国語／演劇・映画／写真／動物／法律行政／スポーツ
各種学校のみにある課程	予備校／学習・補習／自動車操縦／外国人学校

　注：各分野に含まれる「その他」という項目は省略。
　出所：文部科学省（2016）をもとに作成。

　表４－２からは，「工業」から「文化・教養」に至る８つの分野と「各種学校のみにある課程」，さらには，各分野に位置づく合計37の具体的な領域が確認でき，各種学校が広範な領域における教育機会を提供していることが読み取れる。

　また，修業期間や授業時数については，各種学校規程において，以下のような緩やかな基準が示されている。まず，修業期間は原則として１年以上であるが，簡易に習得することができる技術，技芸等の課程については，３か月以上，１年未満とすることが可能である（第３条）。次に，授業時数は，修業期間が１年以上の場合には１年間にわたり680時間以上を基準とし，１年未満の場合には修業期間に応じて授業時数を減じるものとされている（第４条）。

　このような緩やかな基準の下で，多様な教育課程を備えた各種学校が存在している。例えば，自動車教習所のように比較的短期間かつ少ない授業時数による教育課程をもつ各種学校から，一部の外国人学校のように一条校と同程度の修業期間・授業時数での課程編成が行われている各種学校まで多岐にわたる。

３　各種学校の変遷と外国人学校

　これまでに，各種学校の目的や教育課程の分野・領域が多岐にわたってお

り，修業期間や授業時数等にも幅があることを述べてきた。しかし，その展開過程には，時代に応じた一定の傾向性が見出せることも指摘しておく必要がある。

戦後直後の各種学校のほとんどは，和洋裁に関する課程を置いた機関であった。つまり，当時の各種学校は，女性を対象とするいわゆる「花嫁修業」の場としての役割を果たしていた。その後，工業や農業など職業教育に関する課程が増え，その教育内容は専門化，高度化していく。しかし，専修学校の創設により，職業教育に関する役割は，次第に専修学校が担うようになる。既述のとおり，各種学校の数が減少傾向にあるのは，このような経緯によるものである。

他方で，相対的に存在感を増しているのは，外国人学校である。2016年時点において，自動車教習所（134校）に次いで，2番目に多いのが外国人学校である（133校）。もちろん，1200校という各種学校全体の数を考えれば，1割強に過ぎない。しかし，各種学校の提供する教育の領域的広がりを考慮に入れれば，1つの領域に1割の学校が集中している事実は看過できない。

外国人学校は，外国人の児童・生徒を主たる対象として，当該児童・生徒の母国語による教育を施す機関である。一部の機関については，日本の学校設置基準や学習指導要領等に準拠した教育を行っており，一条校として認可されている。しかし，ほとんどの外国人学校が，日本の学校設置基準や学習指導要領等に準拠していないことから，一定の体系的な教育を行っている場合であっても，各種学校として位置づけられている。

それゆえ，各種学校としての外国人学校を卒業しても，相当する学校段階にある一条校の卒業資格を得ることが認められておらず，卒業生が日本国内で進学する際には困難が生じている。さらに，一条校のような税制上，補助金上の優遇が行われず，経営的に厳しい状況に置かれていた。しかし，2003（平成15）年に一部の外国人学校卒業者に対して大学入試受験資格が認められるなど，近年，上述の困難が解消される方向で各種の制度改正・設計が進められている。

この問題は，各種学校として規制と助成のバランスをどう考えるかという観点に留まらず，外国人の児童・生徒の学習権を誰がどのように保証するのかという学習権論の観点から，さらなる本質的な検討が必要となる。

▷5　外国人学校については，各種学校としての認定を受けることすら困難なケースも多数存在している。それゆえ，文部科学省は「外国人学校の各種学校設置・準学校法人設立の認可等に関する調査委員会」を設置し，2011年から2012年にかけて実態調査を行っている。その後，各都道府県においては外国人学校に限り，各種学校としての認定要件を一部弾力化するなどの取り組みが進められている。

第Ⅰ部　基本的な学校の制度

3　専修学校の成立と展開

1　専修学校の成立と背景

　各種学校は，社会のニーズを背景として，職業教育における役割をより積極的に果たすようになった[6]。この過程において，少ない生徒に対してほとんど組織化されずに提供されているものから，一定の規模の生徒に対して組織化された高度な教育が提供されるものまで，各種学校教育にはさまざまなレベルのものが含まれるに至った。

　それゆえ，組織化された教育を提供している各種学校に関して言えば，その教育内容の程度に比べて，各種学校という位置づけに由来するデメリットが大きかった（文部省振興課法令研究会，1976，7ページ）。つまり，どれほど優れた教育を行っていたとしても，一条校並みの税制上の優遇措置を受けることができず，各種助成金の対象とされにくかった。さらには，各種学校を卒業することに対する社会的評価も必ずしも高くはなかった。このような制度と実態のアンバランスさは，各種学校関係者としては解消すべき課題であった。

　他方で，教育行政の立場からは，一度設置を認可してしまえば，その後は統制が効きづらいという点は問題であった。こうした背景から，各種学校を再編し，その一部を専修学校として新たに位置づけ直すという構想が生まれた。

　専修学校創設の構想は，すでに，1950年代中頃には文部省内に存在した（韓，1996，58ページ）。その後，1960年代後半に制度創設のための法案が作成され，国会での審議が行われた。国会審議においては，審議未了のまま幾度も廃案となるが，1975（昭和50）年に学校教育法が一部改正され，専修学校が制度化された。これにより，「正規の学校以外の学校」としての各種学校から，「職業若しくは実際生活に必要な能力を育成し，又は教養の向上を図る」（学校教育法第124条）ことを目的とする学校としての専修学校が独立するに至るのである。

2　専修学校の設置・認可と展開

　専修学校は，上述の目的に加え，次の要件を満たす学校であるとされている（学校教育法第124条第1項1号～3号，専修学校設置基準第16条）。すなわち，(1)1年以上の課程をもつこと，(2)1年間で800時間の授業時間であること（昼間部），(3)教育を受けるものが常時40名以上であること，の3点である。その創設の趣旨に基づいて，各種学校に比べて厳しい基準が設定されていることがわかる。

　また，専修学校の設置形態は，国立，公立，私立の3種類である（学校教育

▷6　各種学校については，「正系の学校」が対応できない職業教育を実施する「公的職業資格の養成施設として資格教育を行う学校も少なくなかった」とする指摘もある（植上，2011，48ページ）。

第4章　各種学校・専修学校

法第127条）。国または都道府県の設置する専修学校を除き，市町村の設置する
専修学校は都道府県教育委員会，私立の専修学校は都道府県知事による認可を
受けなければならない（学校教育法第130条）。

　なお，私立の場合に設置者として認められる条件については，(1)専修学校を
経営するために必要な経済的基礎を有すること，(2)設置者が専修学校を経営す
るために必要な知識または経験を有すること，(3)設置者が社会的信望を有する
こと，の3点があげられている。設置者に関するその他の条件については，各
種学校と同様に，各都道府県が定める規程のなかで詳細が述べられている。と
くに私立の設置者の要件については，都道府県によって若干の相違が見られ
る。

　付け加えれば，国立，公立，私立の3種の形態があるとは述べたものの，実
態としては，私立の専修学校が圧倒的に多い。2016年の学校基本調査によれ
ば，3183校の専修学校のうち，私立が2985校であり，公立は189校，国立はわ
ずか9校にとどまる。

4　専修学校制度の概要

1　入学資格と教育課程

　専修学校には，入学資格に応じた3つの課程が存在する（学校教育法第125条）。
第1に，学歴は問わず，誰でも入学できる一般課程である。第2に，中学校卒
業と同等以上の学力があることを入学資格とする高等課程である。高等課程を
もつ専修学校は，「高等専修学校」と称することができる（学校教育法第126条）。
第3に，高等学校卒業または3年制の高等専修学校卒業と同等以上の学力があ
ることを入学資格とする専門課程である。専門課程をもつ専修学校は，「専門
学校」と称することができる（学校教育法第126条第2項）。

　それでは，専修学校の教育課程はいかなる状況にあるのだろうか。2016年の
学校基本調査の結果から確認する。

　まず，課程別の学校数については，専門課程を置く機関が最も多く（2817
校），高等課程を置く機関（424校），一般課程を置く機関（157校）と続く。な
お，専門課程のみに限ってみても，生徒数は58万9050人にのぼり，中等後教育
機関としては，大学に次ぐ規模で教育機会を提供している。

　次に，修業年限を課程別に見ると，一般課程では1年以上2年未満の課程，
高等課程では3年以上4年未満の課程，専門課程では2年以上3年未満の課程
が，それぞれ多い傾向にある。

　さらに，分野別の生徒数を確認すると，一般に，専修学校の教育課程は8分

▷7　専修学校という1つ
の学校種のなかには，異な
る教育段階に位置づけられ
る課程が併存している。つ
まり，専修学校高等課程は
後期中等教育段階に，専修
学校専門課程は中等後教育
段階ないし高等教育段階に
位置づけられる。

63

第Ⅰ部　基本的な学校の制度

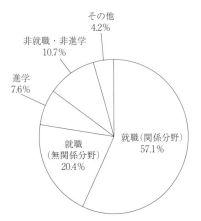

図4-1　専門学校修了者の進路
出所：みずほ情報総研（2012, 22～23ページ）。

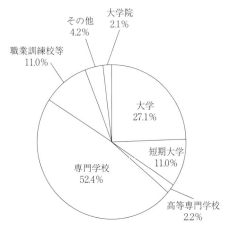

図4-2　専門学校修了者の進学先
出所：みずほ情報総研（2012, 22～23ページ）。

野（工業，農業，医療，衛生，教育・社会福祉，商業実務，服飾・家政，文化・教養）に分類される。これらの分野のうち，「医療」が最も多く，次に多い「文化・教養」の分野を学ぶ生徒と合わせると過半数に達する。

2　卒業後の進路

　専修学校修了者の進路については，3つの課程すべてについて，詳細なデータが明らかとなっているわけではない。ここでは，最も生徒の多い専門学校を対象として，2011（平成23）年に実施された調査を踏まえつつ，修了者の進路の状況を概観する。

　図4-1からは，修了者全体のうち，77.5％の生徒が就職し，57.1％の生徒は専門と関係する分野に就職していることがわかる。この点は，専門学校における職業教育の成果として見ることができる。他方で，職業教育を主要な役割の1つとしつつも，進学を選択する生徒が7.6％となっている点は，注目すべきである。

　進学者の具体的な進学先を示しているのが，図4-2である。専門学校進学者が52.4％と最も多く，大学進学者が27.1％と続いている。2.1％とわずかであるが大学院進学者も確認できる。

3　他の学校種との柔軟な接続

　上述のように，専門学校の一部の卒業者は，大学院や大学などの一条校に分類される教育機関へ進学している。一条校ではない学校から一条校への進学が認められるということは，本来，容易なことではない。しかし，専修学校が創設されて発展する過程において，一部の専修学校教育が一条校における教育に比べても遜色ないものとして認められ，一条校との接続関係が制度的に整備されていったのである。以下では，主要な制度改革について確認する。

　まず，1985（昭和60）年に大学（短大）入学受験資格に関する緩和が行われた。高等専修学校のうち，修業年限が3年以上などの要件を満たしたもので，文部科学大臣（文部大臣）が指定した学科の修了者に関しては，高等学校卒業と同等以上の学力があると認められる者として，受験資格が認められた。

　次に，1995（平成7）年には，専門学校のうち修業年限が2年以上で，合計1700時間以上の授業により編成される課程であるなどの要件を満たす学科の修

了者に対し，専門士という称号が与えられることとなった。その後，1998（平成10）年には，専門士授与と同様の要件を満たした学科の修了者に対しては，大学編入が認められた。

さらに，2005（平成17）年には，専門学校のうち修業年限が4年以上で，合計3400時間以上の授業によって編成される課程であるなどの要件を満たす学科の修了者に対して高度専門士の称号が与えられることとなった。同時に，高度専門士の称号は大学院入試受験資格としても認められることとなった。

以上のように，少なくとも制度上は，一部の専修学校と一条校が同格のものとして位置づけられるようになっているのである（図4-3）。

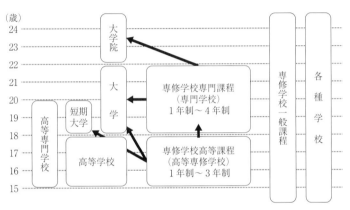

図4-3 専修学校からの大学等への入学・編入
出所：筆者作成。

5 専修学校制度の展望と課題

1 専修学校の質保証

専修学校は，その創設から現在に至るまでに社会的，制度的位置づけにおいて正統性を増しており，一条校との境界があいまいになりつつある。これにともない，専修学校教育の質を保証することが強く求められるようになっている。近年では，文部科学省の主導で，専修学校における学校評価が推進されている。

専修学校に対しては，2007（平成19）年の学校教育法および同施行規則の改正により，(1)自己評価の実施と結果の公表に関する義務，(2)学校関係者評価の実施と結果の公表に関する努力義務が課された。しかし，2011年の時点で，私立専修学校のうち，自己評価を実施している機関は62.2％，結果を公表している機関は17.1％にとどまるなど，評価が進んでいない現状があることも明らか

第Ⅰ部　基本的な学校の制度

となっている。

こうした状況を踏まえ，文部科学省生涯学習政策局は，2013（平成25）年に
『専修学校における学校評価ガイドライン』を作成し，自己評価の定着を促し
ている。さらに，特定非営利活動法人私立専門学校評価機構もまた，2014年に
『「専修学校における学校評価ガイドライン」に基づく学校評価マニュアル』を
作成するなど，専修学校の関係者による自律的な活動も進展しつつある。

［2］　職業実践専門課程の認定と新たな高等教育機関としての制度化

最後に，現在進行中の動向として，専門学校を含めた高等教育機関の再編が
進んでいることについても触れておきたい。

2011年の中央教育審議会答申「今後の学校におけるキャリア教育・職業教育
の在り方について」において，「職業教育の重要性を踏まえた高等教育を展開
していくことが必要」であると述べられており，高等教育における職業実践的
な教育を目的とした「新たな枠組み」を整備することが述べられている。さら
には，「新たな学校種の創設」という踏み込んだ提言もなされている。

その後，文部科学省に設置された専修学校の質保証・向上に関する調査研究
協力者会議が2013年に取りまとめた報告書において，「新たな枠組み」の趣旨
を活かした専門学校における「先導的試行」として，職業実践専門課程の認定
が提言され，同制度の運用が2015（平成27）年度から開始された。

職業実践専門課程とは，専門学校のうち，(1)修業年限が2年以上，総授業時
間数は1700時間以上（または62単位），(2)企業と連携して教育課程を編成する，
(3)企業と連携して演習，実習等を実施する，(4)企業と連携して教員の研修等を
実施する，(5)企業と連携して学校評価を実施する，などの要件を満たした課程
を，文部科学大臣が認定するものである。これにより，各専門学校における教
育の維持や向上が促進されることを狙いとしている。

さらに，「専門職大学」「専門職短期大学」という新たな学校種の一条校を創
設することを目的として，学校教育法の一部を改正する法律が2017年5月に可
決，成立した。これにより，大学や短期大学などと同様に学位を授与する新た
な高等教育機関が2019年4月に創設されることになった。専門職大学や専門職
短期大学は，既存の大学や短期大学に加え，前述の職業実践専門課程として認
定された専門学校が新たな学校種へと移行することが想定されている。

新たな一条校の創設は，専修学校が享受してきた自由にどのような影響を与
えるのか。さらには，高等専門学校や短期大学など，職業教育を担う既存の高
等教育機関との関係をどのように整理しつつ新たな制度を構築していくのか。
具体的な制度設計は未だ道半ばであり，今後の議論が注目される。

第**4**章 各種学校・専修学校

Exercise

① 自身が住んでいる都道府県に設置されている各種学校・専修学校の数と在籍学生数を調べ，設置者別，領域別などの観点から整理してみよう。

② 進路指導主事として，高校生に対して専修学校と大学の違いを説明することになったとする。教育内容などの特徴を整理しつつ，専修学校と大学に進学するメリットとデメリットについて，それぞれまとめてみよう。

③ 専修学校の一部を新たな高等教育機関（一条校）として位置づけることについて，メリットやデメリットを整理したうえで，(1)賛成と反対のいずれの立場をとるのか，(2)その理由は何か，の2点について考えをまとめよう。

📖次への一冊

韓民『現代日本の専門学校』玉川大学出版部，1996年。
　　各種学校の成立から専修学校の創設・発展に至る過程を歴史的な観点から跡づけている。現実の専修学校の事例も扱いつつ，多角的な視点から専門学校の今後の展望を論じている。各種学校や専修学校の基礎的な理解のための必読書。
植上一希『専門学校の教育とキャリア形成』大月書店，2011年。
　　教員や学生に対する聞き取り調査を中心に，専門学校生のキャリア形成や教育内容の実態について検討している。専門学校在学生・卒業生のキャリア形成について論じた書籍は稀であり，本書はその先鞭として位置づけられる。
福田誠治・末藤美津子編『世界の外国人学校』東信堂，2005年。
　　欧米やアジアなど，各国の外国人学校の法制度上の位置づけやそこから生じる課題などについて網羅的に明らかにしている。現在の各種学校のなかでも重要な位置づけにある外国人学校の課題を理解するうえでは，読むべき一冊。

引用・参考文献

土方苑子『各種学校の歴史的研究——明治東京・私立学校の原風景』東京大学出版会，2008年。
梶原宣俊『専門学校教育論 理論と方法』学文社，1993年。
韓民『現代日本の専門学校』玉川大学出版部，1996年。
みずほ情報総研株式会社「平成23年度文部科学省委託 専修学校実態調査」2012年。
文部科学省「学校基本調査」2017年。
文部省振興課法令研究会『専修学校制度の解説』ぎょうせい，1976年。
関口義『専修学校全論／1975-2000——成熟，選別期の発想と展開』地域科学研究会高等教育情報センター，1990年。
津田敏『専門学校とはどのような学校か』風詠社，2015年。
植上一希『専門学校の教育とキャリア形成』大月書店，2011年。

67

第5章
大学・短期大学

〈この章のポイント〉

　高等教育機関は多岐にわたるが，大学・短期大学は，その中心的な機関である。それぞれの目的に応じた専門性の高い教育を行い，大学については研究機関としても位置づけられている。教育や管理運営にかかる仕組みは，法令に規定されており，そのあり方は中央教育審議会等により見直されている。本章では戦後急速に拡大し，少子化や大衆化にともなう課題に対峙しながら，グローバル化など社会の変化に対応するべくさまざまな改革に取り組んでいる大学および短期大学について解説する。

1　大学等の歴史的展開

1　大学の起源

　大学は現存する社会制度のなかでも最も古いものの一つであると言われる。大学の起源は，11〜12世紀のヨーロッパにさかのぼる。イタリアのボローニャ大学，フランスのパリ大学，イギリスのオックスフォード大学などはいずれもこの時期に誕生している。当時の大学は，知識を身につけたいとする者がそれをもつ者の下に集まり形成した集団（組合）であった。これらに対して教会や国王が特許状（チャーター）を発行するようになり，一定の特権を認めるようになった。当時の大学は神学を中心に，法学や医学など専門知識を学ぶものであり，聖職者，法曹と医師の3つの専門職を養成する場所であった。

▷1　大学の語源であるウニヴェルシタス（universitas）はもともと組合という意味であった。

　中世の終わりまでに80の大学が設立されるに至るが，15〜16世紀にかけて，宗教戦争や領邦国家の成立，活版印刷の発明などから，ヨーロッパの大学制度は「死」とも表現される低迷期に入る（吉見，2011，64〜66ページ）。

　2度目の大学の「誕生」は，1810年，ベルリン大学の創立である。その創立を主導したフンボルト（W. von Humboldt）は，研究と教育の自由，研究と教育の統合，学問を通じての自己形成を基本とする大学の理念を確立した。この大学の理念は，諸外国に大きな影響を与え，わが国の戦前の大学のモデルともなった。

　産業革命を経て，大学には産業に貢献する技術開発や技術者養成の期待が高まった。同時期のアメリカにおいて，ドイツに留学した研究者たちが改革を行った結果，より高度な研究型教育を行う大学院が創設される（山本，2012，66

第Ⅰ部　基本的な学校の制度

ページ；吉見，2011，102～106ページ）。そして，学部教育修了者に学術研究訓練や高度専門職業教育を施す大学院システムは，他の大学にも普及することになる。

2　戦前のわが国の高等教育

　日本においても急速な近代化を支える優秀な人材を育成するため，明治期に入ってから高等教育機関が創設され始める。その最初は，東京開成学校と東京医学校を合併した東京大学の設立である（1877（明治10）年）。その後，1886（明治19）年にはこの東京大学が初の帝国大学となる。帝国大学制度の骨格を定めた帝国大学令によると，帝国大学の目的は「帝国大学ハ国家ノ須要ニ応スル学術技芸ヲ教授シ及其蘊奥ヲ攻究スルヲ以テ目的トス」（第1条）と定めており，国家主義的な原理が掲げられていた。その後，京都帝国大学（1897（明治30）年），東北帝国大学（1907（明治40）年）などが各地に創設され，大正期までに5つの帝国大学が作られる。その学部構成を見ると，文系は法文学部，理系は理学部，工学部および医学部を中心としており，近代国家に必要な国の官吏の養成と産業（工業）の発展の基礎となる人材の育成をねらいとしていたことがわかる。一方，大学とは別の系統として，1903（明治36）年，商業，工業，医学などの専門教育を施す機関として専門学校が制度化される（専門学校令）。専門学校は1916（大正5）年には90校にまで増えている。

　これらはいずれも官学で，優先して整備されたが，1918（大正7）年に大学令が公布され，私立大学も誕生する。東京商科大学，東京工業大学など官立の単科大学が設置されるとともに，慶応義塾大学，早稲田大学など，私立の専門学校が大学として昇格していくのはこの時期である。

　旧制の高等教育機関には，大学，高等学校，専門学校および高等師範学校，女子高等師範学校，師範学校，青年師範学校などがあり，典型的な分岐型の学校体系を形成していた。また高等教育への進学者も少数のエリートに限られるものであった。例えば1935（昭和10）年のデータを見ると，大学，専門学校等の高等教育機関に通う学生の割合は同一年齢人口のわずか2.45％（男性4.43％，女性0.46％）であり（文部省，1964年），すでに万人に開かれていた小学校と対比すると，著しい「狭き門」であると言える。

3　戦後教育改革とその後の高等教育の多様化

　戦後の教育改革は教育の機会均等を原則としており，新制教育制度も，6・3・3・4制の単線型の仕組みとして創設された。これにともない，高等教育機関は大学，大学院，短期大学に一元化された。1947（昭和22）年に公布された学校教育法は，大学の目的を「大学は，学術の中心として，広く知識を授け

▷2　帝国大学令
1886（明治19）年に制定された，帝国大学の基本的な事項を規定していた勅令。第1条に目的が規定されていた。

▷3　戦前と現在の学校系統図は，本書の序章を参照。

るとともに，深く専門の学芸を教授研究し，知的，道徳的及び応用的能力を展開させることを目的とする」（第52条）と定め，戦前の帝国大学令の目的規定を一新した。戦前の旧制大学が専門教育機関であったのに対し，戦後の新制大学は市民形成のための一般教育も含みこんでおり，学部段階では一般教育と専門教育の双方を行うこととなった。また，短期大学は，2〜3年制とされ，1950（昭和25）年に発足し，1964（昭和39）年に恒久化される。

　高度経済成長期には，科学技術の進歩を背景に大学への進学需要が高まるとともに，高等教育機関の多様化が進む。技術者養成の機関として高等専門学校が1962（昭和37）年に設立されたのに続き，1975（昭和50）年には専修学校も設立され，高等学校卒業生を受け入れる専門課程（専門学校）が短期高等教育を提供するものとして位置づいた。2003（平成15）年には，高度専門職業人養成を目的とした専門職大学院制度が創設されている。

　このほか，1983年に，すべての国民に開かれた高等教育機関として放送大学が開学し，テレビやラジオの放送などによって大学の授業を提供している。

　こういった高等教育を提供する機関ばかりでなく，学び方にも多様化は生じている。1991（平成3）年に創立した大学改革支援・学位授与機構は，大学卒業者・大学院修了者と同等の学習を修め，かつ同等以上の学力を有すると認められた者に対して学位を授与している。1997（平成9）年には，特定の分野についてとくに優れた資質を有する学生が高等学校を卒業しなくても大学に，大学を卒業しなくても大学院に入学できる，いわゆる「飛び入学」制度が成立した。

2　大学等の制度と現状

1　大学等の種類と目的

　高等教育は，初等教育，中等教育の基礎のうえに形成される。日本においては，一条校として大学，短期大学，高等専門学校（4，5年次），それ以外の学校として専修学校専門課程（専門学校）が高等教育に当たる。それぞれの目的は学校教育法に表5−1のように規定されている。各教育機関の特徴が表れており，その異同を見比べてほしい。

　このうち高等専門学校は，産業界からの要請に応えて社会が必要とする技術者を養成するため，中学校の卒業生を受け入れ，5年間の一貫教育を行う高等教育機関である。

　なお，教育基本法は，学校種（小学校や中学校等）ごとの目的を規定していないが，大学に関する条文は全面改正（2006（平成18）年）の際に盛り込まれた。

▷4　飛び入学
大学への飛び入学は，「高等学校に2年以上在学した者（またはこれに準ずる者）で，大学が定める分野で特に優れた資質を有する者」が対象となり，大学院への飛び入学は，「大学に3年以上在学した者（またはこれに準ずる者）で，大学院が定める単位を優秀な成績で修得した者」が対象となる。ただし，飛び入学生を受け入れるには，大学（大学院）も必要な要件を満たしている必要がある。本書の第14章を参照。

第Ⅰ部　基本的な学校の制度

表5-1　学校教育法に規定された各機関の目的（一部省略）

大　学	第83条　大学は、学術の中心として、広く知識を授けるとともに、深く専門の学芸を教授研究し、知的、道徳的及び応用的能力を展開させることを目的とする。
短期大学	第108条　大学は、第83条第1項に規定する目的に代えて、深く専門の学芸を教授研究し、職業又は実際生活に必要な能力を育成することを主な目的とすることができる。
高等専門学校	第115条　高等専門学校は、深く専門の学芸を教授し、職業に必要な能力を育成することを目的とする。
専修学校	第124条　第1条に掲げるもの以外の教育施設で、職業若しくは実際生活に必要な能力を育成し、又は教養の向上を図ることを目的として次の各号に該当する組織的な教育を行うものは、専修学校とする。

出所：筆者作成。

「大学は、学術の中心として、高い教養と専門的能力を培うとともに、深く真理を探究して新たな知見を創造し、これらの成果を広く社会に提供することにより、社会の発展に寄与するものとする」（第7条第1項）という規定がそれである。学校教育法と比較すると社会貢献の目的が明確化されたことがわかる。

　また、各省庁が所管する大学校（防衛大学校、気象大学校、国立看護大学校、水産大学校、職業能力開発総合大学校等）のなかにも、高等教育レベルの教育を提供するものがある。

２　大学等の教育と学位

▷5　大学設置基準（短期大学設置基準）
大学（短期大学）を設置するのに必要な最低限の基準を定めた文部科学省の省令。大学等は、この省令で定める基準より低下した状態にならないようにすることはもとより、その水準の向上を図ることに努めなければならない（第1条第3項）。

　大学設置基準（短期大学設置基準）[5]によると、大学（短期大学）は、当該大学（短期大学）、学部（学科）等の教育上の目的を達成するために必要な授業科目を自ら開設し、体系的に教育課程を編成するものとし、教育課程の編成に当たっては、学部（学科）等のかかる専門の学芸を教授するとともに、幅広く深い教養および総合的な判断力を培い、豊かな人間性を涵養するよう適切に配慮しなければならないとしており、今日、大学の教育課程は、「専門教育」と「教養教育」が有機的に統合したものになっている。

　大学等の教育課程は、各授業科目を必修科目と選択科目に分け、これを各年次に配当している。各科目には単位数を定め、履修した学生には、試験等大学の定める方法により学修の成果を評価し単位を与え、4年制大学の場合、124単位以上を修得することが卒業要件となる。大学を卒業した者に対して「学士」の学位が授与される（学校教育法第104条）。同様に、大学院（専門職大学院を除く）の課程を修了した者に対し「修士」または「博士」の学位が、専門職大学院の課程を修了した者に対し文部科学大臣の定める学位が、短期大学を卒業した者に対し「短期大学士」の学位が授与される。

　大学等における教育課程は、教育内容に関する国家的な規制が強い学校教育

とは異なる。端的に言って，大学には学習指導要領も教科書の使用義務もない。このため，主体的な取り組みや自律的教育課程の開発志向が強く，また，時代や社会の変化あるいは学問の進展とともに学習者である学生のニーズに対応していくことが常に求められる（有本ほか，2005，60ページ）。よって，教育課程は不断に見直されることになるであろう。社会の人材育成の要請を応えるという視点からも，教育課程の設計において社会の変化と学生の発達段階との整合性について考慮する必要がある。

③ 基本組織と管理・運営

大学の基本組織も高等学校までとはだいぶ異なるものである。その基本単位は「学部」であり，学部には専攻により学科または課程が設けられている。大学院の教育研究上の基本組織は研究科であり，研究科には，それぞれの専攻分野の教育研究を行うため，数個または1個の専攻を置くことができる。短期大学は学科が教育研究上の基本組織であり，教育上とくに必要がある時は，専攻課程を置くことができる（短期大学設置基準第3条）。

教員組織については，学長，教授，准教授，助教，助手および事務局員の職を設けることとされており（学校教育法第92条），高校までの「教諭」とは異なる。また，教員免許のようなものもない。さまざまな「教授」がいるゆえんである。専任教員数は，入学定員・収容定員規模によって，設置基準上定められた最小限の人数以上を配置しなければならない。

大学の管理は，学校教育法第5条により，設置者が管理し，法令に特別に定める場合を除いては，設置者がその学校の経費を負担する。しかし，実際には「大学の自治」によって大学の内部で行われている。大学には，通常，独任制機関としての学長，学部長等と，合議制機関としての評議会，教授会があり，これに事務局組織が加わって管理・運営している。

大学等の財政は，設置形態によって異なるが，財源の種類には，大きな違いはない。国立大学の場合は運営費交付金，私立大学の場合は経常費補助のほか，それぞれの自己収入である授業料，附属病院収入，寄付金等がある。全体的に見れば，日本の大学は，高等教育費に占める授業料の割合が高く，GDPに占める公財政支出はOECD諸国のなかで最も低く，OECD平均の約半分になっている。

▷6　当該大学の教育研究上の目的を達成するため有益かつ適切であると認められる場合，一定の要件を満たせば，「学部以外の基本組織」を設置することができる（大学設置基準第3〜6条）。

▷7　学部同様「研究科以外の基本組織を設置することができる」（大学院設置基準第5〜7条）。

▷8　学校教育法（第92条）にはそれぞれの職務も定められている。例えば，教授の職務は，「専攻分野について，教育上，研究上又は実務上の特に優れた知識，能力及び実績を有する者であって，学生を教授し，その研究を指導し，又は研究に従事する」ことにある（第6項）。

▷9　日本国憲法第23条で「学問の自由の保障」が明文化され，大学の自治はその系として理解されるに至った。

4　大学等の現状

新制大学は，1953（昭和28）年時点で226校（国立大学72校，公立大学34校，私立大学120校）であったが，経済成長に合わせるように急速に量的拡大を遂げ，2017（平成29）年には4年制大学780校（国立大学86校，公立大学90校，私立大学604校）にまで至った。短期大学は，近年4年制大学への移行にともない減少しつつあるが，2017年時点で337校（公立17校，私立320校）である。進学率は一時期横ばいに推移したが，2009（平成21）年度には50％を越え，2016（平成28）年度の大学・短期大学進学率（過年度卒を含む）は56.8％である。図5-1に18歳人口と進学率の推移を示す。

▷10　ただし，大学進学率の国際比較を見ると，OECD諸国の平均は59％であり，わが国より高い。オーストラリア（94％），デンマーク（71％），ノルウェー（68％），イギリス（64％）などは6割を超えている（文部科学省，2016，204ページ）。

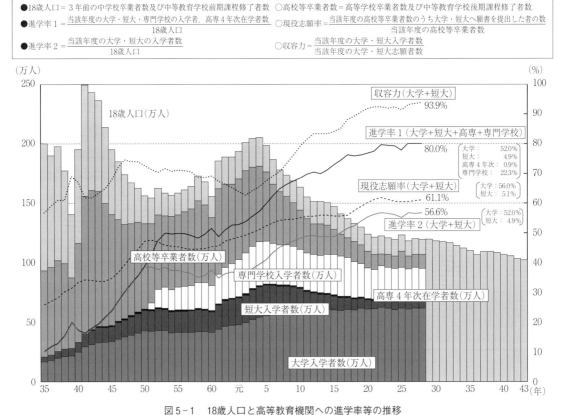

図5-1　18歳人口と高等教育機関への進学率等の推移

注：進学率，現役志願率については，小数点以下第2位を四捨五入しているため，内訳の計と合計が一致しない場合がある。
出所：文部科学省（2016，203ページ）。

文部科学省の「学校基本調査（平成29年度）」により大学と短期大学の現状を確認しておきたい（表5-2～5-5）。

なお，高等専門学校は，国立57校（216学科），公立3校（7学科），私立3校（8学科）で約5万5000人の学生が主に工業系，商船系の学科に学んでいる。

表5-2　大学（大学院も含む）の学生数　　　　　　　　（人）

計						国　立	公　立	私　立
	うち学部	うち大学院	うち女子	社会人の割合(%)	女子の割合(%)			
2,890,880	2,582,670	250,891	1,263,893	23.8	43.7	609,473	152,931	2,128,476

出所：文部科学省（2017）。

表5-3　大学・大学院の関係学科・専攻分野別学生数の比率　　　　（%）

計	人　文	社　会	理　学	工　学	農　学	医・歯学	薬　学	家　政	教　育	芸　能	その他
100.0	14.1	32.3	3.1	14.9	3.0	2.8	2.9	2.7	7.4	2.7	14.1

出所：文部科学省（2017）。

表5-4　短期大学の学生数　　　　　　　　　　（人）

計				国　立	公　立	私　立
	うち本科	うち女子	女子の割合（%）			
123,949	119,728	109,898	88.7	—	6,670	117,279

出所：文部科学省（2017）。

表5-5　短期大学の関係学科別学生数の比率　　　　　　（%）

計	人　文	社　会	教　養	工　業	農　業	保　健	家　政	教　育	芸　術	その他
100.0	9.8	9.0	2.0	2.4	0.7	9.4	18.4	37.4	3.6	7.3

出所：文部科学省（2017）。

3　大学等の動向と課題

1　ユニバーサル段階に入った高等教育

　大学の数が増える一方で，入学年齢にあたる18歳人口は，1992（平成4）年度に205万人だったものが2016年度には119万人にまで減少している。1966（昭和41）年から1976（昭和51）年にかけても18歳人口は急減しているが，当時は進学率の上昇があり，大学入学者の減少など深刻な問題にはつながらなかった。しかし，今般の18歳人口の減少は回復の見込みもなく，進学率の推移や入学者選抜の多様化も相まって，「大学全入」[11]とも言われる状況となっている。

　アメリカの社会学者トロウ（M. Trow）は，高等教育への進学率が15％を超えると，高等教育はエリート段階からマス段階へ移行するとし，さらに進学率が50％を超えるとユニバーサル段階に入るとし，それぞれの段階の高等教育の特徴を表5-6のように描き出している。

　多くの者が大学へ進学できる状況ではあるが，入学者の選抜性が低下し，多様な学生に対応するために大学教育の方法や内容の見直しが迫られ，あるいは，学生獲得競争が激しくなり定員を満たせない大学が出るなどの課題も生じている。また，進学率には地域間格差があることが指摘されており，その解消

▷11　大学全入
大学入学希望者数よりも入学定員数の総計が上回り，進学先の大学を選ばなければ，希望者が全員大学に入学できる状況。ただし，経済的理由などで進学を断念する場合などは考慮されていない。

第Ⅰ部　基本的な学校の制度

表5-6　トロウによる高等教育システムの段階的移行に伴う変化の図式

高等教育システムの段階	エリート型	マス型	ユニバーサル・アクセス型
全体規模（該当年齢人口に占める大学在籍率）	15％まで	15％～50％	50％以上
高等教育の機会	少数者の特権	相対的多数者の権利	万人の義務
大学進学の要件	制約的（家柄や才能）	準制約的（一定の制度化された資格）	開放的（個人の選択意思）
高等教育の目的観	人間形成・社会化	知識・技能の伝達	新しい広い経験の提供
高等教育の主要機能	エリート・支配階級の精神や性格の形成	専門分化したエリート養成＋社会の指導者層の育成	産業社会に適応しうる全国民の育成
主要な教育方法・手段	個人指導・師弟関係重視のチューター制・ゼミナール制	非個別的な多人数講義＋補助的ゼミ，パートタイム型・サンドイッチ型コース	通信・TV・コンピュータ・教育機器等の活用
学生の進学・就学パターン	中等教育修了後ストレートに大学進学，中断なく学習して学位取得，ドロップアウト率低い	中等教育後のノンストレート進学や一時的就学停止（ストップアウト），ドロップアウトの増加	入学期の遅れやストップアウト，成人・勤労学生の進学，職業経験者の再入学が激増
高等教育機関の特色	同質性 （共通の高い基準をもった大学と専門分化した専門学校）	多様性 （多様なレベルの水準をもつ高等教育機関，総合制教育機関の増加）	極度の多様性 （共通の一定水準の喪失，スタンダードそのものの考え方が疑問視される）
学生の選抜原理	中等教育での成績または試験による選抜（能力主義）	能力主義＋個人の教育機会の均等化原理	万人のための教育保証＋集団としての達成水準の均等化
大学の管理者	アマチュア大学人の兼任	専任化した大学人＋巨大な官僚スタッフ	管理専門職

出所：トロウ（1976，194～195ページ），表の一部を省略。

も課題となっている。

２　学位の多様化と教育の改善

　上述のように大学の大衆化が進み，少子化やグローバル化，情報技術の発展など，社会が大きく変化するなか，これまでさまざまな大学改革が推進されてきた。

　一つの方向性として指摘できるのが，規制緩和である。さまざまな規制を緩和することで，大学間の競争的な環境づくりを進め，各大学の個性化・特色化を促す方針がとられてきた。

　近年最も大きな影響を与えたのが，1991年の大学設置基準改正である（大綱化）。これによりカリキュラム編成が弾力化され，教養部の改組も多く行われた。2004（平成16）年の国立大学法人化も規制緩和の一環である。

　1991年の制度改革以降，学位の後ろにカッコ書きで付記される専攻分野（例

えば，学士（教育学）など）の名称も自由化される。これにともない，1994年にはその名称が250種類に増え，2015（平成27）年には723にも膨れ上がっている。このうち，名称に用いられるキーワードとして多いのは，文化，国際，環境，人間，デザイン，コミュニケーション，経営，地域，政策，情報，医療，福祉，健康，スポーツの14のキーワードである。こうした著しい多様化は類似する名称が多数存在することを意味しており，わかりやすい一般的な表現が求められている。

　規制緩和は同時に，質保証も求める。1991年の自己点検・評価制度，2004年の認証評価制度，国立大学法人評価制度の導入は，質保証の取り組みであるし，大綱化以後カリキュラム編成の自由度が増すと同時に責任ある授業運営も求められるようになった。例えば，補習教育の実施，シラバスの作成，学生による授業評価アンケートの実施，履修登録単位数の上限設定，厳格な成績評価，ファカルティ・ディベロップメントへの取り組みなどが各大学で見られるようになった。近年では，より質の高い教育を展開するために，能動的学修（アクティブ・ラーニング）への転換，ナンバリングなどによる体系的なカリキュラム編成，ティーチング・アシスタントの活用などが求められている。

　また，大学は自らの強みや特色などを踏まえ，3つの方針（卒業認定・学位授与の方針，教育課程編成・実施の方針，入学者受け入れの方針）を一貫性あるものとして策定，公表することが求められるようになった（学校教育法施行規則第165条の2）。これは，各大学が自らの理念を常に確認しながら，教育の改革・改善に取り組むための方策である。

　グローバル化に対応した人材育成も大きな方向性の一つである。外国人教員の積極採用，外国大学との連携，英語で行う授業の実施，留学の必修化などが各大学で取り組まれた。教育システムとして，秋期入学制度も検討されたが実現せず，柔軟な学事暦（4学期制など）を採用することで留学等に配慮する大学が出てきた。

③ 入試制度と高大接続

　日本の大学入試制度は，進学機会の均等化を図るべく，性，思想・信条，社会的身分等による差別を排するとともに，公平な競争を原理としている。かつて，日本の教育の現状を調査したOECDは「18歳のある1日に，どのような成績をとるかによって，彼の残りの人生は決まってしまう」（OECD，1972，90ページ）とその報告書に記している。外国からすると当時の受験競争が受験地獄に見えた頃である。今日でももちろん選抜性の高い大学は少なくないが，これまで述べてきたように，少子化と大学数の増加が相まって，医学部など特別な学部を除けば（かつ，授業料が払えるならば），どこの学部にも行きやすくなっ

▷12　2016年度現在，文部科学大臣の認証を受けた認証評価機関は，大学基準協会，大学改革支援・学位授与機構，日本高等教育評価機構，短期大学基準協会，日弁連法務研究財団，ABEST21，国際会計教育協会，日本助産評価機構，日本臨床心理士資格認定協会，教員養成評価機構，日本技術者教育認定機構，専門職高等教育質保証機構，日本造園学会，の13機関である。

▷13　ファカルティ・ディベロップメント（Faculty Development）
「FD」と表記されることが多い。文部科学省の答申などでは「大学教員が授業内容・方法を改善し向上させるための組織的な取組の総称」と説明され，大学設置基準等で義務化されている。

てきている。

　各大学は，毎年文部科学省が出している「大学入学者選抜実施要項」に基づき，独自の入試のほか，全国共通試験である大学入試センター試験を利用して入学者の選抜を行っている。現在，先に述べた事情により，大学入学者の選抜方法は，一般入試のほか，推薦入試，専門学科・総合学科卒業生入試，帰国生徒入試，社会人入試，AO入試など多様になり，実質的に選抜機能を果たしていない場合もある。また，編入学試験や飛び入学試験といった入試があり，グローバル化に対応した秋入学制度を設けている大学もある。

　諸外国に目を転じてみると，わが国のように大学が入学試験を行うこと自体が珍しい。アメリカの場合は比較的容易に高等学校の卒業証書を得られるので，高等学校卒業は大学受験に必要な条件の1つでしかない。高等学校の成績と並んで重視されるのはSAT（進学適性テスト），ACT（全米大学テスト協会テスト）と呼ばれる共通入学テストである。イギリス，フランス，ドイツのようなヨーロッパ諸国では大学が入学試験を行うわけではない。中等学校もしくは外部のテスト機関が中等教育の修了試験をして，その修了資格が大学の入学資格とみなされる。競争選抜試験ではなく資格試験の伝統が生きている。

　わが国では，近年，入試改革に関する議論が活発である。[14] その一つの柱が「高大接続」である。具体的には高等学校教育の質の確保・向上，大学教育の質的転換の促進，能力・意欲・適性を多面的・総合的に評価する大学入学者選抜への転換を一体的に推進していくことが求められている。その一環として「高等学校基礎学力テスト（仮称）」「大学入学希望者学力評価テスト（仮称）」の導入も検討されている。

［4］　大学修了時に求められる資質能力

　大学は各学部でその専門の知識・技能を深く学ぶ場であるが，グローバル化の進展，情報技術の急速な普及等にともない，「汎用的な」能力の育成が求められている。高等学校までの教育において学習指導要領の改訂の議論に表れているように，知識のみならず，それをいかに活用するか，その能力（コンピテンシー）も求められているのと同様である。

　大学などではむしろ高等学校などよりも早くからそうした能力の育成が求められてきたと言える。例えば，文部科学省は2008年に「学士力」を示した。[15] これは分野横断的にわが国の学士課程教育が共通して目指す「学習成果」についての参考指針として示したもので，「知識・理解」「汎用的技能」「態度・志向性」「統合的な学習経験と創造的思考力」の4つの領域から構成されている。

　このうち，「汎用的技能」の具体は次のとおりである。

▷14　教育再生実行会議第4次提言「高等学校教育と大学教育との接続・大学入学者選抜の在り方について」（2013年），中央教育審議会答申「新しい時代にふさわしい高大接続の実現に向けた高等学校教育，大学教育，大学入学者選抜の一体的改革について」（2014年），高大接続システム改革会議の報告書（2016年）などを参照。

▷15　このほかにも，経済産業省の「社会人基礎力」（2006年），2007年閣議決定長期戦略指針「イノベーション25」の「イノベーション創出に向けて必要な資質」，グローバル人材育成推進会議「グローバル人材に必要な資質」（2011年）などもある。

> 知的活動でも職業生活や社会生活でも必要な技能
> (1) コミュニケーション・スキル：日本語と特定の外国語を用いて，読み，書き，聞き，話すことができる。
> (2) 数量的スキル：自然や社会的事象について，シンボルを活用して分析し，理解し，表現することができる。
> (3) 情報リテラシー：ICT を用いて，多様な情報を収集・分析して適正に判断し，モラルに則って効果的に活用することができる。
> (4) 論理的思考力：情報や知識を複眼的，論理的に分析し，表現できる。
> (5) 問題解決力：問題を発見し，解決に必要な情報を収集・分析・整理し，その問題を確実に解決できる。

　また，「態度・志向性」の内容は，次のように示されている。

> (1) 自己管理力：自らを律して行動できる。
> (2) チームワーク，リーダーシップ：他者と協調・協働して行動できる。また，他者に方向性を示し，目標の実現のために動員できる。
> (3) 倫理観：自己の良心と社会の規範やルールに従って行動できる。
> (4) 市民としての社会的責任：社会の一員としての意識をもち，義務と権利を適正に行使しつつ，社会の発展のために積極的に関与できる。
> (5) 生涯学習力：卒業後も自律・自立して学習できる。

　あるいは，中央職業能力開発協会は「若年者就職基礎能力」に関する共通のものさしを開発している。これは厚生労働省の「若年者就職基礎能力」の修得の目安を学歴別に策定したものである。それはコミュニケーション能力，職業人意識，基礎学力，ビジネスマナー，資格取得の 5 領域からなるものであるが，例えば，コミュニケーション能力の「意思疎通」について大学卒程度の内容を見ると次のとおりである。

> (1) 傾聴する姿勢
> 相手の言動をよく観察することができる。
> 相手の主張を正確に聴き取ることができる。
> 相手の立場に立って真意を聞き取ったうえで，的確な質問によりさらに話を聞き出すことができる。
> (2) 双方向の円滑なコミュニケーション
> 相手の意見を受け入れることができる。
> 自分の価値観と異なる意見・考え方を否定しない。
> 相手の考え方を総合的に理解したうえで，意見交換を円滑に行う。
> (3) 意見集約
> 相手の意見や複数の異なる意見を分類・整理したうえで，要旨を整理し要約ができる。
> (4) 情報伝達
> タイミングを外すことなく，相手にとって必要な情報を正確に伝えることができる。
> 場面に応じて，適切に伝達手段を使い分けることができる。

第Ⅰ部 基本的な学校の制度

(5) 意見の主張
発言の道筋が明確で論理的な主張ができる。
場面に応じて，適切かつ明瞭な表現方法で主張ができる。

　大学は研究の場であるが，同時に教育の場でもある。今日の専攻分野や学生の多様化に応じて，こうした現代社会からの要請にいかに対応するか，大学の教育力を高めるための工夫が求められている。

Exercise

① 大学生が卒業までに身につけることが社会的に望まれる資質・能力（コンピテンシー）を自分に当てはめて，どの程度力がついたのか振り返ってみよう。

② 大学の学部・学位の多様化について，学生や社会にとってそのメリットは何なのか，またデメリットは何なのか，考えてみよう。

③ 多様化する学生に対し，大学が講じてきた対策にはどのようなものがあるか。また，大学だけでは解決できない課題にはどのようなことがあるか，考えてみよう。

📖次への一冊

トロウ，M.，天野郁夫・喜多村和之訳『高学歴社会の大学──エリートからマスへ』東京大学出版会，1976年。
　　しばしば引用される「トロウ・モデル」（該当年齢人口の在学率によって，高等教育制度の目的や機能等の性格が質的に変化するとの仮説理論）を理解するための論文が翻訳，収録されている。

有本章・羽田貴史・山野井敦徳『高等教育概論──大学の基礎を学ぶ』ミネルヴァ書房，2005年。
　　高等教育を専門に学びたい人向けに編纂されたテキストで，方法論，基礎理論，研究課題が整理されている。ヨーロッパ，アメリカ，アジアの主要国の高等教育制度も概観できる。

塚原修一編著『高等教育』リーディングス日本の教育と社会第12巻，日本図書センター，2009年。
　　システム，教育，研究，評価，社会貢献，経営など高等教育の問題をめぐる論考23点が収載されている。最近の高等教育をめぐる諸問題に深く迫ることができる。

羽田貴史・杉本和弘・米澤彰純『高等教育質保証の国際比較』東信堂，2010年。
　　高等教育が直面する質保証の課題について，アメリカや中国，欧州各国等の実態調査と国際比較をもとに理論と実践の両面から考察する。日本の高等教育が抱える問題点と改革の方途を探る。

天野郁夫『大学改革を問い直す』慶應義塾大学出版会，2013年。

戦後の日本の教育行政を俯瞰するとともに，法律や答申の内容を参照しながら高等教育改革を捉えた一冊。全入や高大接続，秋入学など，高等教育が対峙する具体的な課題について提案が示される。

引用・参考文献

荒井克弘・橋本昭彦編著『高校と大学の接続——入試選抜から教育接続へ』玉川大学出版部，2005年。

有本章・羽田貴史・山野井敦徳『高等教育概論——大学の基礎を学ぶ』ミネルヴァ書房，2005年。

中央教育審議会「学士課程教育の構築に向けて（答申）」2008年。

ハスキンズ，C. H., 青木靖三・三浦常司訳『大学の起源』八坂書房，2009年。

金子元久『大学の教育力——何を教え，学ぶか』ちくま新書，2007年。

教育基本法研究会編著『逐条解説　改正教育基本法』第一法規，2007年。

文部科学省「文部科学白書」2016年。

文部科学省「平成29年度学校基本調査」2017年。

文部省『わが国の高等教育——戦後における高等教育の歩み』大蔵省印刷局，1964年。

OECD 教育調査団編著，深代惇郎訳『日本の教育政策』朝日新聞社，1972年。

鈴木勲編著『逐条学校教育法』第 8 次改訂版，学陽書房，2016年。

トロウ，M., 天野郁夫・喜多村和之訳『高学歴社会の大学——エリートからマスへ』東京大学出版会，1976年。

潮木守一『キャンパスの生態誌』中公新書，1986年。

山本眞一『新版 大学事務職員のための高等教育システム論——より良い大学経営専門職となるために』東信堂，2012。

吉見俊哉『大学とは何か』岩波新書，2011年。

第 II 部

学校教育を支える仕組み

第6章
義務教育

〈この章のポイント〉
　義務教育という際の「義務」とは誰にとってのどのような義務なのか。また，その「義務」はどのような歴史的な背景をもち，現代日本のどのような法・制度となっているのか。本章では，義務教育制度にかかわる基本的な概念である義務教育・教育を受ける権利・教育の機会均等などについて解説するとともに，さまざまな論点を取り上げて詳述し，義務教育制度のあり方について考える。

1　義務教育という考え方

［1］　義務教育のはじまり

　「義務教育」という言葉を聞いて，読者はどのようなイメージを抱くだろうか？「義務？　ちょっと面倒くさいことかな」という感覚をもつかもしれない。確かに「義務」という言葉には，強制的で厄介なイメージがつきまとう。筆者は中学生の頃，学校で嫌なことがあり，母親に「もう学校に行きたくないよ」と訴えた。しかしその時の母親は筆者にこう言ったのだ。「あなたは今中学生でしょ。日本では小学校と中学校は義務教育なの。義務だから行かなくちゃいけないのよ」と。その時の筆者はあぁそうだなと考え直し，そのおかげでしぶしぶ学校に通い続けることができた。でも今思い起こしてみると，母親がそう助言してくれたことで中学校時代に不登校にならずに学校に通えたことには感謝しているが，「母さん，それちょっと違うよ」と思うのである。

　義務教育の「義務」とは一体何だろうか？　どういう歴史的な経緯があって，なぜ何のために，誰が誰に対して何を義務づけているのだろうか？　そのあたりのことをまずは義務教育に関する歴史を概観しながら考えていこう。

　義務教育の歴史として最も古いものを取り上げる際，入社式（initiation, イニシエーション）について触れないわけにいかない。入社式とは，「男子が一定の年齢（多くは思春期）に達すると部族の長老によって一定の場所に集められ，断食，抜歯，割礼，あるいはからだの一部に釘をうちこみ，その釘につなをつけて，重い丸太をそれにくくりつけて長い坂道をのぼらせるというような，さまざまの苦行を課し，そのはてに失神状態に陥ってしまう。そしてそれから覚

▷1　不登校
一般的に義務教育段階において，1学年のうち30日以上，病気や経済的理由以外の理由で小学校・中学校などを欠席することを言う。文部科学省の学校基本調査によれば，現代日本には不登校の小学生が2万5864人，中学生が9万6786人いる（2015年度）。

第Ⅱ部　学校教育を支える仕組み

めたところで，部族の歴史やおきてについて教えられ，新しい名前を与えられ，さらにその後は母のもとに帰ることを禁じられ，わが国にも近年まで各地に残っていた若者宿のしきたりのように青年だけで集団生活をし，そこで戦士の訓練をうける，という制度」である（梅根，1977，9ページ）。これは部族の長老が健常な男子青年に対して自らの部族社会の規範や愛郷心を苦行や戦闘訓練を通して学ばせる，最初の義務教育制度というべきものである。そこにはこれまでの幼年期の生活様式をいったん捨て，部族社会の正式な成員として生まれ変わるという再生の儀式としての性格も込められていた。このような入社式の儀礼は多くの社会で長い年月にわたって続けられ，例えば古代ギリシアのスパルタの貴族や武士階級の男子は，7歳になるとすべて一定の場所に集められ，同じ規律の下に同じ物を食べて生活し，読み書きを学びさまざまな訓練を受けたという。それは古代国家が対外的な防衛と対内的な支配を維持するため，マンパワーポリシーとも言うべき義務教育制度を社会制度としてもっていたということを示している。

▷2　1763年プロイセン一般地方学事通則

第1条　朕はまず第一に命令す。両親たると，後見人たると，また領主たるとを問わず，青少年の教育に義務を有する朕がすべての臣民は，その児童または後見を委ねられたる児童を，男女の別なく，遅くとも5歳より就学せしむべし。而して13歳ないし14歳まで規則正しく就学を継続せしめて，彼らが単にキリスト教の必須事項を理解し，かつ読むことおよび書くことを十分に為し得るのみならず，また朕が宗教局に依りて指定あるいは認可せられたる教科書に則りて教授せられるべき事項に就いて〔査察官の試問に〕受け答えを為し得るようになるまで登校せしめなければならぬ。

　もう少し時代を下れば，1763年プロイセン一般地方学事通則に代表されるような絶対主義国家の権力によって教育を受けることが義務とされた義務教育制度がある。これには，当時戦われていた7年戦争（1756〜63年）において，プロイセン王フリードリヒが，高い教育を受けていた将校たちと，農民出身の読み書き能力をもっていない兵士との間を取りもつ「読み書き能力をもつ下士官」の極端な不足のため非常に苦しい戦局に立たされたという背景がある。同通則は，親などに5歳から13〜14歳までの子どもを学校に就学させ，読み書きができるように学ばせなければならないと規定したことから，就学義務を果たすよう親などに義務づけた親義務，学校就学義務の原型が見て取れる（梅根，1977，56〜60ページ）。このように，近代以前の義務教育は，権力側・支配者側の支配体制維持の観点から求められたものであった。

2　明治期日本の義務教育

▷3　学制（明治5年）は，日本初の近代的学校制度を定めた教育法令。フランスの教育制度に倣い，全国を8つの大学区に分け，その下に中学区・小学区を置いた。

　日本において義務教育という考え方が公教育として広く制度化されたのは，明治期以降である。江戸時代やそれ以前にも藩校で学問や武芸を一定期間義務づけるようなことはあったが，それはあくまでも武士階級に限ったことであり，民衆全体に対して義務づけることはなかった。日本の義務教育制度の起源は，1872（明治5）年の学制である。学制序文の「学事奨励ニ関スル被仰出書」には，「自今以後一般ノ人民（華士族農工商及婦女子）必ス邑ニ不学ノ戸ナク家ニ不学ノ人ナカラシメン事ヲ期ス」と示され，これからの教育が身分にかかわらずすべての者にとって大切であることが示されている。これは，国民皆学の公教育構想であった。学制序文は「人ノ父兄タル者宜シク此意ヲ体認シ其愛育ノ

86

情ヲ厚クシ其子弟ヲシテ必ス学ニ従事セシメサルヘカラサルモノナリ（高上ノ学ニ至テハ其人ノ材能ニ任カスト雖トモ幼童ノ子弟ハ男女ノ別ナク小学ニ従事セシメサルモノ其父兄ノ越度タルヘキ事）」と続き，そこに日本における親義務（≒就学させる義務⁴）の原型を見ることができる。学制の第21章には「小学校ハ教育ノ初級ニシテ人民一般必ス学ハスンハアルヘカラサルモノトス」，第27章には「尋常小学ヲ分テ上下二等トス此二等ハ男女共必ス卒業スヘキモノトス」と規定されている。

明治期日本の学校制度の基礎が確立した契機となった1886（明治19）年の小学校令では，義務教育は尋常小学校（修業年限4年）の課程修了と規定されていた。1900（明治33）年の改正小学校令においては，児童が満6歳に達した翌月から満14歳に至る8年間が学齢とされ，学齢に達した月以後の最初の学年のはじめをもって就学の始期とし，尋常小学校の教科を修了したときをもって就学の終期とされた。つまりは，当時の義務は尋常小学校の4年間の課程の修了であり，4年間の小学校就学ではなかったところに，現在の履修原理との違いを見ることができる⁵。

1907（明治40）年の改正小学校令において，尋常小学校の就業年限は4年から6年に延長され，義務教育年限も2年延長となった。この際も，満6歳から満14歳までの8年間が学齢期間と定められ，その間に尋常小学校6年間の課程を修了することが義務とされている。その後，たびたび義務教育年限の2年延長（8年）が政治課題となるが審議未了のため実現せず，最後に1941（昭和16）年の国民学校令より義務教育期間は2年延長されたが，戦争のため実施が見送られ，終戦となったのである⁶。

3 権利保障としての義務教育

第二次世界大戦敗戦後，教育制度もまた大きくその枠組みが変化したなかで，義務教育についても大きな変化がある。その前提となっているのが，日本国憲法第26条⁷（教育を受ける権利）である。教育条項とも呼ばれる憲法第26条は，すべての国民にその能力に応じてひとしく教育を受ける権利を保障し，子を養育する親等がその子どもに普通教育を受けさせる義務をもっていること，義務教育は無償であることを規定している。

また1947（昭和22）年4月から新制の学校制度が開始されたと言われるのは，同年3月に成立した教育基本法（旧）⁸と学校教育法が戦後日本の学校教育制度の大枠を方向づけているからである。教育基本法（旧）は前文において世界の平和と人類の福祉に貢献するために，個人の尊厳を重んじ，真理と平和を希求する人間の育成，個性豊かな文化の創造を目指す教育の普及徹底を宣言し，教育の目的が，「一旦緩急アレハ義勇公ニ奉シ⁹」といった国に尽くすため

▷4 親義務とは，子を養育する者（親など）がその子を学校に通わせる，または教育を受けられるように諸条件を整える義務である。

▷5 義務教育の履修原理には以下の3つがある。(1)A歳からB歳までの学校就学を義務づける年齢主義。この場合，その年齢の間，学校就学していれば履修とみなされる。(2)各学年の学習内容を学修・習得したことをもって履修とみなす課程主義。学年末の試験などで十分な成績がとれなければ原級留置（落第）となる。またこの場合は必ずしも学校就学が義務づけられないこともあり，教育義務の形をとることもある。(3)6年とか9年といった，一定の期間学校に在籍していれば，その課程を履修したとみなされる年数主義。

▷6 明治期～第二次大戦敗戦までの義務教育の経緯は，安藤・梅根・長尾編（1951，54～70ページ）の第3章「わが国の義務教育制度」，および梅根（1977）の第3章第5節「日本の近代的義務教育制度の成立と強化」，第4章第6節「日本の『義務教育年限延長問題』と国民学校」に詳しい。

▷7 **日本国憲法第26条**
すべて国民は，法律の定めるところにより，その能力に応じて，ひとしく教育を受ける権利を有する。
2 すべて国民は，法律の定めるところにより，その保護する子女に普通教育を受けさせる義務を負ふ。義務教育は，これを無償とする。

▷8 教育基本法は2006（平成18）年12月に改正された。本章では1947年教育基本法を「教育基本法（旧）」，現行の2006年教育基本法を「教育基本法」と表記する。

▷9 1890（明治23）年，教育勅語の一節。

▷10 **世界人権宣言第26条**（Universal Declaration of Human Rights, 1948 年12月10日国連総会採択）
1 すべて人は，教育を受ける権利を有する。教育は，少なくとも初等及び基礎的な段階においては，無償でなければならない。初等教育は，義務的でなければならない。技術教育及び職業教育は，一般に利用できるものでなければならず，また，高等教育は，能力に応じ，すべての者にひとしく開放されていなければならない。
2 教育は，人格の完全な発展並びに人権及び基本的自由の尊重の強化を目的としなければならない。教育は，すべての国又は人種的もしくは宗教的の集団の相互間の理解，寛容及び友好関係を増進し，かつ，平和の維持のため，国際連合の活動を促進するものでなければならない。
3 親は，子に与える教育の種類を選択する優先的権利を有する。

▷11 **教育基本法第4条**
すべて国民は，ひとしく，その能力に応じた教育を受ける機会を与えられなければならず，人種，信条，性別，社会的身分，経済的地位又は門地によって，教育上差別されない。
2 国及び地方公共団体は，障害のある者が，その障害の状態に応じ，十分な教育を受けられるよう，教育上必要な支援を講じなければならない。
3 国及び地方公共団体は，能力があるにもかかわらず，経済的な理由によって就学が困難な者に対して，奨学の措置を講じなければならない。

ではなく，人格の完成にあることを明示した（第1条）。国や社会を繁栄させるために民衆にも教育を施すという戦前の義務教育から，国民すべてが自主的精神を備えた自立した人格として成長するために不可欠だからこそ権利として義務教育を保障するという戦後の教育制度の理念を示したものである。その理念は，世界人権宣言の第26条で「すべて人は，教育を受ける権利を有する。教育は，少なくとも初等及び基礎的な段階においては，無償でなければならない。初等教育は，義務的でなければならない」と定められていることからもうかがわれる。同条第2項には「教育は，人格の完全な発展並びに人権及び基本的自由の尊重の強化を目的としなければならない」ともあり，教育はそれを受ける側の「教育における主体性」に基づいたものであり，権利としての性格を明確に示していると捉えることができよう。

戦後日本の義務教育においては，この「教育を受ける権利」をひろく公正に保障するために，「教育の機会均等」の実現が目指される。教育の機会均等とは，教育を受ける機会が人種や信条，性別，経済的地位などにかかわらず，すべての人にひとしく保障されるべきという考え方である。教育基本法第4条（教育の機会均等）では，すべて国民はさまざまな条件によって教育上差別されず，国や地方公共団体は障害や経済的な理由により教育を受けることが困難なときは支援などを行わなければならないと規定している。

以上より本節では，義務教育という考え方には，大別して国家や社会の体制維持や労働能力の陶冶のために，民衆にある一定程度の課程内容を身につけることを義務とする義務教育と，現代のように個々人に権利として教育を受ける権利を保障する義務教育があることをおおまかに説明してきた。次節では，後者の権利としての義務教育が，現代日本においてどのような枠組みで保障されているのか確認していこう。

2 公教育の制度原理

1 義務性

現代日本の公教育制度を支えている基本的な考え方には，前述の教育の機会均等を保障する仕組みとして，義務性，無償性，中立性の制度原理がある。義務性の原理とは，ある程度の教育を受けることをその人の資質・能力・資力などの社会的条件にかかわりなく義務的に保障していくことで，教育の機会均等を実現していこうとする考え方である。現代日本の義務性の内容は大きく分けて以下の4つから構成されている。

① 親義務

　日本国憲法第26条第2項は「すべて国民は，法律の定めるところにより，その保護する子女に普通教育を受けさせる義務を負ふ。義務教育は，これを無償とする」と定め，すべての国民がその養育している子どもに普通教育を受けさせなければならないと規定している。これがいわゆる親義務である。

　さらに学校教育法第16条は，「保護者（子に対して親権を行う者（親権を行う者のないときは，未成年後見人）をいう。以下同じ。）は，次条に定めるところにより，子に九年の普通教育を受けさせる義務を負う」と規定し，明確にその親義務が9年間であることを示している。また，同法第17条[13]では保護者は子が満6歳に達した日の翌日以後最初の学年のはじめから満12歳に達した日の属する学年の終わりまで，小学校などに就学させる義務を負う，としている。この法規定から，現代日本の義務教育の履修原理は年齢主義であることがうかがえよう。

② 学校設置義務

　親がいくらその子どもを小学校・中学校に通わせようとしても，近隣に学校がなければ親は義務を果たせない。学校設置義務は，市町村がその区域内に学齢児童・生徒を就学させる小中学校を設置しなければならないとする，市町村に対する義務である。学校教育法第38条は，「市町村は，その区域内にある学齢児童を就学させるに必要な小学校を設置しなければならない。ただし，教育上有益かつ適切であると認めるときは，義務教育学校の設置をもつてこれに代えることができる」と規定して，明確に市町村の公立学校を設置する義務について定めている。これは大都市圏の区についても同様である。また，市町村単独だけではなく，子どもの数が非常に少ない山間部などで複数の町村が協同して一つの学校を設置する組合立学校[14]が認められている。

③ 就学奨励義務

　学校教育法第19条は「経済的理由によつて，就学困難と認められる学齢児童又は学齢生徒の保護者に対しては，市町村は，必要な援助を与えなければならない」と規定している。例えば保護者が生活保護を受けている場合，生活保護費に教育扶助[15]も加えられ，学齢児童生徒の就学が市町村によって援助される。この教育扶助は，義務教育を受けるにあたって必要な学用品等の費用を支給することになっており，具体的には，学校で皆が購入する副教材などの教材代，学校給食費，通学代，課外活動などの学修支援費，学級費等が支給される。またこの就学奨励義務は，上記のように経済的理由についてのものと解されることが多いが，教育基本法第4条（教育の機会均等）第2項にあるように，国および地方公共団体の，障害のある者に対する教育支援義務という側面もあることをもっと認識するべきであろう。[16]

▷12　教育基本法第4条1項の規定の主語は「すべて国民は」なので，法を厳密に読めば，在日外国人や無国籍者の教育の機会均等は保障していないように見えるが，現実には国内の外国籍の子どもにも教育を受ける権利を認め，その教育を保障している。

▷13　**学校教育法第17条**
保護者は，子の満六歳に達した日の翌日以後における最初の学年の初めから，満十二歳に達した日の属する学年の終わりまで，これを小学校，義務教育学校の前期課程又は特別支援学校の小学部に就学させる義務を負う。ただし，子が，満十二歳に達した日の属する学年の終わりまでに小学校の課程，義務教育学校の前期課程又は特別支援学校の小学部の課程を修了しないときは，満十五歳に達した日の属する学年の終わり（それまでの間においてこれらの課程を修了したときは，その修了した日の属する学年の終わり）までとする。
2　保護者は，子が小学校の課程，義務教育学校の前期課程又は特別支援学校の小学部の課程を修了した日の翌日以後における最初の学年の初めから，満十五歳に達した日の属する学年の終わりまで，これを中学校，義務教育学校の後期課程，中等教育学校の前期課程又は特別支援学校の中学部に就学させる義務を負う。

▷14　**組合立学校**
地方自治法第284条第2項に基づき，地方公共団体および特別区はその事務の一部を協同処理するために一部事務組合を設置して，協同で学校設置などの事務を処理することができる。

第Ⅱ部　学校教育を支える仕組み

▷15　しかし，その額は小学生１人に対し月額約5000円程度＋給食費（＋交通費）であり，習い事・学習塾に通ったり部活動での用品費に充てるには到底不足しているのが現実である。

▷16　特別支援学校への就学奨励に関する法律第２条では，国および都道府県の行う就学奨励を規定している。

▷17　例えば映画などに出演する子役俳優として雇用される場合などである。しかしその場合も13歳未満の場合は，児童の健康および福祉に有害ではなく，かつ，その労働が軽易なものであると労働基準監督署長が許可の判断をする必要がある。13〜15歳の場合は，一定の業種に当たらず，就学を妨げることはないと労働基準監督署長が判断をした場合に限られる。現代日本にはこのような避止義務があるため，始業前や放課後に新聞配達をしている中学生をたまに見かけるだけで，学齢児童生徒の雇用労働はまれなのである。

▷18　教育基本法第５条
国民は，その保護する子に，別に法律で定めるところにより，普通教育を受けさせる義務を負う。
２　義務教育として行われる普通教育は，各個人の有する能力を伸ばしつつ社会において自立的に生きる基礎を培い，また，国家及び社会の形成者として必要とされる基本的な資質を養うことを目的として行われるものとする。
３　国及び地方公共団体は，義務教育の機会を保障し，その水準を確保するため，適切な役割分担及び相

④　避止義務

　労働基準法第56条では，「使用者は，児童が満十五歳に達した日以後の最初の三月三十一日が終了するまで，これを使用してはならない」と定めており，学齢児童生徒を本来は雇用してはならないことになっている。また学校教育法第20条は「学齢児童又は学齢生徒を使用する者は，その使用によって，当該学齢児童又は学齢生徒が，義務教育を受けることを妨げてはならない」と定めている。この雇用主に課される「学齢児童生徒を雇用してはならない」という義務が避止義務である。これは原則的には，小学生や中学生の年齢の子どもを工場主や店長が（安い賃金で）雇用して，彼らの教育を受ける機会が妨げられないよう考慮したものである。児童労働から子どもを守るとともに受教育権の保障という意味がある。しかしその一方で，ある一定の職種に関しては，一定の条件の下でこの避止義務が免除される場合もある。▷17

　上記のように現代日本の義務教育の「義務」とは，子どもに課せられた教育を受けなければならない義務（強制的な義務教育）ではなく，親が負う「教育を受けさせる義務」，市町村が負う「学校設置義務」，国・市町村が負う「就学奨励義務」，雇用主などが負う「避止義務」の４つの義務が組み合わさって，学齢児童生徒の憲法第26条に規定する「教育を受ける権利」を保障していく社会の義務なのである。そのような意味では，子どもに教育を受ける義務はなく，その義務を負うのは子どもをとりまく社会の側であると言えよう。

２　無償性

　無償性とは，教育を受けるにあたって，その経費を受教育者が直接には個人負担しないこと，したがって教育経費が公費負担（公共財源）によってまかなわれることをさす。歴史的には就学を奨励するために恩恵的・救貧的に導入されてきた財政原理だが，現代では教育を受ける者の学習権を妨げる経済的制約から解放するための原理となっている。しかし，無償の範囲や対象についてさまざまな制約があるのも事実である。

　憲法第26条第２項は「義務教育は，これを無償とする」と定めているが，教育基本法第５条（義務教育）▷18第４項は「国又は地方公共団体の設置する学校における義務教育については，授業料を徴収しない」と，その無償の範囲を国公立学校の授業料に限定している。一方，教科書に関しては1962年の義務教育諸学校の教科用図書の無償に関する法律および1963年の同無償措置に関する法律に基づいて，国公私立を問わずに義務教育段階のすべての児童生徒に無償で給付されている。授業料不徴収を国公立学校に限定していて，私立学校の授業料まで及ばないのは，近隣に無償の国公立義務教育諸学校があるのに，わざわざ選択して私立学校に行く，つまりは無償の教育を受ける権利を放棄しているか

らと一般に解されるが，であるならば私立学校の教科書も無償となっていることの説明がつかない。このように，無償性に関しては，無償の領域（何を），対象（誰を），段階（どの教育段階まで）を整理して考察することが必要であろう。

　どのような事項が無償の領域に含まれているのかについては，前述のとおり国公立義務教育諸学校の授業料無償と私立も含めた教科書の無償である。しかし，憲法第26条は「義務教育は，これを無償とする」と定めているのであり，本来ならば義務教育にかかるさまざまな費用，例えば副教材費や学用品費，給食費，制服代など，義務教育を受けるに当たってもろもろ必要とされる費用が無償であるべきである。政府が学校教育費，学校給食費，学校外活動費などを調査した「子どもの学習費調査」（2014（平成26）年度）によると，公立小学校児童の学習費総額は年に約32万円であるのに対し，私立小学校に至っては年に約153万円もかかっている（表6-1）。

互の協力の下，その実施に責任を負う。
4　国又は地方公共団体の設置する学校における義務教育については，授業料を徴収しない。

表6-1　学校種別の学習費総額

区　分	幼稚園		小学校		中学校		高等学校（全日制）	
	公　立	私　立	公　立	私　立	公　立	私　立	公　立	私　立
学習費総額（円）	222,264	498,008	321,708	1,535,789	481,841	1,338,623	409,979	995,295
公立を1とした私立の比率	1	2.2	1	4.8	1	2.8	1	2.4
うち学校教育費（円）	119,175	319,619	59,228	835,639	128,964	1,022,397	242,692	740,144
構成比（％）	53.6	64.2	18.4	57.7	26.8	76.4	59.2	74.4
公立を1とした私立の比率	1	2.7	1	15.0	1	7.9	1	3.0
うち学校給食費（円）	19,382	36,836	43,176	46,089	38,422	4,154	…	…
構成比（％）	8.7	7.4	13.4	3.0	8.0	0.3	…	…
公立を1とした私立の比率	1	1.9	1	1.1	1	0.1	…	…
うち学校外活動費（円）	83,707	141,553	219,304	604,061	314,455	312,072	167,287	255,151
構成比（％）	37.7	28.4	68.2	39.3	65.3	23.3	40.8	25.6
公立を1とした私立の比率	1	1.7	1	2.8	1	1.0	1	1.5

出所：文部科学省（2015）。

　次に，どのような条件や属性を有する学習者が無償の対象となるのかについても検討が必要である。前述のとおり生活保護世帯などの経済的困窮状態にあると認められた場合には就学奨励義務の対象となるが，現代日本の「子どもの相対的貧困率」は16.3％（内閣府，2015）と，約6人に1人に上っている（図6-1）。もっと広い範囲で就学のための援助をすることが求められている。

　さらに，無償となる学校段階についても近年の動向に注目する必要がある。第一には義務教育の前段階で，幼児教育無償化への取り組みが近年始まっていることである。具体的には幼稚園就園奨励費補助で多子世帯やひとり親世帯の子どもの保育料を無償化または減額する試みである。直近では，「幼児教育無償化に関する関係閣僚・与党実務者連絡会議」（2016年8月1日開催）で取りま

第Ⅱ部　学校教育を支える仕組み

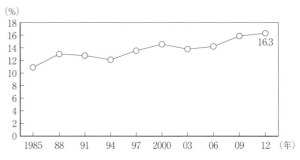

図6-1　子どもの相対的貧困率の推移
出所：厚生労働省「国民生活基礎調査」。

とめられた方針などを踏まえ，幼児教育無償化に向けた取り組みを「環境整備」と「財源確保」の両面から段階的に進めることとしている。第二には，義務教育を終えた後の高等学校授業料の無償化（公立高校授業料無償性・高等学校等就学支援金制度）も2010（平成22）年度から始まった。前者は公立高校等に在学するすべての者の授業料不徴収，後者は国立・私立高校等に通う者の授業料を一部補助する制度である。2014年度からは制度が変わり，前の二本立ての制度は高等学校等就学支援金制度に一本化された。新制度は，世帯所得が一定限度額を超えた場合は対象とならない代わりに，これまで手薄だった私立学校在学者への支援を充実させている。

　しかし注意しておかなくてはならないことは，これら無償となる学校段階の拡大について，両者ともある一定の所得水準を超えた場合には対象とならない制限があることである。これは，原則的に「教育を受ける者がその経費を直接負担せず，公費負担によってまかなわれる」という無償性の原理を適用したとは言えず，単に教育を受ける者の経済的負担を一部軽減するための施策という，限界をもつ制度であると考えられよう。

3　中立性

　義務・無償の制度原理が教育機会へのアクセスにかかわる原理であるのに対して，中立性は教育内容・方法にかかわる原理である。中立性を保障する理由は，いくら義務・無償で学校に就学できたとしても，そこで学ぶ内容が中立的でなく非常に偏ったものであったとしたら，本当には教育を受ける者の権利を保障しているとは言えないからである。この中立の内容には，以下の3つがある。

① 政治的中立

　教育基本法第14条（政治教育）第2項は，法律に定める学校は党派的な政治教育・政治的活動をしてはならないと定めている。もちろん，教員が自分の政治的信条を公言することまでは妨げられないが，「○○党が絶対に良い」とか「△△党はだめだ」というような党派的な教唆・扇動があってはならない。こ

▷19　教育基本法第14条（政治教育）
良識ある公民として必要な政治的教養は，教育上尊重されなければならない。
2　法律に定める学校は，特定の政党を支持し，又はこれに反対するための政治教育その他政治的活動をしてはならない。

の条文の主語は「法律に定める学校」なので，義務教育に限らずこの政治的中立は国公私立すべての学校に課されている。

② 宗教的中立

　教育基本法第15条（宗教教育）[20]第2項は，国公立学校は特定の宗教のための宗教教育および宗教的活動をしてはならないと定めている。そもそも国および地方公共団体は憲法第20条第3項で「宗教教育その他いかなる宗教的活動もしてはならない」と定められているが，教育基本法で宗教に対する寛容な態度や社会生活における地位を尊重しながら，その原則がさらに確認されているのである。この宗教的中立とは，国公立学校に特定の宗派に偏った宗派的宗教教育を禁止するものであって，私立学校では禁止されていない。私立学校では教育課程の中に「宗教」を置き，それを「特別の教科道徳」と読み替えることができる。

③ 行政的中立

　教育基本法第16条（教育行政）[21]は，教育は不当な支配に服することなく，教育行政は公正かつ適正に行われなければならないと定めている。この行政的中立の考え方は，法律主義行政の考え方や一般行政からの独立，およびさまざまな政治的勢力からの独立として捉えられる。教育行政を国民の代表者たる国会議員が審議した法律に基づき執り行うということが法律主義行政（しばしば条文に「法律にもとづき」が登場する）であり，これは戦前の勅令主義教育行政の反省に基づくものである。一般行政からの独立は，戦後の地方教育行政組織として設けられた教育委員会に現れている。教育委員会は特別行政委員会として，一般行政からはある一定の距離を置き，行政的な中立を担保している。

　以上のように，現代日本の公教育は義務・無償・中立といった制度原理によって「教育の機会均等」を実現し，それをもって教育を受ける権利の保障実現を図っているという制度的な構造を押さえることが重要である。

3　現代日本における義務教育段階のさまざまな学校

1　小学校・中学校

　本節では，現代日本にどのような義務教育段階の学校・課程があるのか見てみよう。そこには多様な学校種が存在するが，私たちが普通に義務教育と聞いてまず思いうかべるのは小学校と中学校である。

　2016年の学校基本調査では，日本全国に国公私立あわせて2万313校の小学校があることがわかる。そのうち，国立は72校，私立は230校なので，そのほとんどが公立校（2万11校）である。中学校は国公私立あわせて1万404校（文

▷20　教育基本法第15条（宗教教育）
宗教に関する寛容の態度，宗教に関する一般的な教養及び宗教の社会生活における地位は，教育上尊重されなければならない。
2　国及び地方公共団体が設置する学校は，特定の宗教のための宗教教育その他宗教的活動をしてはならない。

▷21　教育基本法第16条（教育行政）
教育は，不当な支配に服することなく，この法律及び他の法律の定めるところにより行われるべきものであり，教育行政は，国と地方公共団体との適切な役割分担及び相互の協力の下，公正かつ適正に行われなければならない。
2　国は，全国的な教育の機会均等と教育水準の維持向上を図るため，教育に関する施策を総合的に策定し，実施しなければならない。
3　地方公共団体は，その地域における教育の振興を図るため，その実情に応じた教育に関する施策を策定し，実施しなければならない。
4　国及び地方公共団体は，教育が円滑かつ継続的に実施されるよう，必要な財政上の措置を講じなければならない。

▷22　第二次世界大戦終戦後の1947年の小学生は1学年あたり約270万人いたのに対し，1960年代には約160万人に減少し，現在（2016年度）の小学生1学年あたりの数は110万人弱である。

▷23　2007年3月までは，これらの学校は視覚障害児のための盲学校，聴覚障害児のための聾学校，知的障害児・身体障害児等のための養護学校と，障害種別ごとに分類され，まとめて特殊教育諸学校と総称されていた。それらが学校教育法の改正により2007年4月からは特別支援学校にまとめられているが，一部現在でも養護学校などの呼称を使用している場合もある。

▷24　障害者差別解消法は，行政機関等が行う事務事業において，障害者に対する不当な差別的取り扱いの禁止，合理的配慮の提供を義務づけるもの。

▷25　同法第8条は，発達障害児がその特性を踏まえた十分な教育を受けるため，可能な限り発達障害児ではない児童とともに教育を受けられるよう国・地方公共団体が配慮することを定めている。

▷26　中1ギャップ
学級担任制で学習の進度も比較的ゆっくりで上級生とのかかわりも少ない小学校から，教科担任制で学習進度も早く，部活動などでの先輩とのかかわりも多くなる中学校に進学した際に，そのギャップから不適応状態を起こす傾向。

部科学省，2016）ある。小学校は学制発布後の1873（明治6）年には約2万5000校あったと言われるので，当時よりも現在は5000校ほど減っている。1882（明治15）年前後の統計では，子どもの出生数自体は現代とさほど変わらない100万人前後であるから，小学校数の減少は都市への集住が進んだことや，学校の統廃合による大規模化といった要因もあろう。[22]

教育基本法第5条はその目的を「義務教育として行われる普通教育は，各個人の有する能力を伸ばしつつ社会において自立的に生きる基礎を培い，また，国家及び社会の形成者として必要とされる基本的な資質を養うことを目的として行われるものとする」と規定している。つまりは，この社会で自立的に生きる基礎と国家・社会の一員としての資質を養うために小学校・中学校があると位置づけているのである。教育段階で分類すれば，小学校の6年間は初等教育（Primary Education），中学校の3年間は前期中等教育段階（Lower Secondary Education）にあたる。

② 特別支援学校の小学部・中学部[23]

　学校教育法第72条は，「特別支援学校は，視覚障害者，聴覚障害者，知的障害者，肢体不自由者又は病弱者（身体虚弱者を含む。以下同じ。）に対して，幼稚園，小学校，中学校又は高等学校に準ずる教育を施すとともに，障害による学習上又は生活上の困難を克服し自立を図るために必要な知識技能を授けることを目的とする」と規定し，障害があるまたは特別な支援を必要とする児童生徒に対して特別支援教育を施すために特別支援学校の設置を定めている。障害児の教育に関しては，2016年4月施行の「障害を理由とする差別の解消の推進に関する法律（障害者差別解消法）[24]」，2017年8月施行の「発達障害者支援法[25]」の内容も，行政や学校が特別支援を必要とする子どもの教育を保障する義務にかかわるものとして注目すべき内容である。

③ 義務教育学校

　義務教育学校は，2016年度から設置された，従来の小学校課程6年間と中学校課程3年間を9年間で一貫して行う学校教育法第1条に定められる正式な学校（一条校）である。戦後ずっと固定化していた初等教育＝小学校6年間，前期中等教育＝中学校3年間という義務教育の枠組みを，多様化・弾力化させる意味もある。小学校と中学校の区切りがないことにより，9年間の一貫した効率化した教育課程が組めること，同じ教師が長期間かかわれることなどのメリットがある。いわゆる中1ギャップと呼ばれる[26]，中学校第1学年での指導困難を緩和することもできる。しかしその一方，一つの学校でずっと同じ友人とかかわる人間関係の固定化，早期に教科担任制や定期考査が導入されるデメ

リットなどが問題となる。また，昨今拡がっている中等教育学校や中高一貫教育制度との制度的整合性に乏しく，第7学年から外部へ転出する者が多数生じる場合，本来の小中一貫の趣旨が果たせなくなる場合もありうることが指摘されている。

4 フリースクールなど

ここで言う「フリー」とは無償という意味ではない。現代日本では一般に不登校の子どもが通う学校のような施設をフリースクールと呼んでいる。かつては東京シューレ（1985年設立）のように集合住宅の一室で小規模に不登校児童生徒を集めて学習や精神面のケアをする，学校外の子どもの居場所という性格が強かったが，現在では，構造改革特区制度を利用し，私立学校法人の認可を受けたフリースクールも存在している。また，学校法人格を取得していないフリースクールであっても，一定要件を満たしていれば小・中学校校長は，フリースクールへの通学日数を本来在籍する小・中学校等への出席とみなし，卒業・進学に支障が出ないよう指導要録上出席扱いにすることができる。

これまで義務教育段階の不登校の児童生徒の教育機会は，上記のフリースクールに通う者はフリースクールで，そうでない者の教育機会に関しては市町村の行政が用意する適応指導教室・教育支援センターで提供されてきた。しかし，現実にはフリースクール・適応指導教室等にかかわることができずに自宅で過ごすにとどまり，義務教育の機会を享受できないまま義務教育年齢を終える者も多かった。そこで，政府は2016年12月「義務教育の段階における普通教育に相当する教育の機会の確保等に関する法律（教育機会確保法）」を制定し，不登校児童生徒に対する教育機会の確保，夜間等における就学機会の提供などの支援が定められた。同法は，不登校児童生徒に対する教育機会の確保に関して，「不登校児童生徒に対しその実態に配慮して特別に編成された教育課程に基づく教育を行う学校の整備」や「学校以外の場における学習活動等を行う不登校児童生徒に対する支援」について国および地方公共団体の責務を規定している。

5 インターナショナル・スクール，在日韓国朝鮮人学校

インターナショナル・スクールとは，主として外国籍の子どもを対象にして，英語などの外国語で教育を施す学校で，学校教育法上は各種学校に分類される。幼～高等学校相当の課程が置かれており，日本人の学齢児童生徒も通うことができるが，各種学校のため正式な中学校卒業とは認められない。高等部では国際バカロレアやECIS（European Council of International Schools）の資格取得をもって課程修了とする学校も多い。近年では早くから英語学習を行い，国

▷27 2004年に神奈川県の東京シュタイナーシューレが学校法人格（学校法人シュタイナー学園）を取得したのが最初である。

▷28 適応指導教室
市町村教委等が長期欠席の不登校児童生徒を対象に地域内のビルの一室などを利用して学習の援助をしながら本籍校に復帰できるよう支援する場である。教師役は退職した元教員が担当することが多い。

▷29 義務教育の段階における普通教育に相当する教育の機会の確保等に関する法律
第1条（目的）　この法律は，教育基本法（平成十八年）及び児童の権利に関する条約等の教育に関する条約の趣旨にのっとり，教育機会の確保等に関する施策に関し，基本理念を定め，並びに国及び地方公共団体の責務を明らかにするとともに，基本指針の策定その他の必要な事項を定めることにより，教育機会の確保等に関する施策を総合的に推進することを目的とする。

▷30 そのため，日本の高校進学時や大学進学時に卒業資格が問題となるが，多くの生徒がインターナショナル・スクール高等部卒業後，海外の大学に進学したり，高等学校卒業程度認定試験を受験し，日本の大学に進学する。

第Ⅱ部　学校教育を支える仕組み

際感覚を養うことができるため，日本人の子どもも多く通っている。

　いわゆる在日韓国朝鮮人学校には，学校教育法上の一条校として認められている韓国系の韓国学校（一部は各種学校）と，各種学校としての北朝鮮系の朝鮮学校がある。どちらも小中高に準じた課程をもっているが，北朝鮮系の朝鮮学校に対する公的支出は限定的で，多くの朝鮮学校が運営に苦慮している現状がある。かつては全国に160校あまり存在し4万人いた在校生も現在では60数校，6000人あまりに減少しているが，これは在日外国人の子ども・外国にルーツをもつ子どもが独自の民族教育を受ける権利を国や社会がどの程度まで認めるべきかという難しい課題を提示するものである。

▷31　中学校卒業認定試験の制度を，「さまざまな学校」としてここに配置するのは不適切かもしれないが，現実的に日本の義務教育制度の枠内で学ばなかった者（学べなかった者）の「義務教育代替制度」として機能している。

6　中学校卒業認定試験[31]

　中学校卒業程度認定試験は，病気などのやむを得ない理由によって保護者が義務教育諸学校に就学させる義務を猶予または免除された者に対して，中学校卒業程度の学力を認定するために国が行う試験をいう。認定されれば高等学校の入学資格が与えられる。学校教育法第57条に「高等学校に入学することのできる者」として，文部科学大臣の定めるところにより「同等以上の学力があると認められた者」がそのなかに含まれている。そして「同等以上の学力」をもつ者を，同法施行規則第95条に「就学義務猶予免除者等の中学校卒業程度認定規則」によって認定された者と定めている。規則では，文部科学大臣が毎年一回，認定試験を行うよう規定している。

　認定試験の受験資格は，⑴就学義務猶予免除者または就学義務猶予免除者であった者で満15歳以上の者，⑵保護者が就学義務の猶予または免除を受けずに満15歳に達する者で，中学校を卒業できないやむを得ない事由があると文部科学大臣が認めた者，⑶所定の期日までに満16歳以上になる者，⑷日本の国籍を有しない者で満15歳以上になる者が該当する。試験は，中学校の国語・社会・数学・理科・外国語（英語）の5教科で，知識および技能の審査を行う。一定程度の学力があると認められる場合は認定試験の一部が免除される。

7　夜間中学（中学校夜間学級）

▷32　学校教育法施行令第25条には，市町村の教育委員会は二部授業を行おうとするときなどに，その旨を都道府県教育委員会に届けなければならないとの規定がある。また，学校教育法施行規則第9条には二部授業を行うことについての届け出の規定がある。

　公立中学校の夜間学級（いわゆる「夜間中学」）は，市町村が設置する中学校で夜の時間帯に授業が行われる学級をいう。学齢期にさまざまな理由によって義務教育を修了できなかった人に中学校教育を行うことを目的に開設されている。法令上，学校教育法施行令第25条および同法施行規則第9条に規定された[32]「二部授業」が根拠となっている。

　夜間中学の開設は，第二次世界大戦後の混乱期にさかのぼる。生活が困窮し，仕事や家事手伝いをして中学校へ通うことができなかった生徒も多数いた

ため，義務教育の機会として公立中学校の二部授業という形で夜間学級を設置したのが始まりである。1955年頃には夜間学級を設置する中学校は80校以上あったとされ，現在では8都府県25市区に31校が設置されている（2016年4月時点）。

文部科学省は2015（平成27）年10月に，「義務教育修了者が中学校夜間学級への再入学を希望した場合の対応に関する考え方について（通知）」を出している。この通知は，十分な教育を受けられないまま中学校を卒業した者のうち，改めて中学校で学び直すことを希望する者（入学希望既卒者）に「夜間中学」への入学を求める通知である。入学希望既卒者以外にも，居住実態が把握できない児童や無戸籍の学齢生徒，さらには不登校で学校に十分に通わないまま卒業する生徒などへの対応を含めている。通知では，以上の希望者に対して，夜間中学の収容能力に応じて積極的に入学を認めることが望ましいこと，社会で自立的に生きる基礎を培い国家および社会の形成者として必要とされる基本的な資質を養うといった義務教育の目的に照らして再度中学校に入学を認めることが適当としている。さらに通知では「保健室登校やいじめ等により落ち着いた環境で授業を受けられなかった」，「学校外の公的機関や民間施設での出席で中学卒業が認められたものの夜間中学での学び直しを強く望む」ケースのような生徒にも「学びの道」を開くことが望ましいと述べている。

また，上記のような公的な夜間中学とは別に，自主夜間中学と呼ばれるNPOや小さなグループが独自に教室を開設し義務教育段階の学習内容を補填する場も全国に数十か所ある。

夜間中学で学ぶ生徒は多様である。戦後の混乱期に学齢期を迎えたために学校に通えなかった人やいわゆる中国残留孤児の方，親の仕事や結婚などに合わせて来日したものの日本の学齢を超過していた外国人等のほか，上記の通知のように「義務教育」の光が十分に当たらなかった，すなわち義務教育の質の保証が十分されなかった生徒が含まれている。多様な背景をもった人たちの学習への要望に対応して幅広い教育を行う営みとして夜間中学が存在しており，今後の義務教育が見落としてはならない側面を表している。前述の教育機会確保法第14条³³における就学の機会の提供等の観点からも，国や社会の義務を見直す重要なポイントとなろう。

▷33 義務教育の段階における普通教育に相当する教育の機会の確保等に関する法律では，第4章夜間その他特別な時間において授業を行う学校における就学の機会の提供等（第14条・15条）で，夜間その他特別な時間において授業を行う学校や都道府県および市町村の協議会について定めている。

Exercise

① 義務教育を受けるのは私たちの権利なのに，なぜ義務教育と言うのだろうか。歴史的経緯や義務の内容などを討論し整理して，「義務教育とは？」という問いを深めてみよう。

② 現代日本の義務教育の骨組みを構成している法規はどのように整理することができるだろうか。大きな模造紙に書き出してみよう。

③ 現代日本にはさまざまな義務教育段階の学校・教育機関があるが，義務教育段階の教育機会を均等に保障するという命題に対してそれぞれにどんな課題を持っているだろうか。グループごとに学校種を決めて，話し合ってみよう。

📖次への一冊

藤田英典『義務教育を問い直す』ちくま新書，2005年。
　　公教育の機会を平等に保障してきた現代日本の公教育が揺らいでいる。著者は義務教育・ゆとり教育・教育のグローバル化等の柱を立てて，さまざまな資料と切り口によって急ピッチで進む現代の義務教育改革を批判的に論じている。

刈谷剛彦『教育と平等──大衆教育社会はいかに生成したか』中公新書，2009年。
　　戦後日本の義務教育の質と量はどのように財政的に担保されてきたのか。義務教育費の配分と，日本的な平等主義のプロセス，標準化のアンビバレンスに着目し，セーフティネットとして役割を維持してきた戦後レジームが，なぜ崩壊しつつあるのか考察している。

引用・参考文献

文部科学省「平成26年度『子供の学習費調査』の結果について」2015年。
文部科学省「学校基本調査──平成28年度結果の概要」2016年。http://www.mext.go.jp/b_menu/toukei/chousa01/kihon/kekka/k_detail/1375036.htm（2018年2月2日閲覧）
内閣府「平成27年版子ども・若者白書」2015年。
東京教育大学教育学研究室・安藤堯雄・梅根悟・長尾十三二編『教育大学講座6　教育制度』金子書房，1951年。
梅根悟監修，世界教育史研究会編『世界教育史大系28　義務教育史』講談社，1977年。

第7章
教職員

〈この章のポイント〉
　学校の教師は法令においては「教員」という言葉が用いられ，さまざまな職階が存在する。本章では教員の身分に関する基本的な法制について学び，また教員養成制度の歴史と現状について整理する。そして教員に求められる資質や能力，それらを発揮するために設けられている研修制度や評価制度についてまとめる。最後に，実際の教員の勤務状況を踏まえ，教員をとりまく社会環境について，いくつかのトピックも解説する。

1　学校に勤務する多様な教職員

1　教師と教員

　このテキストを読んでいるみなさんの多くは，将来，学校の「先生」や「教師」になりたいという希望をもち，教員養成系学部・学科で学んだり，他学部で教職課程を履修したりして，「○○学校教諭免許状」の取得を目指しているのではないだろうか。

　ここまでの文章にあるように，みなさんが希望している職業は「先生」「教師」「教員」「教職」「教諭」などさまざまに呼称される。辞書（『明鏡国語辞典』）によれば「先生」とは「師として学問・芸術・技能などを教える人。特に学校の教師」とある。「教師」とは，「学校で，一定の資格をもって児童・生徒・学生などの教育にあたる人。教員」である。このような語義からわかるように，「先生」や「教師」のうち，公的な資格をもち，学校において児童や生徒などを相手に教育を行う者を「教員」と言う。法令では「先生」や「教師」ではなく，「教員」や「教職員」という言葉が用いられる。

　例えば，教育基本法第9条には「教員」に関する規定がある。

> 第九条　法律に定める学校の教員は，自己の崇高な使命を深く自覚し，絶えず研究と修養に励み，その職責の遂行に努めなければならない。
> 2　前項の教員については，その使命と職責の重要性にかんがみ，その身分は尊重され，待遇の適正が期せられるとともに，養成と研修の充実が図られなければならない。

　さらに「教員」については，教育職員免許法や教育公務員特例法に，より詳

▷1 幼保連携型認定こども園
就学前の子どもに関する教育，保育等の総合的な提供の推進に関する法律に基づき，幼児教育と保育の双方を提供する教育機関である。幼保連携型は幼稚園的機能と保育所的機能の両方の機能をあわせもつ単一の施設である。このほか，幼稚園型（認可幼稚園が，保育が必要な子どものための保育時間を確保するなど，保育所的な機能を備える），保育所型（認可保育所が，保育が必要な子ども以外の子どもも受け入れるなど，幼稚園的な機能を備える），地方裁量型（幼稚園・保育所いずれの認可もない地域の教育・保育施設が，認定こども園として必要な機能を果たす）がある。

▷2 充当職
教諭免許状をもった者をもってあてる職を充当職という。例えば，小学校における教務主任や学年主任，中学校における生徒指導主事や進路指導主事，あるいは司書教諭などをいう。栄養教諭は，栄養教諭免許状を有した者がその職を勤めるので充当職ではない。

▷3 校務分掌
校務とは学校運営上必要な仕事をさし，学校教育の内容に関する事務，教員の人事管理に関する事務，児童・生徒管理に関する事務，学校の施設・設備の保全管理に関する事務などをいう。これらの事務を各担当を決めて受けもつことを校務分掌という。

▷4 教員資格認定試験
文部科学大臣または文部科学大臣が委嘱する大学の行う試験（教育職員免許法第16条の２）。同試験に合格すると普通免許状が取得できる。

細な規定がある。まず教育職員免許法によれば，学校ならびに幼保連携型認定こども園の主幹教諭，指導教諭，教諭，助教諭，養護教諭，養護助教諭，栄養教諭，主幹保育教諭，指導保育教諭，保育教諭，助保育教諭および講師を「教員」とする（第２条）。次に，教育公務員特例法では，公立学校の教授，准教授，助教，副校長（副園長），教頭，主幹教諭（幼保連携型認定こども園の主幹養護教諭および主幹栄養教諭），指導教諭，教諭，助教諭，養護教諭，養護助教諭，栄養教諭，主幹保育教諭，指導保育教諭，保育教諭，助保育教諭および講師を「教員」という（第２条第２項）。これらの規定にあるように，「教諭」は「教員」のなかの一つの職階である。

このほか，学校には「教員」以外の職員も置かれる。具体的には，学校教育法第37条第１項では「小学校には，校長，教頭，教諭，養護教諭及び事務職員を置かなければならない」と規定されている。さらに同条第２項では「小学校には，前項に規定するもののほか，副校長，主幹教諭，指導教諭，栄養教諭その他必要な職員を置くことができる」とある。それぞれの末尾表現に注目すると，学校には「置かなければならない」必置の職員と「置くことができる」任意の職員がいるということになる。

2 教諭の職務内容と教員免許状

学校に置かれる職員のなかで最も数が多いのが教諭である。教諭は「児童の教育をつかさどる」（学校教育法第37条第11項）ことを本務とする。教諭は単に授業を行うことにとどまらず，学校内で学級経営，生徒指導，課外活動の指導など多様な業務を行い，さらに教務主任や学年主任，生徒指導主事や進路指導主事といった主任や主事（これらを充当職という）を務め，校務分掌上で重要な役割を果たしている。

教諭になるためには，自らが勤務・担当する学校の種類や教科に応じた，教育職員免許法に定める免許状を取得しなければならない。例えば中学校において国語の担当をする者は，中学校の国語の免許状をもつことが原則となる。これを免許状相当主義という。教員免許状は，普通免許状，特別免許状，そして臨時免許状に分類される。このうち普通免許状は，専修免許状，一種免許状，二種免許状（高等学校教諭の免許状は専修免許状および一種免許状のみ）に区分される。

普通免許状を取得するには，大学もしくは文部科学大臣の指定する養護教諭養成機関において所定の単位を取得して卒業する，あるいは教員資格認定試験に合格する，以上の方法がある。

免許状の授与は，都道府県教育委員会が行う（そのため，都道府県教育委員会を授与権者という）。普通免許状は，授与された日の翌日から10年を経過する日

の属する年度末まで，すべての都道府県において効力を有する（教育職員免許法第9条）。免許状更新講習[5]（同第9条の3）を受けることにより更新が可能となる。

特別免許状は，教科に関する専門的な知識や技能，経験をもつ社会人などを教員として登用し，学校教育の多様化や活性化を図ることをねらいとして，1988（昭和63）年に導入された。教育職員検定に合格した者に授与され，2014（平成26）年には92件の授与がある。効力は普通免許状と同様に10年間となる（更新も普通免許状と同様）。臨時免許状は，普通免許状をもつ者を採用できない場合に限り，教育職員検定に合格した者に授与される。効力は3年となる。特別免許状と臨時免許状は，その免許状の授与権者の置かれる都道府県において効力をもつ。例えば栃木県教育委員会によって授与された特別免許状は栃木県内のみで有効であり，他県では認められない。

近年，特別免許状以外に，免許状をもたない者の教員への登用が見られる。2000（平成12）年の学校教育法施行規則改正により，学校運営上とくに必要がある場合には，免許状をもたない民間人を校長として採用することが可能となった（同第22条）。副校長や教頭についてもこの規定が準用される（同第23条）。民間企業で培った企画力や行動力を活かし，従来までの学校管理職とは異なったやり方で学校の活性化を図ることがねらいとされる。いくつかの好事例が報告されている反面，教育委員会などが民間人校長をバックアップする体制が不十分であったり，民間人校長自身が教育課程や生徒指導，人材育成を十分理解できなかったりする事例も報告されている（『朝日新聞』2013年9月20日付）。

3 新しい職階の導入と学校経営の変容

先述の学校教育法第37条に規定されている「副校長」「主幹教諭」「指導教諭」は，2008（平成20）年度から設置された，比較的新しい職である。このような職階が導入された背景には，学校運営をより効率化すべきだという考え方がある。学校運営では，従来から，各教員は専門性や経験年数の違いはあるけれども，一部の管理職を除いて児童生徒に教育を行う立場である以上は対等である（べきだ）という考え方がある。そのため，各教員が話し合って学校運営の方針を決定することが重要であり，そのような場として職員会議が大切にされてきた。他方，教育の目的や方針を効果的に達成するため，一部の管理職に加えて各学年や教科ごとにリーダーとしての主任や主事を設けて校務分掌に位置づけ，学校運営がなされてきた経緯もある。新しい職階の導入は，後者の考え方や実態を，より推進しようとする施策である。

なお，職員会議は，2000年に学校教育法施行規則改正により規定されるまで法的な根拠はなく，慣行として行われてきた。同改正により「校長が主宰す

▷5 免許状更新講習
免許状更新講習は，30時間以上として，必修領域6時間以上，選択必修領域6時間以上，選択領域18時間以上と規定されている。大学が開講する。

る」（第48条）ものとなり，校長の補助機関としての性格が与えられた。このような背景もあり，新しい職階の導入は校長のリーダーシップの強化と合わせて理解することができる。

　上記のように学校内における新たな職階の導入にともなう改編に加え，外部から専門知識をもつ人材が学校にかかわる「チーム学校」という学校組織改革[46]が議論されている。「チーム学校」においては，福祉の専門家であるスクールソーシャルワーカー[47]やスクールカウンセラーが学校に必要な職員として配置される。今後，教員はこのような新たな職員や地域住民との協働や連携をして学校運営を行っていくことが，ますます求められるのである。

2　教員養成の歴史と現状

1 　教育制度史における教員養成学校の整備

　日本における近代的な学校制度は，1872（明治5）年に学制が発布されたことに始まる。その学制第40章では，小学校教員について「小学校教員ハ男女ヲ論セス年齢二十歳以上ニシテ師範学校卒業免状或ハ中学免状ヲ得シモノニ非サレハ其任ニ当ルコトヲ許サス」と規定した。小学校教員は，師範学校を卒業していること，あるいは中学校を卒業していることが資格要件とされ，女性にもその門戸が開かれていた。

　同年，東京に官立師範学校（翌年に東京師範学校と改称）が設立され，アメリカ人のスコット（M. M. Scott, 1843-1922）らが教鞭をとった。その後，各府県にも師範学校が整備された。この師範学校の多くが，現在の国立大学教育学部のルーツとなっている。例えば栃木県では1873（明治6）年に「類似師範学校」が設立（類似とは東京師範学校に類似しているという意味。翌年，栃木師範学校と改称）されており，その歴史は現在の国立大学法人宇都宮大学教育学部に連なる。

　その後，1886（明治19）年，師範学校令の公布により，師範学校は教育機関として整備されていくことになる。同令において，師範学校は，官立の高等師範学校と府県立の尋常師範学校に分類された（例えば栃木師範学校は栃木県尋常師範学校となる）。尋常師範学校は，各府県に一校の設置とされ，府県の経費によって運営されることとなった。同令において，「師範学校ハ教員トナルヘキモノヲ養成スル所トス　但生徒ヲシテ順良親愛威重ノ気質ヲ備ヘシムルコトニ注目スヘキモノトス」とあるように，師範教育の目的が明示された。この「順良・親愛・威重」を旨とする教員の育成は，第二次世界大戦後の教育改革によって師範学校が廃止されるまで，教員養成制度における基本的な枠組みとなった。さらに1897（明治30）年の師範教育令の公布により，師範学校は，師

▷6　チーム学校
中央教育審議会「チームとしての学校の在り方と今後の改善方策について（答申）」（2015（平成27）年12月21日）では，「チームとしての学校」像について以下のようにまとめられている。「校長のリーダーシップの下，カリキュラム，日々の教育活動，学校の資源が一体的にマネジメントされ，教職員や学校内の多様な人材が，それぞれの専門性を生かして能力を発揮し，子供たちに必要な資質・能力を確実に身に付けさせることができる学校」。

▷7　スクールソーシャルワーカー
家庭環境に起因する児童生徒の問題に対処する福祉の専門家。児童相談所と連携したり，教員を支援したりする役目が想定され，社会福祉士か精神保健福祉士などの資格が必要とされる。学校教育法施行規則第65条の3に規定されている。

範学校，高等師範学校，女子師範学校に区分された（例えば栃木県尋常師範学校は栃木県師範学校と改称）。

[2] 大学における教員養成と開放制の原則

終戦後，教員養成に関しては大学における教員養成と教育職員免許法を根拠とする開放制の方針が採られた。師範学校などの教員を目的養成する特別な学校を設けずに多様な大学での養成教育を認め，幅広い人材を教職に導くことが目指されたのである。しかし，その後，1953（昭和28）年の教育職員免許法改正により文部大臣（当時）の課程認定を受けた大学・学部においてのみ教員養成が認められることになり，開放制に制限が設けられることになった。1978（昭和53）年には現職教員の再教育（研修）の充実を目的の一つとした新構想教員養成大学・大学院（鳴門教育大学，兵庫教育大学，上越教育大学）が設置され，教員の教育や研修を目的とした学校の整備が進められてきた経緯があり，大学における教員養成と開放制は，戦後当初の構想段階から見ると，その意味する内容は変貌している。

さらに大学における教員養成という原則は，2016（平成28）年11月の教育公務員特例法改正により，一つの転換を迎えようとしている。同改正により，文部科学大臣が公立の小学校等の校長や教員の計画的効果的な資質の向上を図るために「教員育成指針」を策定すること（第22条の2），それに基づき公立の小学校等の校長および教員の任命権者が「指標」や「教員研修計画」を策定すること（第22条の3）が定められた。また，各都道府県に教育委員会と大学などで組織する「教員育成協議会」の設置することも盛り込まれた。これらは教員の養成・採用・研修をより一体的に行うことを企図した改革であり，教育委員会と大学が，それぞれの役割を担うことにより教員の資質向上が図れるという従来の教員養成や研修の前提を問うものである。このような改革に対し，今後策定される「指針」が各地域の独自性や各大学の裁量や自主性・自立性を保証するものとなるのか，「指標」等が単なる目標の羅列や教員の人事評価に直結するものとならないかといった懸念がある。しかし，学校の抱える課題が多様で複雑なものとなり，個々の教員の努力や学びで乗り越えるのが厳しい現状を踏まえれば，教員がともに「学び合い，高め合う」ために，学校と教育委員会，大学が連携して効果的な支援を行っていくことは必要不可欠であると言えよう。

[3] 教員養成の高度化

2003（平成15）年に従来の大学院制度とは異なる，高度専門職業人の養成に特化した「専門職大学院」制度が創設された。教員養成の分野においても2008

年，教員養成教育の改善・充実を図るべく，高度専門職業人養成としての教員養成に特化した専門職大学院が設置された。同大学院は，中央教育審議会「今後の教員養成・免許制度の在り方について（答申）」(2006（平成18）年7月11日)にあるように，「実践的な指導力・展開力を備え，新しい学校づくりの有力な一員となり得る新人教員」「地域や学校における指導的役割を果たし得る教員として，不可欠な確かな指導理論と優れた実践力・応用力を備えた『スクールリーダー（中核的中堅教員)』」の養成を目指すものである。2018（平成30）年度，ほぼ全国に設置される。

　教職大学院での学びにおいては，「理論と実践の往還」がキーワードとされており，実際の学校現場における研究や実習が必修単位とされたり，実務家教員として現場経験を有する教員が配置されたりするなど，従来までの修士課程に比べ，高度な専門的職業能力の養成に重点が置かれている。

3　教員に求められる資質・能力と研修

1　答申にみる教員に求められる資質・能力

　これまで教員に求められる資質や能力については，さまざまな研究や文芸作品のなかで語られてきた。多様な例があるなかで，中央教育審議会「これからの学校教育を担う教員の資質能力の向上について——学び合い，高め合う教員育成コミュニティの構築に向けて（答申)」(2015（平成27）年12月21日）では，以下のように教員の資質能力をまとめている。

> 　これまで教員として不易とされてきた資質能力に加え，自律的に学ぶ姿勢を持ち，時代の変化や自らのキャリアステージに応じて求められる資質能力を生涯にわたって高めていくことができる力や，情報を適切に収集し，選択し，活用する能力や知識を有機的に結びつけ構造化する力などが必要である。
> 　アクティブ・ラーニングの視点からの授業改善，道徳教育の充実，小学校における外国語教育の早期化・教科化，ICTの活用，発達障害を含む特別な支援を必要とする児童生徒等への対応などの新たな課題に対応できる力量を高めることが必要である。
> 　「チーム学校」の考えの下，多様な専門性を持つ人材と効果的に連携・分担し，組織的・協働的に諸課題の解決に取り組む力の醸成が必要である。

　不易（時代を通じて変わらないこと）とされてきた資質能力には，例えば使命感や責任感，教育的愛情，教科や教職に関する専門的知識，実践的指導力，総合的人間力，コミュニケーション能力などがあげられる。このように教員の備えるべき資質や能力について，不易なものと新たな課題に対応するためのものに区分し，そのような資質や能力をキャリアステージに応じて自律的に身につ

けていくという「学び続ける教員」像が示されている。

[2] 教員研修に関する基本的な法制

　一般公務員が「その勤務能率の発揮及び増進のために」（地方公務員法第39条）研修を受ける機会が与えられるべきだとされるのに対し，教員は「その職責を遂行するために，絶えず研究と修養に努めなければならない」（教育公務員特例法第21条）とあるように，その職務や責任を全うするためにも研修が不可欠であることが確認されている。任命権者は，教員の研修を可能とするために諸条件の整備確立を進め，自主的な研修の権利を保障するためにその機会を確保しなければならない。

　教員は，授業に支障のない限り，本属長の承認を受けて，勤務場所を離れて研修を行うことができ（教育公務員特例法第22条第2項），さらに任命権者の定めるところにより，現職のままで，長期にわたる研修を受けることができる（同条第3項）。研修には，法令により定められた法定研修に加え，教員が教科や専門領域ごとに集まって行う自主的な研修もある。

　法定研修として，まず，初任者が対象の初任者研修がある。初任者研修は，その採用の日から1年間の教諭または保育教諭の職務の遂行に必要な事項に関する実践的な研修を行う（同法第23条）。

　次に，中堅教諭等資質向上研修がある。これは従来までの十年経験者研修に代わるものであり，個々の能力，適性等に応じて，教育に関し相当の経験を有し，教育活動その他の学校運営の円滑かつ効果的な実施において中核的な役割を果たすことが期待される中堅教諭等に対してその職務を遂行するうえで必要とされる資質の向上を図るために行われる（同法第24条）。

　このほか，指導改善研修がある。指導改善研修は，児童生徒または幼児に対する指導が不適切であると認定した教諭などに対して，任命権者が指導の改善を図るために行う研修である。この研修期間は1年間とされ，必要がある場合には2年を超えない範囲で延長される（同法第25条）。仮に指導改善研修後も児童らに対する指導に改善が認められない場合には，免職などの措置がとられる（同第25条の2）。また指導改善研修のほかに，児童生徒に対する指導が不適切であり，研修などの措置が講じられても改善されない場合に，県費負担教職員を免職し，都道府県の職へ採用する制度もある（地方教育行政の組織及び運営に関する法律第47条の2）。

[3] 教員評価に関する基本的な法制

　教員に対し能力を十分に発揮することが社会から期待されるなかで，教員の業績を適正に評価し，さらに職能開発を図るために人事評価制度の整備が進め

▷8　任命権者
任命権とは，任用，免職，休職，復職，懲戒，給与の決定など身分上の取り扱いに関するすべての事項についての権限である。公立学校の教員の任命権は，都道府県教育委員会の権限に属する。

▷9　県費負担教職員
市（特別区を含む）町村立の小学校，中学校，義務教育学校，中等教育学校の前期課程，特別支援学校の校長，副校長，教頭，主幹教諭，教諭，養護教諭，栄養教諭，助教諭，養護助教諭，寄宿舎職員，講師，学校栄養職員，事務職員の給与や各種手当ては，都道府県が負担することになっている（市町村立学校職員給与負担法第1条）。このような学校職員のことを県費負担教職員という。学校の経費を設置者が管理し，負担する設置者負担主義（学校教育法第5条など）の例外として，このような任用制度が導入されたのは，教員の広域的な採用や任用，そして配置を適切に行うことで，市町村間の義務教育の水準を維持するためである。なお，県費負担教職員の任命権者は都道府県教育委員会，服務の監督者は市町村教育委員会である（地方教育行政の組織及び運営に関する法律第37条，第43条）。

第Ⅱ部　学校教育を支える仕組み

られている。従来まで勤務評定が行われてきたが，評価項目が不明瞭である，上司からの一方的な評価で結果が示されない，人事管理に十分に活用されていないといった批判があるように形骸化が指摘されてきた。

2014（平成26）年5月に地方公務員法が改正され，教員に関しても人事評価を公正に行い，さらにその結果を任用，給与，分限などの人事管理の基礎として活用することとなった（地方公務員法第23条）。人事評価は任命権者が行うが，県費負担教職員の人事評価は，市町村教育委員会がこれを行う（地方教育行政の組織及び運営に関する法律第44条）。

人事管理の一つである分限とは，人事評価または勤務の状況を示す事実に照らして勤務実績がよくない場合などに公務の能率維持のためになされる処分をいう。具体的には免職，休職，降任，降給という措置がとられる（地方公務員法第28条）。

分限のほかに，教員に対する処分として懲戒がある。法令などに違反した場合，職務上の義務に違反したり，職務を怠ったりした場合，全体の奉仕者としてふさわしくない非行があった場合に，本人の道義的責任を問うために行われる処分である。具体的には免職，停職，減給，戒告という措置がとられる（地方公務員法第29条）。

教員の果たすべき義務は，職務上の義務と服務上の義務に分類される（表7-1）。職務上の義務とは，勤務時間内に守るべき義務であり，服務上の義務とは，教員（公務員）としての身分を有する限り守る必要がある義務である。

表7-1　教員補職務上及び服務上の義務

| 〈職務上の義務〉 |
| 地方公務員法第31条（服務の宣誓） |
| 地方公務員法第32条（法令等及び上司の職務上の命令に従う義務） |
| 地方公務員法第35条（職務に専念する義務） |
| 〈服務上の義務〉 |
| 地方公務員法第33条（信用失墜行為の禁止） |
| 地方公務員法第34条（秘密を守る義務） |
| 地方公務員法第36条（政治的行為の制限） |
| 地方公務員法第37条（争議行為等の禁止） |
| 地方公務員法第38条（営利企業への従事等の制限） |

出所：筆者作成。

このうち，第36条（政治的行為の制限）と第38条（営利企業への従事等の制限）については，教員の仕事の特殊性から，一般公務員とは異なった取り扱いが必要であるとの考え方により，教育公務員特例法を優先的に適用することになっている。具体的には，それぞれ政治的行為については第18条（公立学校の教育公

第7章 教職員

務員の政治的行為の制限），兼職や兼業については第17条（兼職及び他の事業等の従事）の規定が優先される。

4　教員の実際の仕事と教員をとりまく社会環境

1　教員の勤務の実際と「やりがい」

では，実際に，学校の教員はどのような勤務をしているのであろうか。以下，小学校，中学校，特別支援学校の教諭の勤務を事例として，ある1日の勤務を追うことにしたい（表7-2～7-4）。

表7-2　小学校における勤務例

時　刻	業務内容
7:50	出勤　（委員会活動の仕事　配付物の確認など）
8:10	朝の打ち合わせ，朝の学習など
8:25	朝の会　（健康観察など）
8:35	授業（1・2校時）
10:15	業間活動
10:35	授業（3・4校時）
12:10	給食指導
12:55	昼休み（委員会活動の仕事，宿題やテストのチェックなど）
13:20	清掃指導
13:40	授業（5・6校時），帰りの会
15:20	下校指導
15:40	翌日の準備，学級事務，打ち合わせなど
18:30	退勤

出所：筆者作成。

表7-3　中学校における勤務例

時　刻	業務内容
6:50	出勤，部活動朝練，授業準備，打ち合わせ，登校指導
8:00	職員全体打ち合わせ
8:10	朝の読書，朝の会，出席の確認
8:40	授業（1・2・3・4校時）
12:30	給食指導
13:05	昼休み（給食片づけ指導，巡回指導など）
13:30	授業（5・6校時）
15:50	帰りの会
16:10	部活指導
18:30	下校指導
19:00	会議，打ち合わせ，授業準備
20:00	退勤

出所：筆者作成。

第Ⅱ部　学校教育を支える仕組み

表7-4　特別支援学校における勤務例

時　刻	業務内容
8:15	出勤，自主通学の生徒の指導・支援
8:30	朝の打ち合わせ
8:40	登校指導，スクールバスで登校の児童生徒を支援・指導
9:00	午前の授業（学部・課程により実施時数は異なる）
12:00	給食指導
12:50	午後の授業（学部・課程により実施時数は異なる）
15:00	下校指導，部活動，学部・指導グループ・校務分掌などの会議
16:00	教材研究，授業準備，指導記録作成
18:00	退勤

出所：筆者作成。

　以上のように，教員（教諭）は授業のみを行っているのではなく，特別活動の指導や生徒指導，部活動の指導，校務分掌に定められている仕事などに従事していることがわかる。中学校では部活指導に時間がとられていることもうかがえる。また，児童生徒の休み時間においても授業の準備や提出物の確認を行っていることがわかる。もちろん，予期しない生徒指導上の問題や保護者対応などが発生する場合や新しい年度や学期の始まり，あるいは学期末など，多忙な時期には退勤時間が遅くなることもある。

　このような仕事をこなしながら，教員は自らの仕事にどのような「やりがい」を見出しているのであろうか。北海道教育大学，愛知教育大学，東京学芸大学，大阪教育大学の共同調査によれば，多くの教員が「子どもの成長にかかわることができる（小学校98.4％，中学校97.2％，高等学校97.7％）」「同僚の教員から学ぶことが多い（小学校95.5％，中学校88.2％，高等学校85.7％）」「仕事を通じて自分が成長している（小学校89.7％，中学校83.0％，高等学校83.8％）」というように，仕事を通じて子どもや自分の成長を感じていることに教職の大きな魅力を感じていることがわかる。

　このような「やりがい」を裏づけるような，教員のコメントを以下に紹介したい。いずれも筆者が勤務する教職大学院で学ぶ経験豊かな現職教諭である。

　「子どもたちは次々に新しいことを吸収し，あっという間に成長します。それをいつもそばでサポートできるのが小学校教諭のいちばんの喜びではないでしょうか。一日中いっしょにいるので，子どものさまざまな面を見ることができます。子どもたちと作り上げた学級で卒業式や修了式を終えた時の達成感は何物にも代えがたいものがあります」。（小学校教諭）

　「中学生という年代の子どもたちは，大いなる希望もあれば，夢と現実の狭間で不安と悩みを抱え，自分とは何かを考える毎日を過ごしています。中学生はその大人と子どもの狭間の3年間で，身体的にも精神的にも大きな成長を遂げていきます。そんな彼らの人間として成長していく瞬間にかかわれるのは中学校教員の醍醐味です。その関係は教師と生徒という関係を超えた，一人の人間同士の関係を築くことであると

もいえます。その関係は一生つづくもので、卒業生が家庭をもってあいさつに来てくれる瞬間など、この仕事は辞められないと感じます」。(中学校教諭)

「『特別支援の先生って大変だよね』とよく言われます。たしかに、個々のもつ力に差があり広い対応力を求められます。しかし、子ども一人ひとりのニーズを考え、その課題解決のために手立てを考え、それがうまくいって学習が成立した時、『やった、できた』と教師も子どもも感じることができます。日々の子どもをよく観察し、できるところを手掛かりとして伸ばしていくことが必要だと思っています。言葉や動き、情緒に課題があるからこそ、できた時の喜びは大きく、ゆっくりでも確実な歩みを教師と子どもがともに進められるところに、この仕事のダイナミズムと醍醐味を感じることができます」。(特別支援学校教諭)

このように、教員のやりがいは、子どもの発達段階や校種により影響を受けていることもわかる。

2 教員の多忙化

多くの教員は、「やりがい」を感じながら日々の職務に当たっているが、近年、大きな問題となっているのは、教員の多忙化である。

OECD国際教員指導環境調査(TALIS)の2013年調査は、学校の学習環境と教員の勤務環境に焦点をあてた調査である。34の国および地域が参加し、「教員と学校の概要」「校長のリーダーシップ」「職能開発」「教員への評価とフィードバック」「指導実践、教員の信念、学級の環境」「教員の自己効力感と仕事への満足度」が調査項目となっている。同調査によれば、日本の教員の1週間当たりの勤務時間は、参加国平均よりも長時間になっている(表7-5)。指導(授業)に使った時間は、参加国平均より少ないものの、一般的事務業務や課外活動(スポーツ・文化活動)の指導に時間がかかっている現状がある。

表7-5 教員の仕事時間 (時間)

	仕事の合計時間	指導(授業)に使った時間	学校内で個人で行う授業の計画や準備に使った時間	学校内での同僚との共同作業や話し合いに使った時間	生徒の課題の採点や添削に使った時間	生徒に対する教育相談に使った時間	一般的事務業務(書類作成その他の事務業務)の時間	課外活動(放課後のスポーツ活動や文化活動)に使った時間
日本	53.9	17.7	8.7	3.9	4.6	2.7	5.5	7.7
参加国平均	38.3	19.3	7.1	2.9	4.9	2.2	2.9	2.1

出所:OECD(2014)table 6.12をもとに作成。

さらに前出の北海道教育大学などの共同調査からも、教員の仕事について楽しいと答えた教員の割合が全体で8割以上あるのに対し、「授業の準備をする時間が足りない」と答えた教員が、小学校で95%、中学校で84%、高等学校で77%に上っていることが明らかになっている。さらに部活動がある中学校、高

第Ⅱ部　学校教育を支える仕組み

等学校において「部活動・クラブ活動の指導が負担」と感じている教員の割合が高い結果が出ている（『朝日新聞』2016年5月12日付）。

　このような調査から，教員は仕事に意義や意味，やりがいを見出しながら，多忙に追われ，生活にゆとりが感じられていない現状がわかる。このような現状を踏まえ，各都道府県では，教員の勤務や部活動の運営体制の見直しなどが進められている（『朝日新聞』2017年2月3日，3月3日付）。

③　教員の採用状況

　公立学校の教員の採用は，「選考」によるものとして，任命権者の教育委員会の教育長が行うことになっている（教育公務員特例法第11条）。選考とは競争試験とは異なり，例えば筆記試験の成績のみによって判断するのではなく，人物重視の評価を行うことが原則となる。このような原則の下で各都道府県や一部の市において教員候補者採用選考試験が毎年実施されている[10]。

　少子高齢化による学校の統廃合等の影響もあり，教員採用数は漸減の傾向にある。さらに国による総額裁量制の導入[11]，厳しい地方公共団体の財政状況を背景に，非正規教員[12]の数が増えている。非正規の教員は，正規教員に比べて研修や賞与もなく，昇給や福利厚生面でも低い待遇となる。また短期間の雇用となるため学校の異動も多く，その度に教員や児童生徒との関係づくりを行わなければならず，精神的にも負担が大きいことが指摘されている（『週刊朝日』224号，2012年11月30日特集記事）。非正規教員の待遇改善を含め，教員の労働条件や待遇の改善を図っていくことが大変重要な課題となっている。

▷10　文部科学省の調査によれば，これらの試験の倍率は，2015（平成27）年度において全体で5.4倍（前年度5.7倍）となっている。校種や地域により倍率の差はあるが，小学校3.9倍（前年比0.3ポイント減，以下同じ），中学校7.2倍（0.2ポイント減），高等学校7.2倍（前年度同），特別支援学校3.8倍（0.1ポイント減）となっている。

▷11　総額裁量制
2004（平成16）年に導入された，地方公共団体が教職員の数や給与額を定額内で決めることができる制度。

▷12　非正規教員
非正規教員は，常勤講師と非常勤講師に分けられる。臨時的任用教員ともいう。常勤講師は正規教員と同じ職務内容をこなし，学級担任もできる。非常勤講師は，直接担当する授業時間など限られた時間の指導を担う。いずれも教員免許はもっているが教員採用試験に合格していない人などが登録し，教育委員会が必要に応じて雇用する。

Exercise

① 学校に新しい職階（副校長・主幹教諭・指導教諭）が導入された成果と課題について，新聞記事などをもとに調べてみよう。

② 「チーム学校」についてさらに調べて意義をまとめ，新しい職業や地域住民と連携・協働するために教員にはどのようなことが求められるかについて考えてみよう。

③ 教員の多忙化を軽減するためにどのような施策が有効か，国や各都道府県の施策を調べたうえで話し合ってみよう。

📖次への一冊

佐竹直子『獄中メモは問う──作文教育が罪にされた時代』北海道新聞社，2014年。

戦前の教員が置かれた状況について考えられる本。同題材をもとにした小説である
三浦綾子『銃口』（小学館など）もお薦め。

TEES 研究会編『「大学における教員養成」の歴史的研究——戦後「教育学部」史研究』
学文社，2001年。
戦後の教員養成制度がどのような原則で発足し，その後どのような変容を迎えたの
かについて理解できる一冊。

佐藤学『教師というアポリア——反省的実践へ』世織書房，1997年。
「反省的実践家」としての教職像を理解するうえで必要な一冊。教職の専門性につ
いては，ハーグリーブズ，A.，木村優・篠原岳司・秋田喜代美監訳『知識社会の学
校と教師』金子書房，2015年も重要。

鈴木大裕『崩壊するアメリカの公教育——日本への警告』岩波書店，2016年。
本章では紙幅の関係で取り扱うことができなかったが，新自由主義的な改革のなか
で教職はどのような立場に置かれているのか，またどのような対応が可能なのかを
考えるうえで重要な一冊。

引用・参考文献

愛知教育大学「教員の仕事と意識に関する調査」（HATO プロジェクト愛知教育大学
特別プロジェクト　教員の魅力プロジェクト），2016年。

国立教育政策所編『教員環境の国際比較——OECD 国際教員指導環境調査（TALIS）
2013年調査結果報告書』明石書店，2014年。

教育制度研究会編『要説　教育制度　新訂第三版』学術図書出版社，2011年。

窪田眞二編『すぐわかる！　教育法規　改訂版』学陽書房，2015年。

OECD, "A Teacher's Guide to TALIS 2013: Teaching and Learning International
Survey," 2014.

第8章
学校経営

〈この章のポイント〉

　学校は組織を通して教育活動を提供しており，そのため教育提供のあり方は学校という組織の経営（学校経営）と密接にかかわっている。学校の経営に関する法制度は，学校組織に関する法制度と学校の運営に関する法制度からなっている。近年では，新しい職の設置，組織マネジメントの考え方の導入，保護者や地域住民の学校運営への参画，「チーム学校」の形成などの学校の組織改革・経営改革が進められている。本章では，法制度の側面から学校経営に関する基本的事項を確認するとともに，現在進んでいる学校組織改革に関する特徴とその意義について解説する。

1　学校組織の基本と学校経営

［1］　組織としての学校と学校経営

　学校は組織として教育の提供を行っている。それゆえ，個々の教師が教室で行っている授業をすべて合わせたものが学校の教育活動の全体ではない。学校は，組織としてさまざまな場面でさまざまな教育活動を行っており，組織体であるがゆえに，組織としての学校を維持することも必要である。防災訓練や進路指導などは学校組織全体で提供される教育活動のわかりやすい例である。

　学校は，また，さまざまな要素によって構成されている。人的な要素としての教職員や児童生徒，物的な要素である校地・校舎や教材・校具，財政的要素の管理費や校長裁量経費などの予算，現在では児童生徒や家庭，地域，教職員にかかわる情報も要素の一つとしてあげられるだろう。

　学校は，社会的に公認された一つの社会組織であり，設置目的である教育の提供，より積極的には，教育目標の達成と学校の維持・発展のための機能が求められる。そして，学校がこうした機能を十全に発揮するためには，教員の役割分担が適切に行われ，かつ，学校の教育活動のさまざまな場面において，学校を構成する各要素が効果的・効率的に結びつけられ活用されるよう，その活動が組織的に統括されなければならない。この学校を構成する各要素を結びつけ，教育目標を達成するための機能が，学校経営と呼ばれるものである。

　換言すれば，学校経営とは，学校が教育目標や学校のビジョンと戦略を設定

し，それを実現するためにヒト，モノ，カネ，データなどの経営資源を調達，運用し，組織を通してそれを実現しようとする計画的な営みを意味している。

②　学校経営の対象と学校経営計画

では学校経営はどのような事項をその対象とするのか。一般的には，(1)学校目標の設定，(2)中期的な学校経営計画の立案と実施，(3)教職員の編制と役割分担，(4)児童生徒の編制と管理，(5)施設・設備などの管理，(6)学校予算の管理，(7)学校にかかわる諸情報の収集・整理・分析・保管，といった項目があげられる。

(3)から(7)の項目を有機的・統合的に結びつけ，(2)を立案・実施し，(1)の学校目標の効果的な達成を図ることが学校経営の目的となる。そのため，学校経営にあたっては，学校目標に基づいた中期的・長期的なプランである学校経営計画の立案が重要となる。学校経営計画には，学校目標，各年度の学習指導，生徒指導（生活指導），進路指導等の教育活動の目標，目標達成のための具体的方策，それらを評価する学校評価のあり方などが含まれる。

学校経営を効果的に進めるためには，学校経営の駆動力となる「学校自身がこうなりたいというイメージやあるべき像」と「現実に達成可能なレベル」の両者と，両者の間のギャップが考慮される必要がある。現状と目標の間のギャップを考えて，具体的な目標を立て，それをもとに具体的な取り組みが設定されて，学校経営計画が形成されていくことになる。

こうした学校経営計画は，校長のリーダーシップのもと作成されるが，全教職員にビジョンが共有されていることが重要である。そのため作成にあたっては，全教職員がかかわり，全員で共有することが求められている。

③　学校経営における組織マネジメント手法の活用と学校評価

学校経営計画の策定と活用においては，組織マネジメントの手法の活用が注目をされている。端的に示せば「計画（Plan）→実施（Do）→評価（Check）→改善（Action）」といったPDCAサイクルの導入である。校長のリーダーシップのもと学校の現状や保護者・地域住民のニーズなどを総合的に勘案した学校経営計画が立案され（P），全教職員の共通理解のもと計画が実施され（D），その成果と課題が正しく評価され（C），そうした評価に基づいて計画の改善が行われ（A），次年度のより効果的な学校経営計画が立案される（P），というサイクルの形成である（図8-1）。

このマネジメントサイクルの中心を形成するものの一つが，学校評価である。学校評価とは，より良い教育の提供のために，その教育活動等の成果を検証し，学校運営の改善と発展を目指すための取り組みをさす。学校教育法で

は，第42条で学校評価に関する根拠規定を定めるとともに，学校の積極的な情報提供について規定（同第43条）している。また，それらを受け，学校教育法施行規則において，自己評価とその実施義務（同第66条），学校関係者評価とその実施の努力義務（同第67条），および，それらの評価結果の設置者への報告を規定（同第68条）している。学校評価ガイドラインでは上記2つの方法とともに，第三者評価（任意実施）を含めた3つの学校評価の方法が示されている。▷1

実効性がある学校評価がなされることで学校は，学校の組織的な力量（現在の学校でどこまで頑張れるのか）も含めた現状・現実を知ることができ，その結果，子どもの成長（自分たちの活動にどんな意味があったのか）を実感できるとともに，より学校の状況に合った学校経営計画を立てることができる。

学校評価として，児童生徒や保護者，地域住民などへのアンケート調査等が積極的に行われてきているところではあるが，より実効性がある学校評価の実現のためには，アンケート主義を超えて，学校活動のポートフォリオの活用（成功・失敗の具体的な事例の収集），客観的な情報・資料に基づく学校の成果の明示化，全教職員が参加し納得する手続き（学校目標の全教職員の共有化）など，エビデンスに基づいた評価が必要となる。学校評価は，学校という単位で行われる自省的で内発的なリフレクションと捉えられるだろう。

現在の学校には，組織マネジメントの手法の活用やエビデンス・ベースの学校経営が求められており，そのために組織的で協働的で形成的な学校評価が重要となっていると言えるだろう。▷2

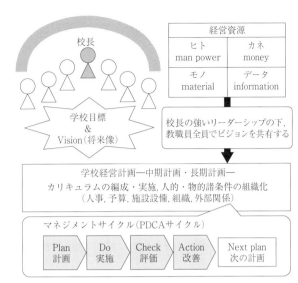

図8-1　学校経営のイメージ図
出所：筆者作成。

▷1　自己評価は，設定した目標や具体的計画に照らして，達成状況や達成に向けた取り組みの適切さなどについて評価を行うものである。学校関係者評価は，保護者，学校評議員，地域住民，青少年健全育成関係団体の関係者などで構成された委員会が，自己評価の結果について評価することを基本として行うものである。第三者評価は，学校とその設置者が実施者となり，学校運営に関する外部の専門家を中心とした評価者により，自己評価や学校関係者評価の実施状況も踏まえつつ，専門的視点から評価を行うものである。

▷2　形成的評価とは，教授活動を通して学習者がどの程度理解したかを確認するための評価をさす。学校経営に関して形成的評価を行うということは，学校の教育目標に照らして，現在の学校が目標を達成しつつあるかどうか，どのような点で活動計画の修正が必要であるかを知るために行われる評価を意味する。

2　学校の組織

1　学校組織の基本構造——学校を形成する職

このように学校経営は，ヒト・モノ・カネ・データを学校の教育目標の達成のために有機的に結びつける機能である。ではこうした学校経営の基本を形成するヒト，つまり人的構成要素はどのようなものであるのだろうか。

学校に配置される職は，学校教育法第37条（中学校には準用）に規定されてお

第Ⅱ部　学校教育を支える仕組み

り，校長，教頭，教諭，養護教諭および事務職員が置かれなければならない職となっている。また，副校長，主幹教諭，指導教諭，栄養教諭，その他必要な職員が任意で設置することができる職とされている。[3]

▷3　学校に配置される職は，副校長を置く場合や特別の事情のある時は教頭を，養護をつかさどる主幹教諭を置く時は養護教諭を，特別の事情のある時は事務職員を置かないことも可能である。例えば，教師数が少ない僻地校などでは，教頭や養護教諭，学校事務職が置かれていない場合もある。

▷4　校長の資格要件は，学校教育法施行規則に規定されており，教育に関する職に10年以上あったことである。ただし，学校の運営上とくに必要がある場合には，上記資格を有する者と同等の資質を有すると認める者も校長にでき，民間人校長は，この規定を根拠に任命権者の判断に基づいて登用されている。

２　校長と教頭の職務

　学校経営の要となるのが校長である。[4]校長の職務は「校務をつかさどり（校務掌理権），所属職員を監督する（所属職員監督権）」（学校教育法第37条）ことである。このことは，校長が(1)教育の実施運営にかかわる事項，(2)教職員にかかわる事項，(3)児童生徒にかかわる事項，(4)学校の組織運営にかかわる事項，(5)施設・設備にかかわる事項，(6)外部関係等の学校の校務の全体に対して，最終的な意思決定の権限を有している（つかさどる）ことを意味している（表8-1）。つまり校長は，学校経営の全般について責任をもつ管理職であり，教職員を監督し必要な職務命令を発令でき，職務全体を通じて学校の教育目標を効果的に達成することを責務とする者である。

　さらに学校は，組織としての「学校の意思」を外部に表明することを求められることがあるが，これはすべて校長を通してのこととされている。例えば，学校で児童が怪我をし，それが単なる事故なのか教員の安全配慮に問題があったのかを外部から問われる場合，それぞれの教員がそれぞれの判断で，ばらばらの意見をそのまま外部に説明することは大きな問題である。そこで，校長のみが「学校の意思」を外部に表明できることになっている。

　今日では，学校のマネジメントサイクルを効果的にまわし，自律的に学校改善を進めるための校長のトップマネジメントやリーダーシップの発揮に期待が集まっている。地域住民の学校運営への参画を得て学校内外の環境の変化や諸条件を読みとりながら学校目標と学校経営計画を策定し，教職員の同僚性を高め，効果的な教育活動を展開し，実効性のある学校評価を行い，その結果を活用して学校改善を進められる校長の確保が今後の課題となっている。

表8-1　校長の職務の例

組織編成・教育課程	児童生徒	教職員
・教育課程の編成	・入学・転学の許可，退学・休学の許可	・校務の計画執行
・年間指導計画の策定	・出席簿の作成，出席状況の把握	・教職員の服務監督
・授業始業時刻の決定	・指導要録の作成	・異動，懲戒について都道府県教育委員
・時間割の決定	・課程の修了および卒業の認定	会への内申
・補助教材の選定	・卒業証書の授与	・教職員の採用，異動，懲戒に関する教
・学校行事の実施	・児童生徒の懲戒	育委員会への意見の申出
・学級担任，教科担任の決定	・進学に際しての調査書などの送付	・校内人事，校務分掌の決定
・学校評議員の人選	・伝染病感染予防のための出席停止	・勤務時間の割振り，年休の承認など

出所：筆者作成。

次に、教頭の職務は、「校長を助け、校務を整理し、及び必要に応じ児童の教育をつかさどる」(同第37条)ことである。校務の整理とは、事務上のとりまとめだけではなく、中間においての調整も含んでおり、職員間の意見の対立の調停、教職員間の考え方の調和なども教頭の職務である。また、多くの学校において、渉外、例えば外部の専門家との連絡調整や地域との関係づくりなども教頭の役割となっている。さらに、校長に事故のある時はその職務を代理し、校長が欠けた時はその職務を代行することも教頭の職務である。

教頭は、校長に次ぐ学校のナンバー2として校長を補佐し、学校の教育目標の達成を目指すことが求められていると言えるだろう。

3 新しい職の設置と学校組織改革の意義

日本の学校組織は、長い間、校長、教頭、(主任)、教諭で形成されてきたが、学校教育法の改正(2007年)により、副校長、主幹教諭、指導教諭の3職を設置者の定めで設置できる改革が行われた。確認していこう。

① 副校長

校長を助け、命を受けて校務をつかさどることを職務とする(同第37条)。校長から命を受けた範囲の校務を自らの権限で処理ができる点で、校長を助ける一環で校務の整理を職務とする教頭とは異なる役割が設定されている(図8-2)。

② 主幹教諭

主幹教諭の職務は、校長、(副校長)、教頭を助け、命を受けて校務の一部を整理すること(同第37条)である。主幹教諭は、校長や教頭といった学校管理職の補佐役とほかの教員をリードするというミドルリーダーとしての役割を有していると言えるだろう。

副校長や主幹教諭を設置することで、例えば、通常の校務処理は校長・教頭のラインで行い、副校長・主幹教諭を中心とするラインに地域連携を任せることで、地域連携を効果的に進めることなどができるようになると考えられる。

③ 指導教諭

学習指導の強化・充実に関する新しい職として設置されたものが、指

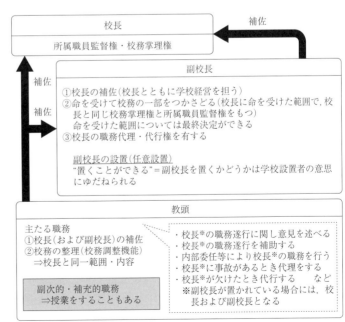

図8-2 校長・副校長・教頭の職務の整理
出所：筆者作成。

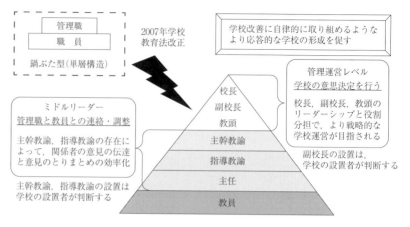

図8-3 学校組織改革の意義
出所:筆者作成。

導教諭である。学校教育法では、児童の教育をつかさどり、教諭その他の職員に対して、教育指導の改善および充実のために必要な指導および助言を行うと規定（同第37条）された。所属する学校の児童生徒の実態等を踏まえ、他の教師に対して教科指導や授業改善に関する指導・助言を行う学校内の授業改善リーダーとしての役割が課せられていると言えるだろう。

　これら新しい職の設置による学校組織改革はどのような意義をもっているのか（図8-3）。新しい職の設置は、学校組織を「鍋ぶた型組織（単層構造）」から、「ピラミッド型組織（重層構造）」へと変化させるものと捉えられる。戦後教育改革以降つくられてきた「鍋ぶた型」の学校組織は、非常に水平的な組織であり、個々の教員がフラットに存在し、民主的な意思決定がしやすいというメリットをもつ。一方でそうであるがゆえに、学校の意思決定ではコンセンサスが重視され、大きな改革や迅速な意思決定、即時的な応答を苦手としている。

　「ピラミッド型」の組織は、校長、副校長、教頭の運営レベルのリーダーシップによる意思決定の迅速化と明確化、主幹教諭、指導教諭、主任等のミドルリーダーによる運営レベルと教諭の間の意思伝達の効率化（運営レベルから教諭に対するミドルリーダーのライン構造を活用した迅速な意思の伝達と、ミドルリーダーによる教諭の意見をとりまとめた形での運営レベルへの伝達）を図ることで、改革志向や応答性の高まりというメリットがある。反面、トップだけの判断で学校方針が決定されやすくなるという欠点ももつ。

　学校が大きな変化を求められず、地域や保護者から大きな信頼を得ている時代では、学校は「鍋ぶた型」で構成員全体のコンセンサスを図りながら、漸進的に改革を進めていけばよい。一方で、学校改善や保護者や地域のニーズへの対応が求められる時代には、「ピラミッド型」で、さまざまなニーズや課題に

対して応答的にふるまい，学校改善を自律的に進めることが必要である。

　現在の学校は，地域や保護者の要望に迅速に対応する，より応答的な組織であることが求められており，また，自律的に学校改善に取り組んでいくことも期待されている。上記はそのための学校組織改革だと捉えられる。

　ただしこのことは，校長だけが組織マネジメントに関する知識をもち，トップダウン式にマネジメントが行われればよいことを意味しているわけではない。リーダーシップは，特定の個人や職位に属する個人的な資産ではなく，教員の専門性を高め，成員の当事者意識を向上させ，成員全員を参加させ，同僚的な相互作用を高めるような組織的資産である。したがって，ピラミッド型の組織であったとしても，学校目標の共同形成や共通理解，学校目標の達成のための自己の役割と位置づけを認知している教員構成，組織における同僚性の形成などもまた必要不可欠なものである。後に述べる「チーム学校」の構築なども踏まえると，校長のリーダーシップとラインスタッフの活用という側面と，教員同士のフラットな組織の活用の両者を，場面によって使い分けるような柔軟な経営，その意味ではより高度な学校経営が求められていると考えられるだろう。

〔4〕　学校事務職員の役割

　学校経営改革のなかで改めて注目されているのが，学校事務職員である。学校を組織化していくためには，学校事務職員の存在とその役割は重要である。学校事務職員は，市町村に所属する地方公務員としての身分を有しており，役割は，各学校におけるヒト・モノ・カネ・データの管理である。例えば，各種証明書の作成・発行，転出・転入などの在籍児童生徒の学籍に関する管理，職員の給与支給や休暇・休業や勤怠，あるいは，旅行命令や出張旅費に関する管理事務，施設・備品・消耗品の管理，文書管理などにおよぶ。2017（平成29）年の法改正により，事務職員が主体的に校務運営に参画するよう職務規定の見直しと学校事務を共同して処理する「共同学校事務室」の設置の制度化が図られた。

　学校が組織として活動する以上，学校事務活動は必要不可欠であり，こうした事務活動は学校改善を下支えするものである。例えば，学校全体の予算やその会計の仕方，新しい授業開発に使用できる教材・教具の数などは，教員よりも事務職員が詳しい情報をもっている。学校改革を進める際には，学校事務職員との連携・協働をいかに高めていくのか，学校事務職員が蓄積してきたノウハウをどう学校改善に生かしていくのかが重要となる。

第Ⅱ部　学校教育を支える仕組み

3　校務の分掌と職員会議

1 　校務分掌と主任制度

　学校では，授業や学級経営といった直接的な教育活動だけではなく，学校を組織として維持するための活動も行われている。例えば，(1)教育課程の編成や時間割，副教材の選定などの教務的な活動，(2)生徒指導や校外での補導などの生徒指導的な活動，(3)安全教育や疾病予防，教育相談などの保健的な活動，(4)キャリア教育などの進路指導的活動，(5)行事やPTA対応などの総務的な活動，(6)校内研や研究活動をリードする研究的な活動などである。

　例えば，防災訓練を考えると児童生徒の視点では訓練の実施の場面から活動が始まるが，実施の前には日程や授業との調整，消防署・保護者などの外部との連携や避難経路の設定といった舞台裏での準備が必要となる。こうした舞台裏での準備は，学校外の誰かがしてくれるわけではなく教職員の仕事である。

　こうした校務を効果的に処理するために，学校では職務の種類と責任の範囲を定めて教職員にそれらを割り当てることが行われている。それが「校務分掌」である。例えば，(1)については教務部，(2)については生徒指導部を設置し，そこに教員を配置して活動していく形である。多様な校務を効果的にこなしていくためには，校務分掌のような役割分担が必要不可欠である[5]。

▷5　学校教育法施行規則では，校務分掌の仕組みを整えることが規定されているが，分掌組織の具体的なあり方は各学校に任されている。

　校務分掌の効率的運用には，委員会ごとや校務のまとまりごとに中核的なリーダーが求められる。そうしたリーダー的な役割を果たすことを目的として「主任」が制度化されてきた（表8-2）。主任制度は，学校の組織内部の仕事の統合と，その効果的な配分，さらに人間関係のモラールを高めるための協働を図るリーダー（指導者）として主任を配置して，効果的な学校経営を図ろうとするものである[6]。

▷6　「学校教育法施行規則の一部を改正する省令の施行について」（1976年）では，教務主任，学年主任，生徒指導主事，進路指導主事は教諭をもって充てること，「校長の監督を受け」，「連絡調整」「指導・助言」「企画・立案・実施」「校長の補佐」が主任の職務であることが規定された。また，保健主事は教諭または養護教諭をもって充て「保健に関する事項の管理」を行い，事務主任は事務職員をもって充て「事務をつかさどる」ものとされた。

表8-2　学校に設置される主任の種類

学校種別	必　置	置かないことができる		置くことができる
		特別の事情	当分の間	
小学校		教務主任，学年主任，保健主事	司書教諭（学級数が11以下）	その他の主任など事務主任
中学校	進路指導主事	教務主任，学年主任，保健主事，生徒指導主事	司書教諭（同上）事務主任	その他の主任など
高等学校	進路指導主事事務長	教務主任，学年主任，学科主任（2以上の学科の時）農場長（農業高校），保健主事，生徒指導主事	司書教諭（同上）	その他の主任など

出所：筆者作成。

第**8**章　学校経営

2　職員会議

　学校経営では，教職員間の意見交換や学校方針について共通理解を図ること，あるいはさまざまな課題について全員で解決の方法を考えることが求められるが，職員会議がそうした役割を果たしている。職員会議は学校運営の柱となっているが，長らく法的な規定はなかった。2000（平成12）年の学校教育法施行規則改正で法的に位置づけられ，同規則で職員会議は，校長の職務の円滑な執行に資するために設置するとされ，「校長の補助機関」とされた。また，設置者の定めるところにより置くことができるとされ必置ではない。

　職員会議は，校長の職務の円滑な執行に資するために校長が主宰し，学校の管理運営に関する方針等の周知や教職員の意見聴取，教育方針，教育目標，教育計画，教育課題への対応方策等に関する職員間の意思疎通を図ることや共通理解の促進，職員の意見交換や連絡調整が役割とされている。

　ただし，こうした法的に定められた役割以外でも，効果的な学校運営のために教員間で共有しておくべき情報は数多く存在する。例えば，不登校のリスクがある児童生徒についての情報を職員会議で共有することで，担任以外の教師が状況を理解しないまま行った指導により不登校が引き起こされる事態を予防できるだろう。このように，実際の職員会議は，さまざまに活用されていることには注意しておきたい。[7]

3　学校安全と学校における危機管理

　学校は，児童生徒に教育提供をする施設であり，長時間にわたり子どもたちが活動するため安全の確保が強く必要とされる。不審者対応や登下校時の安全確保を中心とした学校安全の確保・安全教育と，震災対応を中心とした学校防災対策といった学校内外において突発的に発生し，その後の被害の拡大が予想される事件・事故・災害の発生時の安全管理が求められている。学校保健安全法においては，学校内外で児童生徒らの安全を守るための取り組みを効果的に進めるために，校長等管理職のリーダーシップの下で学校の実情に応じた学校安全計画（第27条）や危険等発生時対処要領（危機管理マニュアル，第29条）を策定し，体制を整備することが定められている。

　このうち安全教育は，安全について適切な判断力を養うための安全学習と安全についての実践的で望ましい習慣形成をねらいとする安全指導の２つの側面があり，児童生徒ら自身に安全を守るための能力を身につけさせることを目的に行われる。[8]実施にあたっては，教員による指導だけでなく，学校設備点検のうち簡単で安全に行えるものを児童生徒に担当させるなどの工夫や，地域の消防署や警察署と連携した避難訓練・防災訓練や安全教室の開催などの外部の専

▷7　その一方で，長時間にわたる職員会議が教員の多忙化の背景となっているとの指摘もある。働き方改革のなかで学校も業務改善が求められているが，その一つとして職員会議や学年会の時間の見直しが求められている。

▷8　具体的には，(1)安全の課題に対して適切な意思決定や行動選択ができる，(2)さまざまな危険を予測して自他の安全に配慮した行動をとることができ危険な環境の改善ができる，(3)学校，家庭および地域社会の安全活動に進んで参加し，貢献できる，といった能力や態度の形成などがあげられる。

121

第Ⅱ部　学校教育を支える仕組み

門家の活用も考えられる。

　次に，学校の安全管理は，教職員が中心となって行うものであり，対物管理と対人管理からなる。対物管理については，例えば，学校周辺の環境面（津波・地割れ・地滑の可能性，交通量）や学校の施設・設備面について，有する危険を調査し，必要な対策を立てることである。また，大規模災害時に避難所として学校が使用される場合についても，想定しておくことが必要である。対人管理については，事故や災害等発生時の中核的な役割を果たす教員の組織化や地域住民との連携，保護者対応，児童生徒の心のケアなどがあげられる。

▷9　安全管理においては，組織体制の構築や教員研修，設備の点検，避難訓練などの事前の危機管理をしっかりと行うことで，災害等発生時の危機管理と発生後の危機管理を効果的・効率的に行うことができる。発生時の危機管理にはその場における児童生徒，教職員の身体の安全の確保（初期対応）と迅速な情報収集と避難（二次対応）などがあり，発生後の危機管理には安否確認や対策本部の設置，保護者対応や児童生徒の心のケアが含まれる。

　大規模災害への対応という側面からは，地域住民・保護者と連携した安全確保が必要不可欠である。大規模災害時に避難場所に誘導した児童生徒を保護者に間違いなく引き渡すことや，状況によっては安全な避難所に待機し続けるよう要請するなどの対処が求められる場合もあることを考えると，例えば，津波被害を想定した防災訓練において，近隣の小学校の児童や地域住民を含めた屋上への避難と保護者への引き渡しからなる防災訓練の実施など，地域住民や保護者も巻き込んだ避難訓練・防災訓練を計画・実施する必要があるだろう。

4　教育委員会と学校──学校管理規則

　教育委員会制度とは，首長から相対的に独立した行政委員会であり，教育・学術・文化に関する行政をつかさどる合議制の執行機関である教育委員会を設置し，地域の教育・学術・文化にかかわる事務を所管させる仕組みである。

　教育委員会は，地方教育行政の組織および運営に関する法律に基づく公立学校の管理機関であり，学校管理規則を定めて学校が決定・処理する事項と教育委員会の判断を受けて処理するべき事項を区別し学校の管理にあたっている。学校管理規則では，教育課程や副教材等の教育委員会への届け出，指導要録や出席簿の様式，学校評議員の設置等について規定されていることが多い。

　分権改革のなかで，自律的な学校改善への支援機関としての役割が教育委員会には求められている。研究授業や校内研修への指導主事の派遣，学校経営や学校評価，学校事故や生徒指導上の問題への対応などさまざまな支援が必要とされている。

4　新しい時代の学校組織を目指して

　現在，地域住民や保護者の学校運営への参画が進められている。教育基本法（第13条）では，学校，家庭，地域住民がそれぞれの教育役割を自覚したうえで相互連携することが述べられている。こうした政策動向の背景には，地域に開かれた学校，地域に根ざした学校の実現がある。「我が国の地方教育行政の今

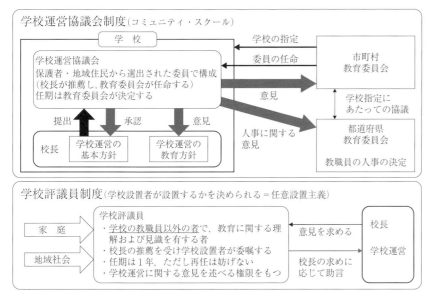

図8-4　地域住民の学校運営への参画の具体的な制度の例
出所：筆者作成。

後の在り方について（答申）」（1998年）や「今後の学校の管理運営の在り方について（答申）」（2004年）では，保護者・地域住民などの意向を把握し反映していくこと，保護者・地域住民などの協力を広く得ること，学校の実情に関してアカウンタビリティを十分に果たしていくことなどを目的として，地域住民の学校運営への参画が提言されてきた。

具体的な制度としては，学校評議員制度や学校運営協議会（コミュニティ・スクール）制度が運用されている（図8-4）。ほかにも，保護者や地域住民の学校参加制度としては，地域学校支援本部事業などが進められている。

こうした改革の流れは「チームとしての学校の在り方と今後の改善方策について（答申）」（2015年）が出されたことで新しい段階に入った。複雑化・多様化した課題を解決していくためには，次世代の学校・地域創生をテーマとして，学校の組織としてのあり方や，学校の組織文化に基づく業務のあり方などを見直し，「チームとしての学校」をつくりあげていくことが大切であるとし，学校における業務の進め方や校務分掌のあり方を再構成することを強く求めている（図8-5）。

チームとしての学校は，校長のリーダーシップのもと，カリキュラム，教育活動，学校の資源が一体的にマネジメントされ，教職員や学校内外の多様な人材が，それぞれの専門性を生かして能力を発揮し，子どもたちに必要な資質・能力を確実に身につけさせることができる学校とされている。「チーム学校」の考え方は，教員を中心に，多様な専門性をもつスタッフを学校に配置し，学校の教育力・組織力を向上するとともに，校長のリーダーシップのもと，教職

員と専門スタッフがチームとして適切に役割分担することで，教員を子どもへの指導に専念させようというものである。また，保護者や地域住民の学校への参画は，新学習指導要領における開かれた教育課程やカリキュラム・マネジメントという形でも，その進展が求められている。

こうした「チーム学校」は，理想的に語ることもできるが，すでに非正規職員・支援員などが配置されている学校などの事例を見ると，人的資源の集結も学校の役割となり，その意味で校長には今までとは違う高度なマネジメント力が問われることにもなる。これまでの学校の組織化が，学校のなか（教師）の組織化であったことに対して，「チーム学校」の組織化は，外部の専門家も含めた組織化を意味している。外部の専門家は，養成制度，文化，人事，スケジュール，専門性などが教師とは大きく異なっており，こうした多職種に対す

▷10 専門スタッフにはスクールカウンセラー（SC）やスクールソーシャルワーカー（SSW），医師・看護師，図書館司書などがあげられる。また，支援員（サポーター）としては学習補助，実験補助，部活動指導などそれぞれの目的を十分果たせるような地域人材があげられる。

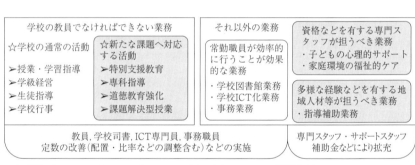

図8-5 教員とその他の専門スタッフの役割
出所：筆者作成。

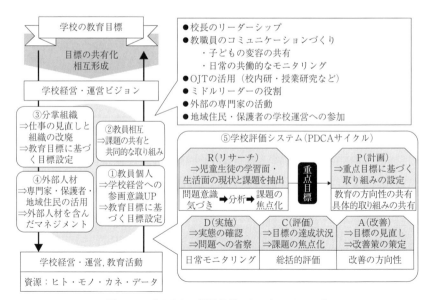

図8-6 求められる学校経営のあり方のイメージ
出所：筆者作成。

る人材マネジメントを可能にするための仕組みや校長のリーダーシップは，非常に高度なものが要求されることになるだろう（図8-6）。

　こうしたことの実現のためには，学校全体の教育力を高めていくことや学校の組織的力量が向上するような改革が進められることが必要であろうし，学校を，「子どもたちが学習する場」から，それに加えて，「専門家である教員が，その専門性を伸ばしていくことができる場」（Professional Learning Community）へと変化させていくことも重要となろう。そうしたことを可能とする学校組織と学校経営が必要とされていると言えるだろう。

Exercise

① 学校の教育目標形成を共同で行い，教職員の全員がそれを共通理解するためにはどのような仕掛けがあるか考えてみよう。
② 「チーム学校」において，学校外の専門家（SCやSSW）と効果的な連携をとるためにはどのような仕組みが必要となるか考えてみよう。
③ 地域住民や保護者に信頼をもって学校運営に参画してもらうためには，どのような情報を共有する必要があるか考えてみよう。

📖次への一冊

髙木展郎・三浦修一・白井達夫『チーム学校を創る』三省堂，2015年。
　　本書は，チーム学校に関して，チームとしての学校組織のあり方，チームにおける校長，ミドルリーダー，教員の役割，チームの力を高める研究・研修のあり方について論考したものである。
藤原文雄編著『校長という仕事・生き方――「チーム学校」時代における校長の役割と登用』学事出版，2016年。
　　本書は，多くの事例の考察と海外事例の検討を通して，チームとしての学校が求められている現代における校長の役割について考察したものである。
末松裕基ほか編著『教育経営論（教師のための教育学シリーズ）』学文社，2017年。
　　教育行政，学校経営の両者に関するテキスト本。学校経営に関しては，学校と地域，学校作りの組織論，スクールリーダー，リーダーシップ論などについて詳しく解説されている。
木岡一明『新しい学校評価と組織マネジメント――共・創・考・開を指向する学校経営』第一法規，2003年。
　　本書は，学校において組織マネジメントが必要とされる意味，組織マネジメントの基本的視点，マネジメントの考え方や手法などに関して実例をあげて考察したものである。

第Ⅱ部　学校教育を支える仕組み

引用・参考文献

浜田博文編著『学校を変える新しい力』小学館，2012年。

小島弘道・勝野正章・平井貴美代『学校づくりと学校経営（講座　現代学校教育の高度
　　化)』学文社，2016年。

北神正行編著『「つながり」で創る学校経営（学校管理職の経営課題──これからのリー
　　ダーシップとマネジメント)』ぎょうせい，2011年。

中央教育審議会「チームとしての学校の在り方と今後の改善方策について（答申)」
　　2015年 a。

中央教育審議会「新しい時代の教育や地方創生の実現に向けた学校と地域の連携・共働
　　の在り方と今後の推進方策について（答申)」2015年 b。

第9章
学校と家庭・地域の連携

〈この章のポイント〉

　子どもにとって学びの場や機会は学校だけで得られるわけではない。最初の学びの場は家庭であり，学校をとりまく地域にもさまざまな学びの機会がある。本章では，最初に家庭教育の現状を述べ，次に地域におけるさまざまな学びの場を紹介する。そのうえで，近年の教育施策の動向を踏まえ，学校と家庭・地域の連携が求められる背景と具体的な連携，さらには協働のあり方について解説する。

1　家庭教育とその支援

1　家族と家庭教育の現状

　現代は「家族の時代」である。例えば，統計数理研究所の「日本人の国民性調査」によると，「あなたにとって一番大切と思うものは何ですか。一つだけあげてください」という質問に対して，回答者の46％は「家族」と答えている。最初の1953（昭和28）年の調査では，「家族」という回答は，「生命・健康・自分」「愛情・精神」「金・財産」に次いで第4位（12％）であったが，2013（平成25）年調査では，第2位の「生命・健康・自分」は19％に過ぎず，圧倒的な1位である。ところが，その一方で，家族の現状については，乳幼児の保育から老人の介護まで，さまざまな問題が指摘されている。

　家庭教育は，子どもの教育において，学校教育とともに車の両輪にたとえられる。家庭教育はすべての教育の出発点であり，子どもが基本的な生活習慣・生活能力，豊かな情操，他人に対する思いやりや善悪の判断などの基本的倫理観，自立心や自制心，社会的なマナーなどを身につけるうえで重要な役割を果たすことが期待されている。しかし，その一方で，「家庭の教育力の低下」がわが国で叫ばれてから久しい。例えば，2001（平成13）年の国立教育政策研究所の調査によると，家庭の教育力の低下について，「全くそのとおりだと思う」（17.8％）と「ある程度そう思う」（49.4％）の合計は6割近くにまで上っている（文部科学省，2006）。

▷1　同調査は1953年に始まり，現在まで5年ごとに実施されている。調査対象は20歳以上の男女個人。ここで取り上げた項目のほかにも，個人的態度から社会的問題までさまざまな調査項目が設けられている。

第Ⅱ部　学校教育を支える仕組み

２ 家庭教育に関する法律

　2006（平成18）年に全面的に改正された教育基本法には，次のとおり「家庭教育」に関する規定（第10条）が新設された。

> 第十条　父母その他の保護者は，子の教育について第一義的責任を有するものであって，生活のために必要な習慣を身に付けさせるとともに，自立心を育成し，心身の調和のとれた発達を図るよう努めるものとする。
> ２　国及び地方公共団体は，家庭教育の自主性を尊重しつつ，保護者に対する学習の機会及び情報の提供その他の家庭教育を支援するために必要な施策を講ずるよう努めなければならない。

　このうち第１項は，まず保護者が，子どもの教育について「第一義的責任を有する」ことを確認している。この「第一義的責任」については，子どもの権利条約において，「父母又は場合により法定保護者は，児童の養育及び発達についての第一義的な責任を有する」（第18条）と明記されており，2003（平成15）年に成立した「少子化社会対策基本法」及び「次世代育成支援対策推進法」においてもそれぞれ「父母その他の保護者が子育てについての第一義的責任を有する」と規定されている。

　そのうえで，教育基本法は保護者による家庭教育の役割として「生活のために必要な習慣を身に付けさせるとともに，自立心を育成し，心身の調和のとれた発達を図る」ことをあげている。文部科学省の説明によると，家庭教育の内容については，本来保護者の自主的な判断に基づいて行われるべきものであるから，本条文では家庭教育の基本的な機能を示しただけであり，具体的な教育内容を規定したものではないとされる（教育基本法研究会，2007，138ページ）。家庭教育を法律で定めることについては，国の介入として批判する向きもあるが，同法によって，家庭教育支援の努力義務が国および地方公共団体に課された意味は少なくない。

３ 家庭教育の重要性

　今日の研究動向では，家庭がいかに学校，あるいは子どもの学力を規定しているかを明らかにしている。例えば，『文部科学白書2009』に掲載されている図を見てみよう（図９−１）。

　このデータは，保護者の普段の行動と子どもの学力との関係を示したものである。学力テストの正答率が高い層と低い層の保護者の回答の割合の差を示したものであり，縦軸の値が大きい項目ほど，正答率の高い層の保護者の方がよりそのような行動をとっていることを示している。本（雑誌や漫画を除く）をよく読み，美術館巡りをするような親の子どもの学力は相対的に高く，スポーツ

▷２　旧法の規定は，「家庭教育及び勤労の場所その他社会において行われる教育は，国及び地方公共団体によって奨励されなければならない」（第７条）というものであった。

▷３　子どもの権利条約
1989年に国連総会で採択された子どもの人権を保護するための国際条約で，わが国は1994年に批准した。

▷４　少子化社会対策基本法では，「少子化に対処するための施策は，父母その他の保護者が子育てについての第一義的責任を有するとの認識の下に，国民の意識の変化，生活様式の多様化等に十分留意しつつ，男女共同参画社会の形成とあいまって，家庭や子育てに夢を持ち，かつ，次代の社会を担う子どもを安心して生み，育てることができる環境を整備することを旨として講ぜられなければならない」（第２条）と定められている。

▷５　次世代育成支援対策推進法では，「次世代育成支援対策は，父母その他の保護者が子育てについての第一義的責任を有するという基本的認識の下に，家庭その他の場において，子育ての意義についての理解が深められ，かつ，子育てに伴う喜びが実感されるように配慮して行われなければならない」（第３条）と定められている。

128

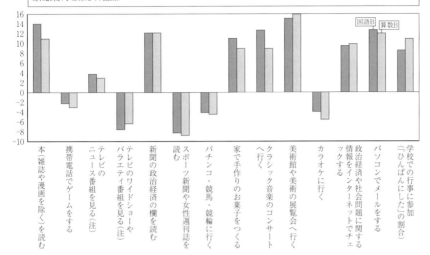

図9-1　親の普段の行動と子どもの学力の関係
出所：文部科学省（2010），16ページ。

新聞や女性週刊誌をよく読み，テレビのバラエティ番組を見ている親の子どもの学力はそうではない，ということになる。ただし，ではスポーツ新聞をよく読み，バラエティ番組をよく見る保護者が，一時それを我慢し，本を読み美術館に出かけると子どもの学力が高まるかというとそういう問題でもない。この問題がやっかいなのは，そうした行動に象徴される，これまで本人に長年蓄積された「普段の行動」（一種の「文化」）はなかなか変えられるものではなく，それが子どもの学力を規定している点である。◁6

4　矯正教育◁7からの示唆

　家庭教育の実態については，実はあまりよくわからない。今日のわが国において，「密室」のような家族，しかも「個人化」が進む家族の平均的な「現状」はそもそも把握することができないのかもしれない。それでも，その実態が垣間見られる時がある。その一例が，少年非行に対応する矯正教育の現場である。そこで見る家族の姿は，平均からははずれた（非行とは逸脱のことなので）姿かもしれないが，家庭教育が機能しなかったところから，逆に家庭教育の本質を照らし出しているようにも見える。

　法務省矯正局（1999）の冊子では，現代の非行と家族関係が次のように描かれている。

　　鑑別の中で次第に浮き彫りにされる家族の状態には，何かがおかしいと思わせるも

▷6　近代の選抜の基本は，能力＋努力＝業績というメリットクラシーであるが，近年では「ペアレントクラシー」つまり，（保護者の）富＋願望＝選択という新たな選抜のメカニズムが指摘されている。わが国でも，ペアレントクラシーへの道を歩んでいるという見方もある。

▷7　**矯正教育**
非行や犯罪を犯したものを矯正して社会に復帰させる教育をさす。そして，矯正とは少年院などに収容されている者の改善更生のための処遇を行うことをさす。

第Ⅱ部　学校教育を支える仕組み

> のがある。家庭という入れ物に収まりながらも，互いに向き合おうとせず，痛いとこ
> ろから目をそらしている人々の姿がそこにある。例えばそれは，夫婦とか兄弟姉妹と
> いった横の連帯が希薄で分断された家族であったり，人間臭さが除かれ，知的に作り
> 上げられた虚構の家族であったり，自然な自分らしさが認められず，親や友達から笑
> 顔で迎えられる自分しか演出できない舞台としての家族である。

そして，「新しい家族関係を作り上げる」ために必要なこととして次のこと
があげられている。

> 　思春期の少年は，自分自身の在り方を問うことを通じて，それぞれの親子関係，ひ
> いては家族全体とのかかわり方を作り直さなければならない。この課題を家族が協力
> して乗り越えていくために，親は何を心掛ければよいのだろう。百人百様の家族があ
> る中で，これだという答えはとても見つけられそうにない。しかし，少なくとも，多
> 少の傷や痛みを覚悟の上で，小さなつまずきの度に親子がきちんと向き合うことが必
> 要であろう。それを可能にするためには，ありきたりのことだが，普段からなるべく
> 日常的な会話を重ねておくこと，そして子どものいい面はできるだけ褒めておくこと
> が欠かせない。家族のつながりが底流に確保されており，また，子どもの中に褒めら
> れるに値する自分が育っていることが，逃げずに向き合える関係を築く上で必要であ
> る。

また，同じ法務省矯正局（1998）の別の冊子では，矯正教育においては，「こ
れにさえ従えば大丈夫というマニュアルや，これさえ服用すればたちまちのう
ちに治るという妙薬は，存在しない」と述べたうえで，「子どもが変化したと
しても，矯正教育の働きかけの本質的な部分は変わらない」としている。「そ
れは，人と人のつながりを通じて，彼らに対し，自分が『必要とされている』
実感を持たせるという，ある意味では，当たり前のことを地道に行うことであ
る」。このあたりに，教育という関係の，ある種の普遍性が示されているよう
に見える。

2　地域のなかの多様な学びの機会

1　公的な施設と NPO の取り組み

　子どもたちの学びの場は学校，家庭以外にも子どもたちがそこで生活する地
域がある。ここには子どもの成長や居場所という意味も含めて，さまざまな施
設や機会が入る。本節では，まず，公的な施設や NPO[48] を中心とする取り組み
を見てみたい。

　代表的な社会教育施設である公民館，図書館，博物館も子どもたちの学びの
場であるが，同じく文部科学省所管の施設として，青少年教育施設がある。例
えば，青少年自然の家，青少年交流の家，児童文化センターなどがこれに当た

▷8　NPO (Non-Profit Or-
ganization)
民間の非営利団体で，政府
や企業などとは異なり，社
会問題に非営利で取り組む
民間団体のこと。

130

る。青少年自然の家は，野外活動や環境学習など自然体験を中心とした教育プログラムの企画および実施を行っている。青少年交流の家は，ボランティア活動や就労体験など交流体験を中心とした取り組みを実施している。また，児童文化センターは，身近な場所ですぐれた文化財に接し，文化的諸活動を学習するとともに，科学に対する興味や理解を深めるための機会を提供する社会教育施設である。

一方，厚生労働省の所管となる施設として，児童館がある。児童館は社会福祉法により，児童遊園等とともに「児童厚生施設[9]」に位置づけられている。厚生労働省の定めるガイドライン（厚生労働省雇用均等・児童家庭局, 2011）によると，児童館の活動内容は，遊びによる子どもの育成，子どもの居場所の提供，保護者の子育ての支援，子どもが意見を述べる場の提供，地域の健全育成の環境づくり，ボランティアの育成と活動，放課後児童クラブの実施，配慮を必要とする子どもの対応の8点があげられている。児童館というと小学生までを対象としているように思われるが，東京都杉並区の「ゆう杉並[10]」など，中・高生の居場所となっているところもある。

また，子どもたちの学びや成長の機会を提供しているNPOなどの活動も少なくない。多様な活動が行われているが，類型化してみると3つのタイプに分けられる（佐藤, 2002, 104〜107ページ）。

第一は，文化・レクリエーション的な機会を提供しているタイプである。具体的には，映画や舞台などの公演機会の提供，音楽・演劇ワークショップの開催，芸術セラピーの推進などの活動である。「子ども劇場」や「おやこ劇場」などのNPOがこれに当たる。第二は，共同の子育て・子育て支援のタイプである。共同保育・学童保育所，電話相談，障害児の放課後クラブ，法人型児童館，冒険遊び場[11]，親子のたまり場などがこれに当たる。第三は，教育協同・学校補完型の取り組みのタイプである。不登校や引きこもりの青少年のサポート，環境教育や職業体験のプログラムを提供する団体，自然体験学校，障害者の自立支援施設，山村留学[12]受け入れ施設，外国人の子どもたちの日本語学習支援などがこれに当たる。

2 多様な学びの機会

公的な学びの機会の他にも，塾や教育産業も含めると実にさまざまな学びの機会がある。ここでは，文部科学省「学習費調査」の項目から「学校外の活動費」に着目し，再構成すると表9-1のようになる。

学校外での教育においても，学校教育に類する，あるいはそれを補うための家庭教師による教育，学習塾での勉強があり，ピアノなどのおけいこごとがあり，スイミングなどのスポーツ教室がありと，さまざまな学習の機会がある。

▷9　児童厚生施設
児童福祉法によると，児童厚生施設は「児童遊園，児童館等児童に健全な遊びを与えて，その健康を増進し，又は情操を豊かにすることを目的とする施設」である（第40条）。

▷10　「ゆう杉並」は「杉並区立児童青少年センター」の愛称で，中学生・高校生のための児童館として広い体育室や完全防音のスタジオなども備えている。

▷11　冒険遊び場については，羽根木プレーパーク（1987）を参照。

▷12　山村留学
小・中学生が，農山村で生活し，現地の学校に通うこと。

第Ⅱ部　学校教育を支える仕組み

表 9-1　学校外活動費の広がり

種　類	具体的な支出項目
補助学習費	家庭内学習費　家庭内での学習机等の物品費と参考書等の図書費
	家庭教師費等　家庭教師への謝礼と教材費等
	学習塾費　　　学習塾に通うための経費
体験活動・地域活動	ハイキングやキャンプなどの野外活動，ボランティア活動，ボースカウト・ガールスカウトなどの活動に要した経費
芸術文化活動	ピアノ，舞踏，絵画などを習うための経費，音楽鑑賞・映画鑑賞などの芸術鑑賞に要した費用
スポーツ・レクリエーション活動	水泳・野球・サッカー・テニス・武道・体操などのスポーツ技能を習うための経費等
教養・その他	習字，そろばん，外国語会話などの経費，一般図書・雑誌購入費，博物館・動物園・水族館・図書館等の入場料・交通費

出所：文部科学省（2015）をもとに作成。

ただし，お金がかかることから，ここでも家庭の教育力によりその機会は異なることになる。

3　放課後支援

近年では，文部科学省，厚生労働省とも，子どもたちの放課後や休日での学習支援に力を入れており，従来からある学童保育に加えて，さまざまな施策が展開されている。

まず，家庭教育支援があげられる。家庭教育を支援する取り組みとしては，(1)就学時検診や保護者会，参観日など多くの親が集まる機会を活用した学習機会の提供，(2)親子の自己肯定感，自立心などの力を養成するための参加型行事や地域活動等のプログラムの実施，(3)悩みを抱える保護者や仕事で忙しい保護者などに対する家庭教育支援チームによる情報提供や相談対応の実施などが行われている。

次に，地域社会のなかで，放課後などにおける子どもたちの居場所づくりを推進する取り組みがあげられる。文部科学省の施策としては「放課後子供教室」がある。その趣旨は，すべての子どもを対象として，安全・安心な子どもの活動拠点（居場所）を設け，地域の方々の参画を得て，学習やスポーツ・文化芸術活動，地域住民との交流活動などの機会を提供する取り組みである。具体的には宿題の指導，読み聞かせ，工作・実験教室，地域の行事への参加，職場体験など，さまざまな活動が行われている。

なお，上記の取り組みは基本的に小学生以下の児童を対象としているが，中学生を対象とした「地域未来塾」事業も進められている。この取り組みは，家庭での学習が困難であったり，学習習慣が十分に身についてない中学生への学

▷13　学童保育
両親が共働きなどの理由で保護者が家庭にいない小学生を放課後や長期休業日などに保育することで，厚生労働省の「放課後児童健全育成事業」の一つである。

▷14　家庭教育支援チーム
地域の子育て経験者や民生委員・児童委員など身近な人たちによるチームで，孤立しがちな保護者や仕事で忙しい保護者などに対し，学びの場の提供，地域の居場所づくり，訪問型家庭教育支援などを行うもの。

第9章　学校と家庭・地域の連携

習支援を行うものであり，原則無償である。また，土曜日は現役の社会人の参画も可能となるため，企業，団体等の人材を活用した取り組みや民間教育事業者との連携も進められている。

　一方，厚生労働省の事業として，「放課後児童クラブ」事業がある。こちらは共働き家庭など留守家庭の児童に対して，放課後に適切な遊びや生活の場を与えて，その健全な育成を図ることを趣旨としている。

　2014（平成26）年以降，文部科学省と厚生労働省はすべての児童を対象として，両事業の一体化を図る「放課後子ども総合プラン」を推進している。

3　学校と家庭・地域の連携と協働

1　これまでの取り組みの状況

　これまでの説明においても，学校と家庭・地域が連携して進められている取り組みがあることがわかる。学校と家庭・地域の連携という課題は新しいものではない。家庭での育児不安，地域の教育力の低下等はかつてから課題として指摘されてきたし，学校での諸問題が複雑化，多様化するなかで，学校と家庭・地域の連携も課題として指摘されてきた。その経緯を政策動向の形で整理すると表9-2のようになる。

　課題としては1980年代から指摘されはじめ，学校週5日制の実施のあたりから，子どもたちの学校外での学びや社会経験の場をいかに保障するかという課題が現実化し，信頼される学校づくりと相まって施策が展開してきたことがわかる。同時に，近年とくにこの課題が重視されているという動向もここから読み取ることができる。

2　学校と家庭・地域の連携の法的根拠

　こうした動向に対応して法的な根拠も定められてきている。2006年に教育基本法が改正された際，「学校，家庭及び地域住民その他の関係者は，教育におけるそれぞれの役割と責任を自覚するとともに，相互の連携及び協力に努めるものとする」として，新たに連携に関する条文も盛り込まれている（第13条）。これを受けて2008（平成20）年には，社会教育法が一部改正され，「国及び地方公共団体は，……社会教育が学校教育及び家庭教育との密接な関連性を有することにかんがみ，学校教育との連携の確保に努め，及び家庭教育の向上に資することとなるよう必要な配慮をするとともに，学校，家庭及び地域住民その他の関係者相互間の連携及び協力の促進に資することとなるよう努めるものとする」と明記された（第3条第3項）。さらに2017（平成29）年には再び社会教育

第Ⅱ部　学校教育を支える仕組み

表9-2　学校と家庭・地域の連携にかかる政策動向

年	事　項
1987	臨教審「教育改革に関する第三次答申」（開かれた学校，民間教育産業への対応）
1998	学習指導要領告示（完全学校週5日制への対応） 中教審「今後の地方教育行政の在り方について」（学校評議員）◁15
1999	全国子どもプラン
2000	教育改革国民会議最終報告（地域の信頼に応える学校づくり）
2004	中教審「今後の学校運営の在り方について」（学校運営協議会）◁16 地域子ども教室推進事業
2005	地域教育力再生プラン（地域子ども教室，総合型地域スポーツクラブ育成）◁17
2006	教育基本法改正（第13条を新設）
2007	放課後子どもプラン（文科省「放課後子ども教室推進事業」，厚労省「放課後児童健全育成事業」）
2008	学校支援地域本部事業◁18
2009	学校・家庭・地域の連携協力推進事業（放課後子ども教室，学校支援地域本部）
2011	文科省協力者会議「子どもの豊かな学びを創造し，地域の絆をつなぐ」
2013	中教審「今後の地方教育行政の在り方について」（コミュニティ・スクール）◁19
2014	放課後子ども総合プラン（一体型を中心とする放課後児童クラブと放課後子ども教室の整備）
2015	中教審「新しい時代の地方創生の実現に向けた学校と地域の連携・協働の在り方と今後の推進方策」
2016	文科省「次世代の学校・地域創生プラン」 中教審「幼稚園，小学校，中学校，高等学校及び特別支援学校の学習指導要領の改善及び必要な方策等について」（社会に開かれた教育課程）
2017	新学習指導要領告示 社会教育法一部改正（地域学校協働活動の規定の新設） 文科省「地域学校協働活動の推進に向けたガイドライン」

出所：猿田（2017），一部省略。

▷15　学校評議員
学校が，保護者や地域住民等の信頼に応え，家庭や地域と連携協力して一体となって子どもたちの健やかな成長を図っていく観点から，学校運営に当たり，学校の教育目標・計画や地域との連携の進め方などに関し，保護者や地域住民の意見を聞く仕組みである。

▷16　学校運営協議会
地域の住民や保護者が任命され，当該学校の運営に関する事項について，意見を述べることができる仕組みである。

▷17　総合型地域スポーツクラブ
人々が身近な地域でスポーツに親しむことのできる新しいタイプのスポーツクラブで，子どもから高齢者までを対象としているところに特色があり，地域住民により自主的・主体的に運営されるスポーツクラブのことをさす。

▷18　学校支援地域本部
地域住民がボランティアとして授業等の学習補助，部活動の指導補助，学校環境整備など学校支援活動を推進する体制。

▷19　コミュニティ・スクール
学校運営協議会を設置している学校のこと。

法が一部改正され，「市町村の教育委員会は，……地域住民その他の関係者が学校と協働して行うもの（以下「地域学校協働活動」という。）の機会を提供する事業を実施するに当たっては，地域住民等の積極的な参加を得て当該地域学校協働活動が学校との適切な連携の下に円滑かつ効果的に実施されるよう，地域住民等と学校との連携協力体制の整備，地域学校協働活動に関する普及啓発その他の必要な措置を講ずるものとする」（第5条の2）と定められた。

　一方，小・中学校の新学習指導要領においても，「よりよい学校教育を通じてよりよい社会を創る」という目標を学校と社会が共有し，連携・協働しながら，新しい時代に求められる資質・能力を子どもたちに育む「社会に開かれた教育課程」の実現を目指すことが示されている。

わが国では，これまで，教育と言えば学校，学校と言えば教師というように，教育の担い手が非常に狭く理解されてきた。諸外国を見れば，学校は授業を受けるところで，教師は授業をする人であり，給食の指導もしなければ部活もないという国も少なからずある。そうした国と比較するならば，わが国の学校は教育の総合デパートであり，教師は授業の専門家ではなく教育の総合職であると見ることができる。そうした現状を踏まえてみると，わが国での学校と家庭・地域の連携はいっそう重要な課題であると理解することができる。

3　連携から協働へ

　近年では，さらに「連携」から「協働」に進化することが求められている。2015（平成27）年の中央教育審議会答申「新しい時代の教育や地方創生の実現に向けた学校と地域の連携・協働の在り方と今後の推進方策について」によると，地域と学校が連携・協働して，地域全体で未来を担う子どもたちの成長を支え，地域を創生する「地域学校協働活動」を推進すること，その活動を推進する新たな体制として「地域学校協働本部」を全国的に整備することなどが提言されている。

　「地域学校協働活動」とは，地域の高齢者，成人，学生，保護者，PTA，NPO，民間企業，団体・機関等の幅広い地域住民等の参画を得て，地域全体で子どもたちの学びや成長を支えるとともに，「学校を核とした地域づくり」を目指して，地域と学校が相互にパートナーとして連携・協働して行うさまざまな活動である。そのイメージは図9-2のとおりである。

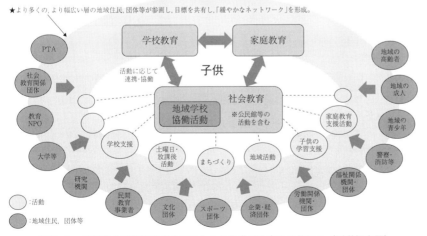

　　図9-2　地域全体で未来を担う子どもたちの成長を支える仕組み（活動概念図）
出所：文部科学省（2017, 7ページ）。

「学校支援地域本部」などの従来の地域の学校支援の取り組みとの違いは，地域による学校の「支援」から，地域と学校のパートナーシップに基づく双方向の「連携・協働」へと発展させていくことを目指していることである。地域が学校・子どもたちを応援・支援するという一方向の関係だけではなく，子どもの成長を軸として，地域と学校がパートナーとして連携・協働し，互いに意見を出し合い，学び合うなかで，地域の将来を担う人材の育成を図る必要が指摘されている。また同時に，地域住民のつながりを深めることにより，自立した地域社会の基盤の構築・活性化を図る「学校を核とした地域づくり」を推進し，それが地域の創生につながることも期待されている。

Exercise

① 今日の家庭とその教育についてどのようなデータがあるのか調べてみよう。
② 自分の住んでいる市町村のなかで，子どもたちに学校外でどのような取り組みが行われているのか調べてみよう。
③ 学校と地域の協働について先進的な取り組みを調べ，何がうまくいっている原因か考えてみよう。

📖次への一冊

佐藤一子『子どもが育つ地域社会』東京大学出版会，2002年。
　　社会教育の研究の第一人者によるもので，地域の教育力，子どもの居場所づくり，子ども NPO から，学校と地域社会の協働まで，子どもが育つ地域社会について多面的に検討されている。
立柳聡・姥貝荘一編著『未来を拓く子どもの社会教育』学文社，2009年。
　　各地では，「子どもの社会教育」に当たる学校外での NPO 等によるさまざまな取り組みが行われている。それぞれに子どもの教育や成長に思いをもって行われているものである。例えば本書を手に取ってその具体的な姿に触れてほしい。
表真美『家庭と教育──子育て・家庭教育の現在・過去・未来』ナカニシヤ出版，2013年。
　　家庭教育のあり方についてさまざまな考えがありうるが，まずは現状をできる限りよく把握することが第一である。本書は子育てと家族について基本的な知識を提供するとともに，幼児と小・中学生の子育て・家庭教育に関する調査も紹介している。他の調査研究とあわせて家庭教育の実態把握に役立つ。
文部科学省「地域と学校の連携・協働の推進に向けた参考事例集」2016年。
　　学校と地域の連携については，現在，協働に向けた取り組みが各地で進められてい

る。本資料は，地域コーディネーターの体制，社会教育施設との連携，家庭教育支援，学びによるまちづくり，地域人材の育成など，各地の先進的な事例を紹介したものである。インターネットで簡単に入手できる。

引用・参考文献

青木信人『逃げないお父さん──子どものために父親は何ができるか』ポプラ社，2003年。

中央教育審議会「新しい時代の教育や地域創生の実現に向けた学校と地域の連携・協働の在り方と今後の推進方策について」2015年。

羽根木プレーパーク編『冒険遊び場がやってきた！』晶文社，1987年。

葉養正明編著『学校と地域のきずな──地域教育をひらく』教育出版，1999年。

法務省矯正局編『現代の少年非行を考える──少年院・少年鑑別所の現場から』大蔵省印刷局，1998年。

法務省矯正局編『家族のきずなを考える──少年院・少年鑑別所の現場から』大蔵省印刷局，1999年。

井田仁康編著『地域と教育──地域における教育の魅力』学文社，2012年。

厚生労働省雇用均等・児童家庭局「児童館ガイドライン」2011年。

教育基本法研究会編著『逐条解説　改正教育基本法』第一法規，2007年。

目黒実『チルドレンズ・ミュージアムをつくろう』ブロンズ新社，1996年。

耳塚寛明「だれが学力を獲得するのか」耳塚寛明・牧野カツコ編著『学力とトランジッションの危機──閉ざされた大人への道』金子書房，2007年。

文部科学省編『平成17年度文部科学白書──教育改革と地域・家庭の教育力の向上』国立印刷局，2006年。

文部科学省『文部科学白書　2009』財務省印刷局，2010年。

文部科学省「平成26年度子供の学習費調査」2015年。

文部科学省「地域学校協働活動の推進に向けたガイドライン」2017年。

表真美『家庭と教育──子育て・家庭教育の現在・過去・未来』ナカニシヤ出版，2013年。

猿田真嗣「『社会に開かれた教育課程』の実現と地域社会との連携」『教育制度学研究』24，2017年，2〜18ページ。

佐藤一子『子どもが育つ地域社会』東京大学出版会，2002年。

住田正樹編著『家庭教育論』放送大学教育振興会，2012年。

第10章
教育行財政

〈この章のポイント〉

　教育行政とは，公権力の機関による教育を対象とした作用のことである。教育行政は，法律主義，教育の自主性の尊重，教育行政の地方自治と独立性，教育の中立性の確保という基本原理に基づいて運用されている。文部科学省は，豊かな人間性を備えた創造的な人材の育成など幅広い任務を担っている。教育委員会の意義は政治的中立性の確保，継続性・安定性の確保，地域住民の意向の反映という点にある。そして教育財政とは，財源の確保・配分・管理という一連の活動のことであり，学校経費については設置者負担主義がとられている。本章では，これら教育行財政の特質について学ぶ。

1　教育行政の原理

1　教育行政とは

　古来より，教育は家庭や徒弟的な環境などのなかで行われる私的な営みであった。むろん，国が教育にまったく関与しないというわけではなかったが，それはあくまでも支配階級の子弟の養成など限定的なものであった。しかし，近代以降になると，国は積極的に教育に関与するようになる。つまり，国民の大半を対象とした義務教育を制度化して，多数の学校を設置したのである。それにともなって，国や地方公共団体といった公権力の機関が一定の行政機構を通じて，適正かつ公正に学校を維持・運営する必要性が生じた。このような公権力の機関による教育を対象とした維持・運営などの作用を教育行政という。

▷1　徒　弟
親方の家に住み込んで商工業の技術を身につける少年のことをいう。丁稚（でっち）ともいう。

2　教育行政の主体と客体

　教育行政の主体は国と地方公共団体である。国について，具体的には内閣および内閣総理大臣，文部科学省および文部科学大臣，関係省庁をさす。地方公共団体について，具体的には，教育委員会，地方公共団体の長，関連部局をさす。一方，教育行政の客体について，国が主体である場合には国民と地方公共団体になる。地方公共団体が主体である場合にはその地域の住民となる。このように地方公共団体は，教育行政の主体であると同時に客体でもある。

第Ⅱ部　学校教育を支える仕組み

$$
教育行政の作用\left\{\begin{array}{l}権力的作用（＝規制作用）\\非権力的作用\left\{\begin{array}{l}助成作用\\実施作用\end{array}\right.\end{array}\right.
$$

図10−1　教育行政の作用
出所：高見ほか（2015），平原（1993）をもとに作成。

3　教育行政の作用

　教育行政による作用は，図10−1のように，規制作用と助成作用，実施作用の3種類である。なかでも，国民の主体的な教育活動を尊重する観点から，助成作用と実施作用が重視されている。

　規制作用は権力的作用に区分され，教育行政の主体である国や地方公共団体が，教育行政の客体である国民や地方公共団体に対して権利義務関係を設定・変更・廃止する行為や，財産等に対して強制力を行使する行為のことをいう。例えば，就学義務を課したり，猶予・免除することや，市町村立学校の設置を認可すること，教育課程に関する事項を定めることなどがあげられる。

　助成作用は非権力的作用の一つであり，教育行政の主体である国や地方公共団体が，教育行政の客体である国民や地方公共団体の行為を奨励し，援助するために，指導・助言・援助を行ったり，経費を補助する作用のことをいう。例えば，教育課程や学習指導などの専門的事項を指導することや，市町村立学校の教職員給与などを都道府県が負担することなどがあげられる。

　実施作用は，助成作用と同じく非権力的作用の一つとされ，教育行政の主体である国や地方公共団体が自ら必要な事業を実施する作用のことをいう。例えば，学校や博物館，体育館などを設置したり，出版物を刊行することなどがあげられる。

4　教育行政の基本原理

　教育行政は，法律主義，教育の自主性の尊重，教育行政の地方自治と独立性，教育の中立性の確保という4つの原理に基づいて運用されている。

　第一に法律主義について，教育行政は法律に即して行われなければならないということである。国民の代表である国会議員によって制定された法律の下で行政が行われるという民主主義の基本的なあり方を踏まえるならば，法律主義は重要な原理であると言える。ただ，この原理は言うまでもなく民主主義をとっている国において成立しうるものであり，時代や社会体制によっては，異なる原理の下で教育行政が行われる場合もある。例えば，戦前の日本では，勅令や文部省令などの命令に基づいて教育行政が行われるという，勅令主義がとられていた。ここにおいては，天皇＝官僚の命令によって教育が決定されていたのである。戦後は，この勅令主義に代わって，法律主義に則った教育行政が

▷2　認　可
「認可」とは，第三者の行為を補充してその法律上の効力を完成させる行為をいう。「認可」を受けないでした行為は無効であるが，ただちに処罰の対象となるわけではない。なお，一般的に禁止している行為を特定の場合に解除する「許可」という行為とは意味合いが異なることに注意したい。

実施されている。

　第二に教育の自主性の尊重である。自主性とは，他者の保護や干渉を受けず，自律的にものごとを行うことをいう。この点とかかわって，旧教育基本法第10条第1項では，「教育は，不当な支配に服することなく，国民全体に対し直接に責任を負つて行われるべきものである」と規定されていた。これは，教育が政治的支配や官僚的統制の下に置かれるべきではなく，教育の自主性と学問の自由を尊重して教育が実施されなければならないという考えに基づいており，現行の教育基本法第16条などにも引き継がれている。

　第三に教育行政の地方自治と独立性である。地方自治とは，地方の行政事務について国の関与を排除し，地方公共団体に任せ，地域住民自らの意思に基づいて処理することをいう。地方自治は，地域住民の意思によって政治を行う住民自治と，国から独立した団体自らの意思と責任の下で政治を行う団体自治という2つの概念を基盤として成立している。地方自治の原則は地方自治法を通じて教育行政にも適用されている。教育行政における地方自治は，教育行政の地方分権化，民主化，一般行政からの独立を主な理念としている。このような理念の下，地方教育行政の責任機関として教育委員会が制度化されている。教育委員会は，教育委員会法に基づいて1948年に創設され，「教育が不当な支配に服することなく，国民全体に対し直接に責任を負って行われるべきであるという自覚のもとに，公正な民意により，地方の実情に即した教育行政を行うために，教育委員会を設け，教育本来の目的を達成すること」（第1条）を目的としていた。ただし，1956年に教育委員会法が廃止され，代わりに地方教育行政の組織及び運営に関する法律が制定されたことで，教育行政の地方分権化，民主化，一般行政からの独立に関する内容について一部変更が加えられている。

　第四に，教育の中立性の確保である。現代民主主義社会では精神の自由が保障されており，人間形成を目指す教育において，特定の思想や価値観を注入することは排除されなければならない。このことから一般に，教育の中立性の確保とは，政治的中立性と宗教的中立性，そして行政的中立性を維持することをさす。このうち，政治的中立性では，政治権力による教育への無用な関与が行われないように，教育の安定性や継続性を確保することが重視される。宗教的中立性については，特定の宗教勢力が教育へ関与しないようにすることがねらいとされる。これらの中立性を維持するために，教育基本法第14条第2項では国公私立を問わずすべての学校において政治教育を行うことが，また，教育基本法第15条第2項では国公立学校において宗教教育を実施することが，それぞれ禁止されている。もっとも，学校であらゆる政治教育や宗教教育を行うことが禁じられているわけではない。現代社会が民主主義を基盤として成立している以上，学校において選挙のあり方や国会の仕組みといった政治的教養を取り

▷3　旧教育基本法
教育基本法は1947年に制定され，準憲法的性格を有するといわれる。同法は長らく改正されずにいたが，2000年に教育改革国民会議が見直しを提言した。これを受けて2006年12月，教育基本法がおよそ60年ぶりに改正されている。

▷4　政治教育
特定の政党を支持し，またはこれに反対するための教育をいう。なお，関連規定として，教員の政治的行為を制限した地方公務員法第36条がある。ここにおいては，「政党その他の政治的団体の結成に関与し，若しくはこれらの団体の役員となつてはならず，又はこれらの団体の構成員となるように，若しくはならないように勧誘運動をしてはならない」と定められている。

第Ⅱ部　学校教育を支える仕組み

上げることは認められているし，日本国憲法で信教の自由が保障されている以上，学校で宗教に関する寛容の態度を育むことも尊重されている。

2　国の教育行政の組織と機能

1　国の教育行政制度

　教育行政は，国レベルの組織と地方レベルの組織によって行われている。国レベルの組織は，前節で述べたように，内閣および内閣総理大臣，文部科学省および文部科学大臣，関係省庁である。ここでは内閣と文部科学省を中心に取り上げていくことにする。

2　内　閣

　内閣は，国の最高の教育行政機関であり，文部科学省も内閣の総括の下で教育行政に関する事務を行うことになっている。また，内閣は，閣議で教育に関する法律案や予算案を審議・決定したり，教育に関する政令を定める役割を有している。

3　文部科学省の任務と所掌事務

　国レベルの教育行政の主要部分を担っているのが文部科学省である。文部科学省の設置ならびに任務および所掌事務は，文部科学省設置法において規定されている。文部科学省の任務については，「教育の振興及び生涯学習の推進を中核とした豊かな人間性を備えた創造的な人材の育成，学術及び文化の振興，科学技術の総合的な振興並びにスポーツに関する施策の総合的な推進を図るとともに，宗教に関する行政事務を適切に行うこと」（第3条）と定められていることからも明らかなように，幅広い任務を担っている。この任務を達成するために，同法第4条では93項目にもおよぶ所掌事務が規定されている。ここにおいては，「初等中等教育の振興に関する企画及び立案並びに援助及び助言に関すること」「初等中等教育の基準の設定に関すること」「大学及び高等専門学校における教育の基準の設定に関すること」といった項目で示されているとおり，文部科学省には全国的な視野から教育政策を立案したり，教育に関する基準を設定する役割が付与されている。

4　文部科学省の組織

　文部科学省は，2001年1月の中央省庁再編にともない，旧文部省と旧科学技術庁が統合されてできた行政機関である。文部科学省は本省と外局から構成されている。本省には大臣官房と6局（生涯学習政策局，初等中等教育局，高等教育

▷5　外　局
国の行政機関である内閣府・省に置かれる組織のうち，特殊な事務や独立性の強い事務を担当する組織のことであり，庁と委員会の2種類がある。

局，科学技術・学術政策局，研究振興局，研究開発局），国際統括官が置かれており，外局には文化庁と2015年に創設されたスポーツ庁が置かれている。

5 審議会

　教育政策の形成において重要な役割を果たしているのが審議会である。審議会とは，一般に国の行政機関に設置され，大臣からの諮問に応じて重要事項の調査・審議などを行う合議制機関のことをいう。教育行政機関に審議会を設置する意義としては，教育現場や有識者などの民意を政策立案に反映させるとともに，官僚による政策形成の独占を排除することがあげられる。文部科学省には現在，中央教育審議会，教科用図書検定調査審議会，大学設置・学校法人審議会，国立研究開発法人審議会が設置されている（文部科学省組織令第75条）。

　このうち，教育政策の形成に多大な影響をおよぼしてきたのが中央教育審議会である。中央教育審議会は旧文部省に設置されていたが，2001年1月の中央省庁再編によって関係審議会と整理統合された結果，より幅広い領域を調査・審議する組織へと再編された。現在の中央教育審議会は，教育制度分科会，生涯学習分科会，初等中等教育分科会，大学分科会の4つの分科会から構成され，それぞれの所掌事務に応じて調査・審議などを行っている。

　中央教育審議会の役割は，(1)文部科学大臣の諮問に応じて教育の振興および生涯学習の推進を中核とした豊かな人間性を備えた創造的な人材の育成に関する重要事項を調査審議すること，(2)(1)に関して，文部科学大臣に意見を述べること，(3)文部科学大臣の諮問に応じて生涯学習に係る機会の整備に関する重要事項を調査審議すること，(4)(3)に関して，文部科学大臣または関係行政機関の長に意見を述べること，などとされている（文部科学省組織令第76条）。

6 文部科学省の具体的な役割

　これまでに確認してきた文部科学省の組織や機能を踏まえ，以下では同省がどのような流れの下で全国的な基準を設定しているのかについて，教科書発行を事例としてみていくことにする。

　まず，民間の教科書発行者は学習指導要領や教科用図書検定基準などをもとに，創意工夫を加えた図書を作成して，文部科学大臣に検討の申請を行う。

　発行者から検定申請がなされると，教科書調査官による調査が開始されるとともに，文部科学大臣は教科用図書検定調査審議会に対して教科書として適切であるかどうかについての諮問を行う。この諮問を受けて，同審議会では学習指導要領や教科用図書検定基準等に基づいて専門的・学術的に公正かつ中立な審議を行い，教科書として適切か否かを判定し，その結果を文部科学大臣に報告する。文部科学大臣は，この報告に基づいて合否の決定を行い，申請者にそ

▷6　スポーツ庁
スポーツの振興その他のスポーツに関する施策の総合的な推進を図ることを任務としている（文部科学省設置法第15条）。2011年のスポーツ基本法制定，2020年東京オリンピック・パラリンピック競技大会の日本開催等を受けて，2015年10月に文部科学省の外局として設置された。

▷7　諮　問
一定の組織や有識者に対して，ある問題について意見を尋ね求めることをいう。

▷8　合議制
行政機関の意思が，複数の構成員が集まって相談することをとおして決定される制度のことをいう。

143

第Ⅱ部　学校教育を支える仕組み

の旨を通知する。

　合格の検定決定の通知を受けた申請者は，図書として完成した見本を作成して，文部科学大臣に提出することとされている。なお，文部科学大臣は，不合格の決定を行う場合には，事前にその理由を通知し，申請者に反論する機会を与えることになっている。また，検定意見に対して異議がある場合にも，申請者は意見の申し立てができることになっている。

　検定合格の通知を受けた申請者は，採択の参考に供するため，次年度に発行する教科書の見本を都道府県教育委員会や市町村教育委員会，国・私立学校長等に送付する。教育委員会や国・私立学校長によって教科書が採択されると，教科書の需要数が文部科学大臣に報告される。需要数の報告を受けた文部科学大臣は，各発行者に発行すべき教科書の種類および部数を指示する。この指示を承諾した発行者は教科書を製造し，供給業者に依頼して各学校に供給し，供給された教科書が児童生徒の手元に届くことになる。

7　近年の動向

　近年，教育をとりまく問題の多様化・複雑化にともなって，文部科学省による教育行政の運用のみでは問題解決・改善の難しい場合が増加している。このような状況に対応するため，関係省庁と連携した取り組みが見られるようになっている。例えば，子どもの貧困対策においては，内閣府，文部科学省，厚生労働省が連携して取り組んでいる。また，キャリア教育[49]の推進には，文部科学省，経済産業省，厚生労働省がかかわっている。これらの省庁を横断した取り組みは，多様化・複雑化した問題の解決・改善という観点からのみならず，行政の効率的な実施という観点からもより一層求められている。

3　地方教育行政の組織と機能

1　教育委員会の意義

　本章第1節で説明したように，地方教育行政の責任機関として制度化されたのが教育委員会である。教育委員会制度の意義については，次の3点を指摘することができる。

　第一に，政治的中立性の確保である。個人の精神的価値の形成を目指して教育を行うに当たって，その内容が中立的であることは重要である。したがって，教育行政においては，個人的な価値判断や特定の党派的影響力から中立性を維持することが必要とされるのである。

　第二に，継続性・安定性の確保である。子どもの健全な成長発達を目指すう

▷9　キャリア教育
一人ひとりの社会的・職業的自立に向け，必要な基盤となる能力や態度を育てることを通して，キャリア発達を促す教育のことをいう。キャリア教育は，さまざまな教育活動を通して実践されるものであり，一人ひとりの発達や社会人・職業人としての自立を促す視点から，学校教育を構成していくための理念と方向性を示すものである。

えで，教育には一貫した方針の下で安定的かつ継続的に行われることが求められる。そもそも教育は，結果が出るまでに相当の時間を要し，その結果も把握しにくいという特性を有しているため，学校運営の方針変更などといった改革・改善は段階的に実施されることが必要である。

第三に，地域住民の意向の反映である。教育行政は，地域住民にとって身近で関心の高い分野であることから，教育の専門家のみによって実施されるのではなく，広く地域住民の意向を踏まえて行われることが重要である。

２ 教育委員会の基本理念と職務

教育委員会の基本理念は，地方教育行政の組織及び運営に関する法律第１条の２において，「教育の機会均等，教育水準の維持向上及び地域の実情に応じた教育の振興が図られるよう，国との適切な役割分担及び相互の協力の下，公正かつ適正に行われなければならない」と規定されている。地域の教育に関する行政機関として，教育委員会にはこのような基本理念に基づいた教育行政の

表10-1　教育委員会の職務権限

1　教育委員会の所管に属する第30条に規定する学校その他の教育機関（以下「学校その他の教育機関」という。）の設置，管理及び廃止に関すること。

2　教育委員会の所管に属する学校その他の教育機関の用に供する財産（以下「教育財産」という。）の管理に関すること。

3　教育委員会及び教育委員会の所管に属する学校その他の教育機関の職員の任免その他の人事に関すること。

4　学齢生徒及び学齢児童の就学並びに生徒，児童及び幼児の入学，転学及び退学に関すること。

5　教育委員会の所管に属する学校の組織編制，教育課程，学習指導，生徒指導及び職業指導に関すること。

6　教科書その他の教材の取扱いに関すること。

7　校舎その他の施設及び教具その他の設備の整備に関すること。

8　校長，教員その他の教育関係職員の研修に関すること。

9　校長，教員その他の教育関係職員並びに生徒，児童及び幼児の保健，安全，厚生及び福利に関すること。

10　教育委員会の所管に属する学校その他の教育機関の環境衛生に関すること。

11　学校給食に関すること。

12　青少年教育，女性教育及び公民館の事業その他社会教育に関すること。

13　スポーツに関すること。

14　文化財の保護に関すること。

15　ユネスコ活動に関すること。

16　教育に関する法人に関すること。

17　教育に係る調査及び基幹統計その他の統計に関すること。

18　所掌事務に係る広報及び所掌事務に係る教育行政に関する相談に関すること。

19　前各号に掲げるもののほか，当該地方公共団体の区域内における教育に関する事務に関すること。

出所：地方教育行政の組織及び運営に関する法律第21条から抜粋。

▷10 執　行
法律・命令・処分などの内容を実際に実現することをいう。

執行が求められている。

　教育委員会の職務については，表10-1のように，学校の設置・管理，教職員の人事，児童生徒の就学や入学など，19項目が同法第21条で定められている。

3 教育委員会の組織

　教育委員会は，図10-2のように狭義の教育委員会と事務局から構成されている。

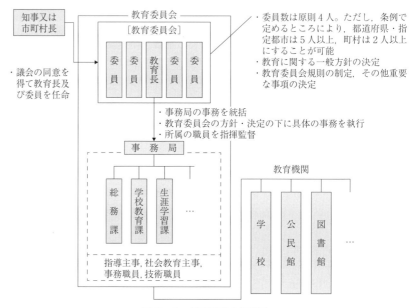

図10-2　教育委員会組織図
出所：文部科学省ホームページ「教育委員会制度について」。

▷11　指導主事
学校における教育課程，学習指導その他学校教育に関する専門的事項の指導に関する事務に従事する者のことをいう。

▷12　服務規定
公務員が守るべき義務ないし規律のことをいう。地方公務員の服務規定は地方公務員法で定められており，その内容は職務上の義務（公務員が勤務時間中に職務を遂行するうえで守るべき義務）と身分上の義務（職務の内外を問わず公務員がその身分を有することによって守る義務）に分けることができる。

　狭義の教育委員会は教育長および4人の教育委員で構成されている。ただ，条例の定めによっては，教育委員の人数を，都道府県・指定都市では5人以上，町村では2人以上にすることが可能である。狭義の教育委員会では，定期的に開催される会議などを通じて教育行政の基本方針や重要事項を決定している。一方，事務局は指導主事，社会教育主事，事務職員，技術職員から構成されており，教育委員会の方針の下で具体的な事務を執行する役割を担っている。

　教育長は，当該地方公共団体の長の被選挙権を有する者で，人格が高潔で，教育行政に関し識見を有する者のなかから，地方公共団体の長が議会の同意を得て任命する。教育長の任期は3年であり，再任可能である。教育長は教育委員会の会務を総理し，教育委員会を代表する。また，教育委員会の会議を招集する。教育長は常勤の地方公務員であり，地方教育行政の組織及び運営に関する法律第11条の服務規定が適用される。

　教育委員は当該地方公共団体の長の被選挙権を有する者で，人格が高潔で，

教育，学術および文化に関して識見を有する者のうちから，地方公共団体の長が議会の同意を得て任命する。なお，教育委員には保護者が含まれなければならない。教育委員の任期は4年であり，再任可能となっている。

4 地方公共団体の長の職務

地域の民意を代表する地方公共団体の長も地方教育行政において重要な役割を果たしている。

まず，地方公共団体の長は，教育基本法第17条に規定する基本的な方針を参酌して，地域の実情に応じて当該地方公共団体の教育，学術および文化の振興に関する総合的な施策の大綱を定めるという職務を有する。これによって，教育政策に関する地方公共団体の方向性が明確になることが期待されている。

次に，上記の大綱の策定，教育の条件整備など重点的に講ずべき施策，児童生徒の生命・身体の保護等緊急の場合に講ずべき措置について協議および調整を行うため，総合教育会議を設置するという職務を地方公共団体の長は有している。総合教育会議は地方公共団体の長と教育委員会から構成される。この会議によって，教育行政に果たす自治体の長の責任や役割が明確になるとともに，自治体の長が公の場で教育政策について議論することが可能になる。また，自治体の長と教育委員会が教育政策の方向性を共有し，一致して執行することも可能となる。

これらの職務のほかに，地方公共団体の長が管理・執行する職務としては，(1)大学に関すること，(2)幼保連携型認定こども園に関すること，(3)私立学校に関すること，(4)教育財産を取得し，および処分すること，(5)教育委員会の所掌にかかる事項に関する契約を結ぶこと，(6)教育委員会の所掌にかかる事項に関する予算を執行することがあげられる（地方教育行政の組織及び運営に関する法律第22条）。

5 教育委員会の具体的な役割

これまでに確認してきた教育委員会の組織や機能を踏まえ，教育委員会の具体的な役割について，学齢児童生徒の就学手続きを事例として取り上げていくことにする。

市町村教育委員会は，就学前年の10月1日時点での住民基本台帳に基づき，小学校または中学校への就学予定者に関する学齢簿を作成する。学齢簿が作成されると，市町村教育委員会は11月30日までに就学予定者に対して健康診断を実施する。

その後，市町村委員会は1月31日までに就学予定者の保護者に対して小学校または中学校の入学期日を通知する。市町村内に小学校（中学校）が2校以上

▷13 参酌
他のものを参考にして長所を取り入れることをいう。

ある場合は，この通知において就学予定者が就学すべき小学校（中学校）を指定することになっている。なお，市町村教育委員会の多くは就学校の指定にあたり，あらかじめ通学区域を設定し，それに基づいて指定を行っている。

通知を受けた保護者のなかで，指定された学校について，保護者の意向や就学予定者の状況に合致しない場合などにおいて，市町村教育委員会が相当と認める時には，保護者の申し立てにより，市町村内の他の学校に変更することができる。以上の手続きを経て，学齢児童生徒は4月1日に小学校または中学校に入学することになっている。

4　教育財政

1　教育財政とは

教育財政とは，国または地方公共団体が教育の目的を達成するために必要な財源を確保するとともに，これを教育の各分野に配分し，管理する一連の活動をいう。財源の獲得水準が教育行政の質を規定することから，教育財政は公正かつ適正な教育行政の運用を実現するうえで重要な役割を担っていると言える。

地方公共団体の教育財政については，その主な活動プロセスが，(1)地方公共団体の長による予算案の作成，(2)予算案に対する教育委員会の意見の聴取，(3)地方公共団体の長による予算案の調整，(4)地方公共団体の長による地方議会への予算案送付，(5)地方議会での審議・議決となっていることからも明らかなよ

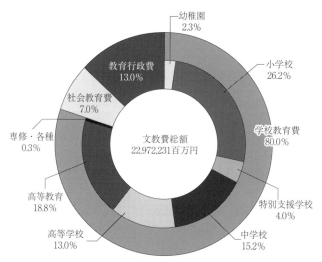

図10-3　文教費総額の支出構成
注：構成比において，四捨五入しているため計と内訳は一致しない場合がある。
出所：文部科学省（2016，441ページ）。

うに，地方公共団体の長がおよぼす影響力はきわめて大きい。

② 国と地方の教育財政

教育財政のうち，文教費は，(1)学校教育費，(2)社会教育費，(3)教育行政費から構成される。2013年度の国による文教費は10兆9884億円（文教費総額に占める割合47.8%），地方による文教費は11兆9838円（同52.2%）となっており，地方の負担割合がやや高い傾向が続いている。また，2013年度の文教費総額の支出構成については，図10-3のとおり学校教育費が大半を占めている。

▷14 **文教費総額**
学校教育，社会教育（体育・文化関係，文化財保護含む）および教育行政のために国および地方公共団体が支出した総額の純計をいう。

③ 設置者負担主義と義務教育費国庫負担制度

設置者負担主義とは，学校の設置者である国，地方公共団体，学校法人がそれぞれ設置する学校の経費を負担するという原則のことであり，学校教育法第5条に法的根拠を有している。ただし，憲法で規定される教育の機会均等，教育水準の確保，無償制といった義務教育の理念を実現するためには，自治体間の財政力の差異や年々の財政状況の変動にかかわらず，どの地域においても優秀な教職員を安定的に確保することが必要である。そこで，義務教育の無償，教育の機会均等とその水準の維持向上を目的として，公立の義務教育諸学校の教職員給与について，都道府県の実支出額の3分の1を国が負担するという義務教育費国庫負担制度が設けられている。

▷15 **学校の設置者**
学校は，学校教育法第2条により，国，地方公共団体，学校法人のみが設置できる。ただし，構造改革特別区域法により，一定の条件を満たした場合に限って，株式会社や特定非営利活動法人による学校の設置が例外的に認められている。

義務教育費国庫負担制度は1953年に法制化され，当初は教職員給与のほかに，退職手当や教材費なども負担の対象に含まれていた。その後，時代状況に応じて負担の対象は何度か改定され，2004年度からは教職員給与のみの負担となっている。また，同年度には給与額や教職員配置に関する都道府県の裁量を大幅に拡大する総額裁量制が導入されたものの，2006年度には国の負担割合が従来の2分の1から3分の1に減額されている。弾力的な学級編制や教職員配置，能力や実績に応じた給与体系など，地域の実情に応じたきめ細かな教育が可能となった一方で，教育に関する地域間格差の拡大をどう防止するかという課題が残されている。

Exercise

① 地方教育行政は誰によって決定され，運用されるべきなのだろうか。民主主義社会の原理や教育委員会制度の基本理念を踏まえて考えてみよう。
② 教育の機会均等を実現するために，義務教育費国庫負担制度においては，国と地方の負担割合をどのように設定すべきなのかを考えてみよう。

📖次への一冊

青木栄一『教育行政の政府間関係』多賀出版，2004年。
　　本書は，主として公立学校の施設整備事業を取り上げ，地方政府が自律的に行動する場合が存在すること，そうした自律的行動がどのような要因によってもたらされているのかということを明らかにしている。

小川正人『戦後日本教育財政制度の研究』九州大学出版会，1991年。
　　本書は，戦後教育財政の法制度や原則がどのような改革構想のもとで制度化され，いかなる改編を経て現行の基本枠組みが形成されたのかを実証的に明らかにしている。

黒崎勲『教育行政学』岩波書店，1999年。
　　本書は，国民の教育権論などに立脚した従来の教育行政理論ではなく，「制度としての教育」である教育行政＝制度論のあり方を新たに提唱している。

堀和郎『アメリカ現代教育行政学研究』九州大学出版会，1983年。
　　本書は，アメリカ現代教育行政学を対象として，従来の伝統的教育行政学を批判し，経験科学的社会科学としての教育行政学を目指して展開された学問的再編の動向と帰結を明らかにしている。

村上祐介『教育行政の政治学』木鐸社，2011年。
　　本書は，教育委員会制度を対象として，他の行政領域との比較検討を実証的に行いながら集権性や縦割り性といった教育行政の特質を明らかにしている。

引用・参考文献

平原春好『教育行政学』東京大学出版会，1993年。
木田宏『教育行政法』良書普及会，1983年。
教育制度研究会編著『要説 教育制度』学術図書出版社，2011年。
熊谷一乗『現代教育制度論』学文社，1996年。
文部科学省『平成27年度文部科学白書』財務省印刷局，2016年。
文部科学省ホームページ「教育委員会制度について」。http://www.mext.go.jp/a_menu/chihou/05071301.htm（2018年3月1日閲覧）
坂野慎二・福本みちよ編著『学校教育制度概論』玉川大学出版部，2013年。
曽我雅比児『公教育と教育行政——教職のための教育行政入門』大学教育出版，2009年。
高見茂・開沼太郎・宮村裕子編著『教育法規スタートアップ ver.3.0——教育行政・政策入門』昭和堂，2015年。

第Ⅲ部

多様な学びの場

第11章
幼児期の教育

〈この章のポイント〉
　幼児期の教育（保育）を担う施設は，一人ひとりの子どもにとって最初に出会う教育制度である。幼児期の教育は，その対象となる子どもの発達段階により，小学校以上の学校とは異なる特徴をもっている。本章では，幼稚園，保育所，認定こども園を取り上げ，幼児期の教育と小学校教育との比較対照から，また，幼稚園と保育所の異同の比較から，幼児期の教育の制度・歴史・課題について学ぶ。

1　幼児期の教育の制度

1　幼児期の教育の重要性

　子どもたちが生まれてきて，最初に育ち，教育を受ける場は家庭である。そして，早ければすぐに（0歳から）保育所で保育を受け，3歳以降は幼稚園に通うことができる。

　「幼児期の教育」については，2006（平成18）年に教育基本法が改正された際に新たに条文が盛り込まれた。「幼児期の教育は，生涯にわたる人格形成の基礎を培う重要なものであることにかんがみ，国及び地方公共団体は，幼児の健やかな成長に資する良好な環境の整備その他適当な方法によって，その振興に努めなければならない」という条文がそれである（第11条）。教育基本法のなかでは，「幼児期の教育」に関する定義はないが，一般に，小学校就学前の幼児が生活するあらゆる場での教育をさしていると解されている（教育基本法研究会，2007）。したがって，幼稚園や保育所での教育のみならず，家庭における教育や地域社会でのさまざまな教育の機会も含まれる。そうしたさまざまな場での幼児期の教育が，「生涯にわたる人格形成の基礎を培う重要なものである」と明記された点に，本条文の意義がある。また，そうした重要性をもつがゆえに，国および都道府県あるいは市町村には，そのための良好な環境の整備に努めなければならないという，努力義務が課せられているのである。

　本章では主な施設である幼稚園と保育所を取り上げる。なお，今日では，認定こども園という新しい施設も増えてきている。同園については本章の第3節で触れることにする。

▷1　教育基本法は，文字通り教育の基本および理念を定めた法律であるが，改正前の法律には，幼児期の教育に関する条文はなかった。

第Ⅲ部　多様な学びの場

2　幼稚園の制度

　幼稚園は，学校教育法に定める「学校」の一種である。つまり，小学校や中学校と同じ「学校」に位置づけられる[2]。ただし，その目的や内容は小学校等の学校とはだいぶ異なる。

　まず幼稚園の目的は次のとおりである。「幼稚園は，義務教育及びその後の教育の基礎を培うものとして，幼児を保育し，幼児の健やかな成長のために適当な環境を与えて，その心身の発達を助長することを目的とする」（学校教育法第22条）。この規定には注目すべきキーワードがいくつかある。第一は，幼児期の教育に「保育」という言葉が使われている点である。一般に，もちろん小学校以上の学校では教育を行うことが目的となるが，幼稚園ではその教育の対象となる幼児の発達段階に応じて，「保育」が目的となっている[3]。この「保育」という言葉には，幼児がまだ幼いため養護や保護が必要であること，また，小学校の体系的な教育とは異なり，幼児期の教育は幼児の生活や遊びを通した教育を特徴とするといった意味が含まれている。第二は，「環境」という用語である。「幼児の健やかな成長のために適当な環境を与えて」と書かれている。小学校では教師から授業において教育内容が直接教育されるのに対し，幼稚園では保育室や遊具等の物的環境や幼稚園の先生やお友達との関係といった人的環境のなかで，幼児の成長が育まれることが重視されている。第三は，幼稚園の教育が，「義務教育及びその後の教育の基礎」を培うものとして位置づけられているという点である。この条文は，2006年の学校教育法改正の際に盛り込まれたもので，小学校および中学校での義務教育の前提となる基礎を培うことを幼稚園教育の目的として掲げている（鈴木，2016）。

　次に，学校教育法ではこの「目的」規定を受けて幼稚園の「目標」として次の5項目があげられている（第23条）。

一　健康，安全で幸福な生活のために必要な基本的な習慣を養い，身体諸機能の調和的発達を図ること。

二　集団生活を通じて，喜んでこれに参加する態度を養うとともに家族や身近な人への信頼感を深め，自主，自律及び協同の精神並びに規範意識の芽生えを養うこと。

三　身近な社会生活，生命及び自然に対する興味を養い，それらに対する正しい理解と態度及び思考力の芽生えを養うこと。

四　日常の会話や，絵本，童話等に親しむことを通じて，言葉の使い方を正しく導くとともに，相手の話を理解しようとする態度を養うこと。

五　音楽，身体による表現，造形等に親しむことを通じて，豊かな感性と表現力の芽生えを養うこと。

　さらに，この5つの「目標」を受けて，幼稚園のねらいおよび内容は「健康」「人間関係」「環境」「言葉」「表現」の5領域で構成されている[4]。

▷2　学校教育法（第1条）では，「この法律で，学校とは，幼稚園，小学校，中学校，義務教育学校，高等学校，中等教育学校，特別支援学校，大学及び高等専門学校とする」と定められている。

▷3　例えば，小学校については，学校教育法により「小学校は，心身の発達に応じて，義務教育として行われる普通教育のうち基礎的なものを施すことを目的とする」（第29条）と定められているように，その目的は，普通「教育」である。

▷4　幼稚園教育要領［平成29年改訂］によると，「ねらい」は，幼稚園教育において育みたい資質・能力を幼児の生活する姿から捉えたものであり，「内容」はねらいを達成するために指導する事項である。各「領域」はこれらを幼児の発達の側面から「健康」「人間関係」「環境」「言葉」「表現」としてまとめ，示されている。

幼稚園の制度の基本についても教育法規の定めがある。例えば，教育課程については，学校教育法において「幼稚園の教育課程その他の保育内容に関する事項は，……文部科学大臣が定める」（第25条）と定められており，これに基づき，「幼稚園教育要領」が定められている。小学校等での「学習指導要領」に相当するものである。次に，入園資格についても定めがある。幼稚園に入園することのできる者は，「満三歳から，小学校就学の始期に達するまでの幼児とする」と規定されている（学校教育法第26条）。また，幼稚園の先生について見ると，幼稚園も学校であることから小学校等と同じ「教諭」であり，教育職員免許法で定められた免許状を必要とする。さらに，幼稚園の設備等については，「幼稚園設置基準」に定めがあり，この基準を満たさなければならない（学校教育法施行規則第36条）。

③ 保育所の制度

一方，保育所は，児童福祉法に定められる児童福祉施設であり，この点で児童養護施設，児童自立支援施設，母子生活支援施設と同じである（児童福祉法7条）。保育所の目的は，「保育を必要とする乳児・幼児を日々保護者の下から通わせて保育を行うこと」と定められている（第39条）。

幼稚園の「幼稚園教育要領」に相当するのが「保育所保育指針」［平成29年改訂］である。そこに保育所の目標が次のように定められている。

> 保育所は，子どもが生涯にわたる人間形成にとって極めて重要な時期に，その生活時間の大半を過ごす場である。このため，保育所の保育は，子どもが現在を最も良く生き，望ましい未来をつくり出す力の基礎を培うために，次の目標を目指して行わなければならない。
> (ア) 十分に養護の行き届いた環境の下に，くつろいだ雰囲気の中で子どもの様々な欲求を満たし，生命の保持及び情緒の安定を図ること。
> (イ) 健康，安全など生活に必要な基本的な習慣や態度を養い，心身の健康の基礎を培うこと。
> (ウ) 人との関わりの中で，人に対する愛情と信頼感，そして人権を大切にする心を育てるとともに，自主，自立及び協調の態度を養い，道徳性の芽生えを培うこと。
> (エ) 生命，自然及び社会の事象についての興味や関心を育て，それらに対する豊かな心情や思考力の芽生えを培うこと。
> (オ) 生活の中で，言葉への興味や関心を育て，話したり，聞いたり，相手の話を理解しようとするなど，言葉の豊かさを養うこと。
> (カ) 様々な体験を通して，豊かな感性や表現力を育み，創造性の芽生えを培うこと。

保育所の保育内容は，1歳以上から，幼稚園と同様の5領域でねらいと内容が示されているが，同時に「生命の保持」および「情緒の安定」にかかわる保育の内容と一体となって展開される点にその特徴がある。また，保育所の対象

▷5 児童福祉法の原理として，「全て児童は，児童の権利に関する条約の精神にのっとり，適切に養育されること，その生活を保障されること，愛され，保護されること，その心身の健やかな成長及び発達並びにその自立が図られることその他の福祉を等しく保障される権利を有する」（第1条）と謳われている。

▷6 児童養護施設
保護者のない児童，虐待されている児童その他環境上養護を要する児童を入所させて，これを養護し，あわせて退所した者に対する相談その他の自立のための援助を行うことを目的とする施設である（児童福祉法第41条）。

▷7 児童自立支援施設
不良行為をなし，又はなすおそれのある児童及び家庭環境その他の環境上の理由により生活指導等を要する児童を入所させ，又は保護者の下から通わせて，個々の児童の状況に応じて必要な指導を行い，その自立を支援し，あわせて退所した者について相談その他の援助を行うことを目的とする施設である（児童福祉法第44条）。

▷8 母子生活支援施設
「配偶者のない女子又はこれに準ずる事情にある女子及びその者の監護すべき児童を入所させて，これらの者を保護するとともに，これらの者の自立の促進のためにその生活を支援し，あわせて退所した者について相談その他の援助を行うことを目的とする施設」である（児童福祉法第38条）。

▷9 児童福祉法の改正

第Ⅲ部　多様な学びの場

（2015年4月1日施行）により，「保育所」の定義が変わった。旧法では，保育所は，「日日保護者の委託を受けて，保育に欠けるその乳児又は幼児を保育することを目的とする施設」であり，「特に必要があるときは，日日保護者の委託を受けて，保育に欠けるその他の児童を保育することができる」と定められていた（第39条）。

▷10　この目標に保育所の性格が端的に示されている。先に見た幼稚園の目標とじっくり見比べてほしい。

▷11　児童福祉施設の設備及び運営に関する基準は2017年4月1日に公布されたものであり，旧来は「児童福祉施設最低基準」という名称であった。

▷12　小学校の新学習指導要領の総則を参照。

▷13　教科書は「教科」用図書のことであり，幼稚園の保育は「教科」ではなく「領域」から構成されるので当たり前とも言える。

▷14　幼児教育の無償化については，近年大きな政策課題となっており，政策提言もなされている。

は0歳児から小学校就学の6歳までであり，その保育時間も保護者の就労時間に合わせて8時間を原則としている（児童福祉施設の設備及び運営に関する基準）。

　保育所の保育者には「保育士」の資格が必要である。児童福祉法によると，保育士とは，「専門的知識及び技術をもつて，児童の保育及び児童の保護者に対する保育に関する指導を行うことを業とする者」を言う（第18条の4）。また，設置基準として「児童福祉施設の設備及び運営に関する基準」も定められている。

4　幼稚園と保育所の異同，小学校との異同

　これまで見てきたように，教育基本法に定める「幼児期の教育」には保育所も含まれており，幼稚園と保育所の目的は幼児の「保育」という点で一致している。しかし，その一方で，幼稚園が学校教育法に定める学校であるのに対し，保育所は児童福祉法に定める児童福祉施設であり，その目的・機能等において異なる面も少なくない。両者を対比してみると表11-1のようになる。

　こうした幼稚園と保育所の違いは，「幼保二元体制」として，とくに教育を受ける機会の均等の原則から見て，幼児期の教育制度の大きな問題とされてきた。この違いは，次節で見るように歴史的に形成されてきたものでもある。また，第3節で見るように，近年では両者を統合する「認定こども園」も普及しつつある。

　また，同じ「学校」に位置づけられている幼稚園と小学校を比べてみると，前者の特徴も明確になる。例えば，小学校の教育では国語，算数などの教科があり，45分の単位で各教科を教えることが基本となる。各学年，教科ごとに年間の授業時数も定められている。一方，幼稚園では，園での生活の全体を通して幼稚園の保育のねらいが総合的に達成されると考える。象徴的なのは，幼稚園には「教科書」がないということである。幼稚園では「遊び」が幼児の自発的な活動として心身の調和のとれた発達の基礎を培う重要な学びであるとされ，遊びを通しての指導を中心としてねらいを総合的に達成することが図られる（酒井・横井，2011）。

　また，条件整備の観点から小学校と幼稚園の違いを見てみると，公立小学校は無償であるが，幼稚園（と保育所）は有償である。また，小学校はほとんどが公立であるが，幼稚園児のうち約8割（保育所の幼児のうち約6割）は私立に通っている。さらに，幼稚園教員の9割以上は女性であり，その養成もいまだに短期大学が多い。こうした一つひとつの違いが教育条件の違いを生み出している。

第11章　幼児期の教育

表11-1　幼稚園と保育所の対比表

事　項	幼稚園	保育所
1　所　管	文部科学省	厚生労働省
2　根拠法令	学校教育法（第1条，第77条）	児童福祉法（第7条，第39条）
3　目　的	義務教育及びその後の教育の基礎を培うものとして，幼児を保育し，幼児の健やかな成長のために適当な環境を与えて，その心身の発達を助長すること（学校教育法第22条）	保育を必要とする乳児・幼児を日々保護者の下から通わせて保育を行うこと（児童福祉法第39条）
4　対　象	満3歳から小学校就学の始期に達するまでの幼児（学校教育法第80条）	保育を必要とする乳児（1歳未満）と幼児（1歳から小学校就学の始期まで）
5　設置者	地方公共団体，学校法人等	地方公共団体，社会福祉法人等
6　設置の基準	幼稚園設置基準	児童福祉施設の設備及び運営に関する基準
7　入園・退園	一般に学年の始まり（4月）に入園し，学年の終わり（3月）に退園する	保育を必要とする状況が生じた時に入所し，その必要がなくなった時に退所する
8　学級編制	同一年齢の幼児で学級を編制することが原則	とくに規定はない
9　内容の基準	幼稚園教育要領	保育所保育指針
10　1日の時間	4時間を標準とする 夏休み等の長期休業がある	8時間を原則とする 長期休業はない
11　保護者の負担	設置者の定める保育料等	家庭の所得等を勘案して設定された保育料
12　保育者の資格	幼稚園教諭普通免許状（教育職員免許法）	保育士資格証明書等（児童福祉法）

出所：筆者作成。

2　幼稚園と保育所の歴史

1　幼稚園の歴史

　わが国の近代教育制度の歴史は1872（明治5）年に発布された「学制」に始まる。この学制のなかで，幼稚園の前身に当たる保育施設も「幼稚小学」[15]として定められていたが，この規定は空文に終わり，現実に設置されることはなかった。

　わが国で最初の「幼稚園」は，1876（明治9）年に創設された東京女子師範学校（現在のお茶の水女子大学）の附属幼稚園である[16]。

　この幼稚園の目的は，「幼稚園規則」によると，「学齢未満ノ小児ヲシテ天賦ノ知覚ヲ開達シ固有ノ心思ヲ啓発シ身体ノ健全ヲ滋補シ交際ノ情誼ヲ暁知シ善良ノ言動ヲ慣熟セシムル」（第1条）ことにある。入園資格は3歳以上の幼児，保育時間は1日当たり4時間とされており現在の幼稚園と変わらない。保育内容は「物品科」「美麗科」「知識科」の3科に大別され，幼稚園の創設者であるドイツのフレーベル（F. Fröbel）の恩物が用いられていた[17]。

　小学校への就学すら一般庶民にはままならないこの時代にあって，この幼稚

▷15　「男女ノ子弟六歳迄ノモノ小学ニ入ル前ノ端緒ヲ教ルナリ」（第22章）。

▷16　欧米の教育事情を視察してきた文部大輔（文部大臣）田中不二麿が開設に向け尽力し，監事（園長）に関信三，主任保姆にフレーベルの流れを汲むドイツ人松野クララをそれぞれ当てた。

▷17　その日課を見ると，子どもたちは10時前に登園し，整列して遊戯室に入り唱歌を歌い，開誘室（保育室）に移り修身話や庶物話を聞き，戸外遊びへ，そしてまた整列して開誘室に入り恩物，遊戯室での遊戯か体操，昼食，戸外遊び，開誘室に戻り，午後2時に帰宅という流れであった。

第Ⅲ部　多様な学びの場

▷18　1879（明治12）年には鹿児島女子師範学校附属幼稚園，大阪府立模範幼稚園，仙台木町通小学校附属幼稚園が開設されるなど，徐々に設立の動きが広がる。また，上流階層に実質的に独占されていた状態を改めるべく，1882（明治15）年からは，簡易幼稚園の設立も奨励された。

▷19　1912（明治45）年には，幼稚園数は500園を超え園児数も4万4000人になるまでに普及した。

▷20　この託児所は「守孤扶独幼稚児保護会」と称した。

園に通ってきたのは，旧大名の子どもなど「富豪あるいは貴顕家の愛児」ばかりであり，通園にも付添いの者を従えて馬車に乗ってきたという逸話が当時の状況をよく物語っている。東京女子師範学校附属幼稚園はその成功により全国のモデルとなってゆく。[18]

　一方，明治20年代には，キリスト教系の私立幼稚園が全国で設立され始める。金沢の英和幼稚園，神戸の頌栄幼稚園，山口の明星幼稚園などがそれである。このうち，頌栄幼稚園を創設した宣教師ハウは，2年制の保姆養成所を併設し，幼児教育に関する本を多数翻訳するなど，キリスト教系の幼稚園の発展に尽力した。[19]

　大正期に入ると，幼稚園は，公立，私立あわせて1000園を超える数となり，園児数も10万人に近づくまでに拡大した。こうした普及を背景として，大正の末年，1926（大正15）年には，幼稚園に関する初めての独立の法令である「幼稚園令」が公布される。これにより，1900（明治33）年から小学校令施行規則のなかで規定されていた幼稚園が，小学校とは異なる独自の幼児教育機関として社会的に認知されるに至った。幼稚園令は，幼稚園の目的を「幼稚園ハ幼児ヲ保育シテ其ノ心身ヲ健全ニ発達セシメ善良ナル性情ヲ涵養シ家庭教育ヲ補フ」と規定している。また，従来の1日の保育時間を制限する規定が削除され，3歳未満の幼児の入園も可能とすることにより，幼稚園が託児所的機能をもつことも期待された。

　戦前・戦中の昭和期では，1942（昭和17）年にこれまでで最も多い園数となったものの，第二次世界大戦の戦局の悪化にともない幼稚園不要論が高まり，託児所に切り替えられるほか，多くの園が閉鎖に追い込まれた。

2　託児所の歴史

　幼稚園の設立・普及に比べると，保育所の前身に当たる託児所の創設は遅れた。わが国で初の本格的な託児所は，1890（明治23）年の赤沢鐘美によるものとされる。赤沢は，経済的事情で中学校に行けない生徒に勉学の機会を与えるために「新潟静修学校」を開設し，子守から解放されて勉学に取り組めるように，同伴の幼児を別室で預かった。[20]　明治20年代は経済恐慌により多くの貧困層が生じた時期であり，赤沢の取り組みの背景にはこうした経済的社会的状況があった。

　資本主義の発展にともない，都市にスラム化する地域が現れる。1899（明治32）年，東京麹町に「二葉幼稚園」（後に「二葉保育園」と改称）が設けられたのも，そうしたスラム街の子どもたちを保護するためであった。保育に当たった野口幽香，森島峰は華族女学校附属幼稚園の保母であったが，慈善家等の援助により園を経営した。この幼稚園は，保育時間は親の必要に応じて7～8時間

と長く，３歳から就学までの幼児を対象とした。[21]

　1909（明治42）年には，岡山で孤児院を開いていた社会事業家の石井十次が，南大阪のスラム街に「愛染橋保育所」を開設する。石井は，孤児院でペスタロッチ（J. H. Pestalozzi）の思想に基づく教育を実践してきており，ここでもペスタロッチの思想に基づく労作教育が行われた。

　このように，託児所の創設は，資本主義の発展にともなう社会的な経済的環境の変化に由来する。内務省はこうした施設を貧民に対する感化救済事業の一環として位置づけたため，幼稚園のような教育機関としての理解は得られなかった。しかも，その設置は一部の篤志家によるものであり，明治末年の1912年になっても託児所の数は15か所にとどまっていた。

　公立の託児所が設置され始めるのは大正期になってからである。第一次世界大戦後，わが国も重工業の産業が拡大し，工場労働者の増加にともない労働問題が深刻化していく一方で，大正デモクラシーのなか，人権に対する理解も社会的に広まっていった。とりわけ1918（大正７）年の米騒動は貧困を社会問題として広く国民に意識させる事件となった。

　こうした背景から，1919（大正８）年の大阪を初めとして，京都，東京，神戸などで，公的な社会事業の一環として，公立託児所の開設が進められた。

　1921（大正10）年の東京市託児保育規定によれば，保育時間は朝６時から夜６時までで，生後６か月から就学までの乳幼児が対象とされている。[22]公立も含めた保育所の数は，大正末期には300か所を超えるようになった。

　昭和に入り，第二次世界大戦下では，大人の男性は戦地に赴き，軍需産業には大量の女性労働力が必要とされたため，保育所の増設が喫緊の課題となった。このため，都市部を中心に間に合わせ程度の「戦時保育所」が急増し，1944（昭和19）年には，10年前の３倍に当たる2000か所に増えた。その保育方針も，例えば東京都の設置基準では「身体の発育に応じて体育訓練を行ひ少国民としての躾を重視し，国家行事を保育の中に取入れ国民意識，祖先崇敬の念を養ふ」とあるように，軍事色の濃いものであった。

③　戦後教育改革と新制保育制度の発足

　第二次世界大戦での敗戦により，わが国は国家体制を大きく転換することになる。戦前の天皇制国家による軍国主義への反省から，1946（昭和21）年に平和と民主主義を高らかに宣言する日本国憲法が公布される。翌1947（昭和22）年には，個人の尊厳を重んじ，真理と平和を希求する人間の育成を期する教育基本法が制定され，その実現に向け学校教育法も整備された。

　この学校教育法により，幼稚園も小学校等と同等の「学校」として規定され（第１条），正式な教育機関の一つとしての地位を得るとともに，その目的は

▷21　ここでは遊戯，唱歌，談話，手技を中心とするカリキュラムに加えて，基本的生活習慣の形成，衛生指導にも力点が置かれていた。

▷22　保育内容は「遊戯，唱歌，談話，手技」であり，幼稚園と同様である。

第Ⅲ部　多様な学びの場

「幼児を保育し，適当な環境を与えて，その心身の発達を助長する」ことと定められた（第77条）。

また，同じく1947年には，保育所を規定する児童福祉法も制定された[23]。戦前の託児所が貧困家庭の幼児に対する救済措置として位置づけられていたのに対し，児童福祉法ではすべての子どもの福祉を保障するとの理念の下に保育所を位置づけていることの意義は大きい。そして同法は保育所の目的を「日日保護者の委託を受けて，保育に欠けるその乳児又は幼児を保育する」ことと定めた（第39条）。

戦前では，小学校入学者のうち幼稚園修了者の占める割合は，幼稚園令の出された1926年においては3.6％，1943年でも9.6％にとどまっているように，国民全体から見ればまだ少数派であった。学校教育法により同じ「学校」となったものの，義務教育機関である小学校が明治末年にはほぼ全員が就学していたことと比較すると，幼稚園の場合は，量的普及自体が戦後の課題となる。また，幼稚園と保育所のいわゆる幼保二元体制をどのように考えるべきかという保育制度上の大問題も戦後に残すことになった。

3　幼児期の教育の課題

1　幼稚園・保育所の偏在

戦後に入り，各種の振興策により，幼稚園・保育所に通う子どもたちは確実に増えていった。とくに1960年代に幼稚園の就園率は飛躍的に上昇した。今日では，就学前の4歳児，5歳児のほとんどは幼稚園か保育所に通っている[24]。しかし，地域ごとに見ると，幼稚園と保育所は相当程度偏在している。図11-1[25]のように，例えば，沖縄県では8割の5歳児は幼稚園に通っているが，長野県では2割に過ぎない。

こうした都道府県ごとの大きな違いは，地域や各自治体の事情により歴史的に形成されてきたものである。先に述べたように，幼稚園や保育所は私立の割合も高く，その結果，非常に多様な教育・保育が提供されている。そのこと自体はよいことであるが，「ひとしく教育を受ける権利」（憲法第26条）を制度的に保障するという観点から見るとこうした偏在については検討の余地がある。

2　認定こども園

「認定こども園」は2006年に創設された比較的新しい制度で[26]，幼稚園，保育所のうち，教育および保育を一体的に提供する施設である。就学前の子どもに幼児教育・保育を提供する機能（保護者が働いている，いないにかかわらず受け入

▷23　児童福祉法は，「すべて国民は，児童が心身ともに健やかに生まれ，且つ，育成されるように努めなければならない。すべて児童は，ひとしくその生活を保障され，愛護されなければならない」としてすべての児童の福祉を理念として掲げた（第1条）。

▷24　しかしながら，幼児期の教育は義務教育ではないので，100％の子どもたちが幼稚園や保育所に通っているわけではなく，小学校のように市町村に設置義務があるわけでもない。

▷25　このデータは2010（平成22）年のものである。また，推計値であるため，幼稚園就園率と保育所在籍率の合計が100％を超えることがある。

▷26　その根拠法令は2006年に制定された「就学前の子どもに関する教育，保育等の総合的な提供の推進に関する法律」である。

第11章　幼児期の教育

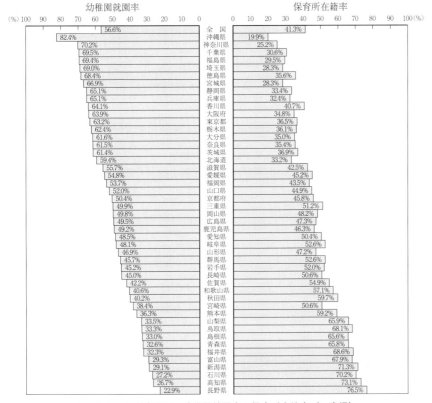

図11-1　都道府県別の幼稚園就園率と保育所在籍率（5歳児）
出所：文部科学省（2010, 22ページ）。

れて，教育・保育を一体的に行う機能）と地域における子育て支援を行う機能（すべての子育て家庭を対象に，子育て不安に対応した相談活動や，親子の集いの場の提供などを行う機能）を備えることが条件として求められる。

「認定こども園」は，地域の実情や保護者のニーズに応じて選択が可能となるよう，次のように多様なタイプがある。

(1) 幼保連携型：幼稚園と保育所とが連携して，一体的な運営を行うことにより，認定こども園としての機能を果たすタイプ。
(2) 幼稚園型：幼稚園が，保育を必要とする子どものための保育時間を確保するなど，保育所的な機能を備えて認定こども園としての機能を果たすタイプ。
(3) 保育所型：保育所が，保育を必要とする子ども以外の子どもも受け入れるなど，幼稚園的な機能を備えることで認定こども園としての機能を果たすタイプ。
(4) 地方裁量型：幼稚園・保育所いずれの認可もない地域の教育・保育施設が，認定こども園として必要な機能を果たすタイプ。

現在では，子ども・子育て支援新制度として法改正がなされ，このうち幼保

▷27　子ども・子育て関連3法と呼ばれる次の法律で，いずれも2012（平成24）年に制定された。「子ども・子育て支援法」「就学前の子どもに関する教育，保育等の総合的な提供の推進に関する法律の一部を改正する法律」「子ども・子育て支援法及び就学前の子どもに関する教育，保育等の総合的な提供の推進に関する法律の一部を改正する法律の施行に伴う関係法律の整備等に関する法律」。

第Ⅲ部　多様な学びの場

連携型の認定こども園は，学校であると同時に社会福祉施設でもある，両方の性格をもつものであることが明示されることになった。その目的として，「義務教育及びその後の教育の基礎を培うものとしての満3歳以上の子どもに対する教育並びに保育を必要とする子どもに対する保育を一体的に行い，これらの子どもの健やかな成長が図られるよう適当な環境を与えて，その心身の発達を助長するとともに，保護者に対する子育ての支援を行うこと」と定められている（就学前の子どもに関する教育，保育等の総合的な提供の推進に関する法律第2条第7項）。その内容の基準は「幼保連携型認定こども園教育・保育要領」に定められており，所管は文部科学省でも厚生労働省でもなく内閣府である。

　この制度は幼稚園や保育所を認定こども園に移行させることを義務づけるものではないが，政策的には促進するとされていることから，今後は，認定こども園が増えることも予想される。また，認定こども園は，わが国の幼保二元体制を一元化する可能性を秘めているが，現状では幼稚園，保育所に次ぐ3番目の地位にあり，制度は一層複雑化したとも言える。

３　家庭教育支援

　本章の最初に述べたように，幼児が最初に出会う教育の場は家庭である。そして，保育所・幼稚園等の保育者と保護者の関係は，小学校以上の教師と比較しても密である。このため，家庭教育支援については，小学校以上の学校等においても求められるが，とくに幼稚園や保育所にはその役割が求められる。学校教育法において，「幼稚園においては，第22条に規定する目的を実現するための教育を行うほか，幼児期の教育に関する各般の問題につき，保護者及び地域住民その他の関係者からの相談に応じ，必要な情報の提供及び助言を行うなど，家庭及び地域における幼児期の教育の支援に努めるものとする」（第24条）と明記されているのはそのためである。[28]

　この条文は2007（平成19）年の学校教育法改正にともない新設されたものである。これまで幼稚園はもちろん通園してくる幼児を対象に教育を行うことを本務としてきたが，近年，家庭や地域の教育力の低下が指摘されていることから，幼児教育の専門家である幼稚園の教師が，家庭や地域の教育力の向上に資することが期待されている。具体的には，家庭教育に関する相談の実施，親子登園，地域のボランティア育成支援等の取り組みなどさまざまな内容が含まれる。

▷28　児童福祉法では，保育所に対しても，「保育所は，当該保育所が主として利用される地域の住民に対してその行う保育に関し情報の提供を行い，並びにその行う保育に支障がない限りにおいて，乳児，幼児等の保育に関する相談に応じ，及び助言を行うよう努めなければならない」と定めている（第48条の4）。

Exercise

①　同じ幼児期の保育施設である保育所と幼稚園をさまざまな観点から比較してみて両者の異同とその理由を考えてみよう。

② 幼稚園が学校教育法の改正によって「義務教育の基礎」と位置づけられた
　理由について考えてみよう。
③ 自分の住んでいる都道府県の保育所と幼稚園の割合を調べて，その歴史的
　経緯を調べてみよう。

📖次への一冊

竹内通夫『戦後幼児教育問題史』風媒社，2011年。
　　幼児期の教育についてはさまざまな課題がある。幼保一元化，長時間保育，待機児
　　問題，早期教育，教育格差問題等である。本書は，こうしたさまざまな課題を取り
　　上げ，わが国の議論を丁寧にまとめている。
丸山美和子『小学校までにつけておきたい力と学童期への見通し』かもがわ出版，2005
　年。
　　著者は幼児期の発達相談の研究者であり，保育所・幼稚園から小学校の低学年まで
　　の子どもたちの発達の特徴を踏まえて，就学までに育てておきたい力とともに，「気
　　になる子」の理解についてもわかりやすく論じている。
酒井朗・横井紘子『保幼小連携の原理と実践』ミネルヴァ書房，2011年。
　　保育所・幼稚園と小学校の連携という今日的課題について，その政策の流れ，保育
　　所・幼稚園と小学校の違い，その原理的考察とともに，子ども同士の交流，保育者
　　と教員の交流，連携のカリキュラム開発など実践的な示唆も豊富に示されている。

引用・参考文献

藤永保『幼児教育を考える』岩波新書，1990年。
ハロウェイ，S. D.，高橋登ほか訳『ヨウチエン──日本の幼児教育，その多様性と変
　化』北大路書房，2004年。
加藤繁美『子どもへの責任』ひとなる書房，2004年。
近藤幹生『保育とは何か』岩波新書，2014年。
倉橋惣三・新庄よしこ『日本幼稚園史』フレーベル館，1980年。
教育基本法研究会編著『逐条解説　改正教育基本法』第一法規，2007年。
文部科学省「学制の在り方にかかる論点基礎資料集」2010年。
日本保育学会編『保育学講座2　保育を支えるしくみ』東京大学出版会，2016年。
OECD，星三和子ほか訳『OECD保育白書』明石書店，2011年。
佐伯胖『幼児教育へのいざない』東京大学出版会，2014年。
酒井朗・横井紘子『保幼小連携の原理と実践』ミネルヴァ書房，2011年。
鈴木勲編著『逐条学校教育法』（第8次改訂版），学陽書房，2016年。

第12章
特別支援教育

〈この章のポイント〉

　特別支援教育は子どもの特別な教育ニーズに応じて支援を行う公教育の重要な領域である。しかし，特別支援教育がこのように認識されるには多くの年月を必要とし，かつ現在も新たな課題の克服が必要とされている。本章ではこのようなわが国の特別支援教育制度について，(1)大きな制度転換期を区分とした特別支援教育の歴史的展開，(2)子どもの特別な教育ニーズに応じた教育制度の概要，(3)今日的課題について，国際動向とも合わせて，わかりやすく解説する。

1　特別支援教育の歴史的展開

［1］　明治期から昭和前期（第二次世界大戦）までの学校制度

　障害をもった子どもへの教育は，江戸時代から主に聴覚障害をもった子どもの教育が寺子屋を中心に行われていた。また，管弦（琵琶など）・鍼・按摩に従事する視覚障害者が，社会人・職業人として自立できるように仲間組織「当道座」が組織され，修行の道が整えられていた。当時のヨーロッパにおいてはフランスで1760年に聾学校（聴覚障害児のための学校），1791年に盲学校（視覚障害児のための学校）が世界で初めて開設されている。

　日本ではヨーロッパに約100年遅れて1878（明治11）年に日本で最初の盲聾学校である京都盲唖院が開設された。法規定としては，1872（明治5）年発布の学制には「廃人学校アルベシ」とは規定されていたが，実態は確認されていない。

　特別支援教育に対する国レベルでの初めての対応は1923（大正12）年の「盲学校及聾唖学校令」を待たなければならない。その間，1887（明治20）年に文部省直轄学校となった東京盲唖学校など一部の学校を除いて，多くの盲学校あるいは盲唖学校は小規模の私立学校であった。

　他の障害に対応する学校としては，1932（昭和7）年に運動障害の子どもを対象とした東京市立光明学校，1940（昭和15）年に知的障害の子どもを対象とした大阪市立思斉学校が各種学校の一つとして開設された。

　1941（昭和16）年の国民学校令では，「身体虚弱，精神薄弱其ノ他心身ニ異常

▷1　京都盲唖院
熊谷伝兵衛，山田平兵衛，古河太四郎（初代校長）らの運動により，当時の府知事，槇村正直を動かし，1878（明治11）年5月24日に日本最初の盲唖院「京都盲唖院」が開業（開校）した。公教育としての特別支援教育のはじまりである。

▷2　盲学校及聾唖学校令
生活に須要な特殊な知識・技能を授けることを目的とし，北海道および府県に盲学校および聾唖学校の設置義務を課し，公立学校の経費は道府県の負担とした。従来の慈善事業から脱却し，公教育の一環として特別支援教育を位置づける端緒となった。

165

第Ⅲ部　多様な学びの場

アル児童」のために学級または学校を編成できると規定されていたが，戦況の悪化とともに有名無実化した。

2　戦後の学制改革と特殊教育

　第二次世界大戦後の学制改革のなか，1947（昭和22）年の教育基本法において特別支援教育（当時は「特殊教育」と呼ばれていた）が公教育の一領域として位置づけられた。同じく1947年に制定された学校教育法では戦前から存在していた盲学校・聾学校の義務制が導入され，1956（昭和31）年に9年の義務制となった。

　養護学校（精神薄弱，肢体不自由，病弱，それぞれ障害別に設置されていた学校）は同法施行時には存在せず，1956年の「公立養護学校整備特別措置法」によって徐々に整備されていった。養護学校の義務制については，1973（昭和48）年に文部省は通達「学校教育法中養護学校における就学義務及び養護学校の設置義務に関する部分の施行期日を定める政令の制定について」により1979（昭和54）年における義務化を予告し，同年義務制を開始した。この養護学校義務化によって，日本の義務教育制度はすべての子どものための制度となった。

　特殊学級（2006（平成18）年度から「特別支援学級」と規定）は，戦前からわずかながら存在していたが，法的位置づけが確定したのは1947年，学校教育法においてである。小学校・中学校・高等学校（1998（平成10）年6月の学校教育法改正後には中等教育学校も含む）において特殊学級において教育を行うことが適当なもの（旧学校教育法第75条第6項）のために置かれていた。昭和30年代から40年代を中心に整備が進み，軽度の障害をもつ子どもの教育の場として大切な場となっていた。

　特殊学級は，児童生徒が籍を置きながらほとんどの時間を本学級において過ごすことを原則としていたが，言語障害の子どものための「ことばの教室」など，基本は通常の学級で教育を受け，特別な指導のみを特殊学級で受ける「通級」指導も行われていた。そのような状況を受け，1993（平成5）年に通級による指導が制度化された。

3　特殊教育から特別支援教育への転換

　時代の進展とともに，医学や心理学などの発展，社会におけるノーマライゼーションの理念の浸透等により，障害の概念や範囲も変化してきた。また，実態上も小・中学校の通常の学級に在籍している児童生徒のなかに，当時の新しい障害の概念であるLD（Learning Disability：学習障害）・ADHD（Attention Deficit Hyperactivity Disorder：注意欠陥多動性障害）・高機能自閉症により学習や生活の面で特別な教育的支援を必要としている子どもたちがいることが明らか

▷3　公立養護学校整備特別措置法
養護学校における義務教育のすみやかな実施を目標として公立の養護学校の設置を促進し，かつ，当該学校における教育の充実を図る目的のため，建物の建築，教職員の給料等の経費の国庫負担について定めた。

▷4　ノーマライゼーション（normalization）
1950年代にデンマークの社会福祉担当官であったニルス・エリク・バンク-ミケルセン（N. E. Bank-Mikkelsen）らの理念であり，障害者や高齢者が他の人々とともに地域で生きることを提唱した。この考え方は，のちに1971年の「国連知的障害者権利宣言」，1975年の「国連障害者権利宣言」，1981年の「国際障害者年」に影響を与えた。

になった。従来の「特殊教育」では，障害の種類や程度に応じて教育を行って
きたが，「特別支援教育」ではその考え方を大きく転換した。「特別支援教育」
とは，障害のある幼児児童生徒の自立や社会参加に向けた主体的な取り組みを
支援するという視点に立ち，幼児児童生徒一人ひとりの教育的ニーズを把握
し，そのもてる力を高め，生活や学習上の困難を改善または克服するため，適
切な指導および必要な支援を行うものと定義された（2005（平成17）年中央教育
審議会答申「特別支援教育を推進するための制度の在り方について」）。この答申を踏
まえ，2006年に，通級による指導の対象にLD・ADHDが新たに加えられた。
2007（平成19）年には学校教育法等が改正され，従来の盲・聾・養護学校の制
度は複数の障害種別を受け入れることができる特別支援学校の制度に転換され
た（図12-1）。

〈2007年3月まで〉

	障害の程度が比較的重い児童生徒に対して，障害の種類ごとに別々の学校制度と教員免許制度を設定（全就学児童生徒のうち0.50％が在籍）		
学校制度	盲学校（0.01％）	聾学校（0.03％）	養護学校（0.46％）知的障害,肢体不自由,病弱
免許制度	盲学校教諭免許状	聾学校教諭免許状	養護学校教諭免許状

対象児童生徒の増加	障害の重度・重複化	基本的な考え方の転換

〈2007年4月から〉

	・障害種別を超えた特別支援学校を創設し，あわせて免許制度の総合化を図る。・特別支援学校は，地域の特別支援教育のセンター的役割を担う。
学校制度	特別支援学校
免許制度	特別支援学校教諭免許状

図12-1　盲・聾・養護学校から特別支援学校へ
出所：文部科学省ホームページをもとに作成。

▷5　障害者の権利に関する条約
障害者の人権および基本的自由の享有を確保し，障害者の固有の尊厳の尊重を促進することを目的として，障害者の権利の実現のための措置等について定めている。2006年12月に国連総会において採択され，2008年5月に発効した。日本は2007年9月にこの条約に署名し，2014年2月に効力を発生した。

▷6　共生社会
誰もが相互に人格と個性を尊重し支え合い，人々の多様なあり方を相互に認め合える全員参加型の社会をさす。わが国において最も積極的に取り組むべき重要な課題とされている。

　現在は障害者の権利に関する条約に則り，共生社会の形成に向けたインク
ルーシブ教育システム構築のため，特別支援教育の推進についての基本的考え
方の共有を目指している。ここでの「インクルーシブ教育システム」（inclusive
education system，署名時仮訳：包容する教育制度；障害者の権利に関する条約第24
条）とは，人間の多様性の尊重等の強化，障害者が精神的および身体的な能力

第Ⅲ部　多様な学びの場

等を可能な最大限度まで発達させ，自由な社会に効果的に参加することを可能とするという目的の下，障害のある者と障害のない者がともに学ぶ仕組みのことである。障害のある者が"general education system"（署名時仮訳：教育制度一般）から排除されないこと，自己の生活する地域において初等中等教育の機会が与えられること，個人に必要な「合理的配慮」が提供されることなどが必要とされている。

2　特別支援教育制度の概要

1　特別支援教育の場と対象者

2006年の教育基本法改正では，第4条第2項に「国及び地方公共団体は，障害のある者が，その障害の状態に応じ，十分な教育を受けられるよう，教育上必要な支援を講じなければならない」と新たに規定された。教育基本法に明記されることで，教育全体を通じて，障害のある者が必要に応じて特別な支援が受けられる旨が示された。

また，インクルーシブ教育システムにおいては，子どもたちが障害の有無を問わず同じ場でともに学ぶことを追求するとともに，個別の教育的ニーズのある子どもに対して，自立と社会参加を見据えて，その時点で教育的ニーズに最も的確に応える指導を提供することが大切である。そのために，連続性のある「多様な学びの場」として特別支援学校，特別支援学級，通級による指導，小・中学校における通常の学級を整備することを目指している。

特別支援学校の対象者は，視覚障害者，聴覚障害者，知的障害者，肢体不自由者または病弱者（身体虚弱者を含む。以下同じ）を対象としており（学校教育法第72条），障害の程度については政令で定められている（学校教育法第75条および学校教育法施行令第22条の3）。

特別支援学級の対象者は，知的障害者，肢体不自由者，身体虚弱者，弱視者，難聴者，その他障害のある者で，特別支援学級において教育を行うことが適当な者である（学校教育法第81条第2項）。なお，法令上は高等学校にも置くことができるとされているが，現在は存在していない。ただし，2016（平成28）年教育再生実行会議第九次提言[47]において，高等学校における特別支援学級の導入についても検討するとされている。

通級による指導の対象者は，小学校もしくは中学校，または中等教育学校の前期課程（特別支援学級を除く）に在学する言語障害者，学習障害者，注意欠陥多動性障害者等の障害のある者で，特別の教育課程による教育を行うことが適当な者である（図12-2）。

▷7　教育再生実行会議第九次提言
2013（平成25）年1月に発足した教育再生実行会議の9番目の提言「全ての子供たちの能力を伸ばし可能性を開花させる教育へ」では，これまでの教育で十分に力を伸ばし切れていない子どもたち一人ひとりの状況に応じて，その力を最大限伸ばすために必要な教育についてまとめている。その一領域として発達障害など障害のある子どもたちへの教育に言及している。

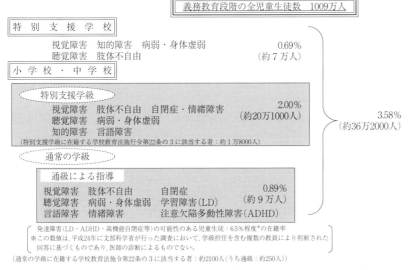

図12-2　特別支援教育の対象の概念図（義務教育段階，2017年5月1日現在）
出所：文部科学省（2017）。

　2005年中央教育審議会答申「特別支援教育を推進するための制度の在り方について」では，特別支援学級および通級指導教室の見直しを図り「特別支援教室（仮称）」構想が示された。地域の実情や障害の状態，適切な指導および必要な支援の内容・程度に応じるため，以下の3方式が提言された。

(1) ほとんどの時間を特別支援教室で特別の指導を受ける形態。

(2) 比較的多くの時間を通常の学級で指導を受けつつ，障害の状態に応じ，相当程度の時間を特別支援教室で特別の指導を受ける形態。

(3) 一部の時間のみ特別支援教室で特別の指導を受ける形態。

　この提言以降，これらの方式が全国で試行され，2016年度より，例えば東京都では「情緒障害等通級指導学級」を順次「特別支援教室」に変えている。これにより，発達障害をもつ子どもは，他校にある通級指導教室に通う必要がなくなり，在籍校で巡回してくる教員から指導を受けることができるようになる。

　2016年教育再生実行会議第九次提言では，高等学校における通級指導の制度化に言及したが，それを受け同年省令が改正され，2018年4月より施行し指導内容や支援体制の充実などの環境整備に取り組んでいる。

　さらに，病気や障害が重度あるいは重複しているために通学できない子どものために，教員が病院や施設や家庭を訪問して実施する訪問教育がある（学校教育法第81条第3項）。

　通常の学級においては，教育上特別の支援を必要とする子どもに対し，障害による学習上または生活上の困難を克服するための教育を行う（学校教育法第81条第1項）。発達障害を含む障害のある子どもが在籍している可能性があるこ

▷8　**訪問教育**
訪問先としては，重度あるいは重複障害のため通学が困難な子どもの家庭や重症心身障害児施設，子どもが入院している病院への訪問を行っている。指導時間は一般的に週2回，1回あたり2時間程度である。

第Ⅲ部　多様な学びの場

とを前提に，小学校および中学校の新学習指導要領においても「障害のある生徒などについては，特別支援学校等の助言又は援助を活用しつつ，個々の生徒の障害の状態等に応じた指導内容や指導方法の工夫を組織的かつ計画的に行うものとする」と規定している。

［2］　特別支援学校・学級等の目的と目標

特別支援教育も教育全体の一環であり，教育の目的（教育基本法第1条）および教育の目標（教育基本法第2条）は他の学校種と同じである。その基本のうえで，障害のある者が，その障害の状態に応じ，十分な教育を受けられるよう，教育上必要な支援を講じることが特別支援教育に求められている。

特別支援学校は障害による学習上または生活上の困難を克服し，自立を図るために必要な知識技能を授けることを目的としている（学校教育法第72条）。また，特別支援教育のセンター的役割を担っている▷9（学校教育法第74条）。

特別支援学級は，障害による学習上または生活上の困難を克服することを目的としている。小学校，中学校もしくは義務教育学校または中等教育学校の前期課程において，学習障害や注意欠陥多動性障害など，障害に応じた特別の指導を行う必要があるものを教育する場合には，特別支援学級を活用した通級による指導も実施されている。

［3］　弾力的な教育課程と学級編成

特別支援学校の教育課程は，幼稚園，小学校，中学校または高等学校に準じるとともに（学校教育法第77条），とくに「自立活動」▷10の領域を設け人間として調和のとれた育成を目指している。使用する教科書は，小学校，中学校，高等学校と同じ教科書のほか，子どもの障害の状態に合わせて作成された教科書（点字教科書，聴覚障害者用の音楽の教科書など）などを使っている（学校教育法附則第9条）。

特別支援学級の教育課程は，小学校や中学校の学習指導要領に沿って編成されるが，特別支援学校の学習指導要領を参考として特別な教育課程の編成もできる。通級による指導においても同様に，通常の学級の教育課程に加えて，特別の教育課程によることができる（学校教育法施行規則第140条）。文部科学大臣の検定を経た教科用図書を使用することが適当でない場合には，他の適切な教科用図書を使用することができる（学校教育法附則第9条，学校教育法施行規則第139条）。

特別支援学校および特別支援学級の1クラスの標準の人数は（表12-1），子ども一人ひとりの障害の状態に応じてきめ細かく指導を行う必要があることから，少人数により学級が編成されている（学校教育法施行規則第120条，公立義務

▷9　期待されるセンター的機能の例は以下のとおりである。(1)小・中学校等の教員への支援機能，(2)特別支援教育等に関する相談・情報提供機能，(3)障害のある幼児児童生徒への指導・支援機能，(4)福祉，医療，労働などの関係機関等との連絡・調整機能，(5)小・中学校等の教員に対する研修協力機能，(6)障害のある幼児児童生徒への施設設備等の提供機能（中央教育審議会答申，2005）。

▷10　自立活動
個々の幼児児童生徒が自立を目指し，障害による学習上または生活上の困難を主体的に改善・克服するために必要な知識，技能，態度および習慣を養うことを中心に行われる指導をさす。特別支援学校の教育課程において特別に設けられた指導領域である。

教育諸学校の学級編制及び教職員定数の標準に
関する法律第3条）。

なお，重複障害をもつ子どもの教育あ
るいは訪問教育を行う場合は，特別の教
育課程によることができ，その際ほかの
適切な教科用図書を使用することができ
る（学校教育法施行規則第131条）。

表12-1　学級規模について

	標　準
特別支援学校（小学部・中学部）	6人（重複障害の子がいる場合3人）
特別支援学級（小学校・中学校）	8人
小学校・中学校	40人（小学校第1学年は35人）

出所：公立義務教育諸学校の学級編制及び教職員定数の標準に関する法律をもとに作成。

4　キャリア教育とその現状

　特別支援教育においても，社会人・職業人として自立するために生徒一人ひ
とりの勤労観・職業観を育てるキャリア教育を充実することが重要である。
2015（平成27）年3月の特別支援学校高等部の就職率は28.8％であり，年ごと
に就職率は高くなってきてはいるが，よりいっそうの向上が必要である。

　2009（平成21）年告示の特別支援学校高等部学習指導要領では，自立と社会
参加を推進するため，職業教育などを充実することを改訂の基本の一つとし
た。内容としては，特別支援学校（知的障害）における職業教育を充実するた
め，高等部の専門教科として「福祉」を新設し，また，地域や産業界と連携
し，職業教育や進路指導の充実を図ることを規定した。

　具体的な施策としては，ハローワークなどと連携した，障害のある生徒の就
労先・就業体験先の開拓，就業体験時の巡回指導，卒業後のアフターフォロー
などを行う就職支援コーディネーターの配置，企業等と連携した現場実習など
の就業体験の機会の拡大および企業関係者を講師とした授業などを実施し，高
等学校段階における特別支援教育の充実を図っている。

　高等学校在学の発達障害のある生徒一人ひとりの障害に応じたキャリア教育
は，指導や支援が十分に行われているとは言い難い現状にある。今後，特別支
援学校からの支援を受けるなどの工夫をして，キャリア教育の充実を図る必要
がある。

3　特別支援教育の制度上の新たな展開

1　障害者差別解消法と特別支援教育

　障害者の権利に関する条約の締結に向けた国内法制度の整備の一環として，
障害者差別解消法が2016年に施行となった。この法律では，「不当な差別的取
扱い」と国の行政機関・地方公共団体等での「合理的配慮の不提供」を禁止し
ている。学校にも適用され，例えば，入学希望の子どもがいるにもかかわら

▷11　就職支援コーディ
ネーター
障害者と就労先の間にあっ
て，カウンセリング能力，
コンサルティング能力を有
し，障害者の潜在能力開発
と人間的成長を目標におい
て活動できる専門識者をさ
す。2011（平成23）年度か
ら，この就職支援コーディ
ネーターを活用し，地方自
治体や医療機関などとの連
携体制のさらなる強化を行
い，継続的な支援を実施す
ることで，福祉・教育・医
療から一般雇用への移行を
促進している。

▷12　障害者差別解消法
この法の目的は，障害を理
由とする差別の解消を推進
することにより，すべての
国民が障害の有無によって
分け隔てられることなく，
相互に人格と個性を尊重し
合いながら共生する社会の
実現を目指すことにある。

ず，必要な改善について配慮せず，障害に対応する環境が整っていないことを理由に入学を認めないと本法に違反することとなる。

具体的には，自閉症等の発達障害への「合理的配慮」[13]の例として，個別指導のためのコンピュータ等の確保，クールダウンするための小部屋の確保，板書やメモなどによる情報開示，助言のための心理学の専門家等の確保などが行われている。

学校における「合理的配慮」の判断の留意点は2点ある。1点目は，各学校の設置者および学校が体制面，財政面をも勘案し，「均衡を失した」または「過度の」負担については個別に判断することである。2点目は，設置者および学校が，学校における保護者の待機を安易に求めるなど，保護者に過度の対応を求めることは適切ではないとされていることである。ただし，いずれの基準にも含まれる「過度」の範囲が不明確であり，「合理的配慮」の判断が難しい現状がある。

2 就学支援制度の現状と課題

子ども一人ひとりの教育的ニーズに応じた支援を保障するために早期から本人・保護者・関係者が教育的ニーズと必要な支援について理解することは大切である。そのために，子どもが専門的な教育相談・支援が受けられる体制を医療，保健，福祉などとの連携の下に早急に確立することが必要である。

従来，教育相談・支援や就学先決定のために「就学指導委員会」が設けられており，就学基準に基づき原則特別支援学校に就学させていた。2002（平成14）年の学校教育法施行令改正により，一部原則が緩和され「認定就学」[14]が可能になった。

2012（平成24）年中央教育審議会・初等中等教育分科会報告では，就学時に決定した「学びの場」は固定したものではなく，それぞれの児童生徒の発達の程度，適応の状況等を勘案しながら柔軟に転学ができることを重視し，その後の一貫した支援についても助言を行うという観点から，「教育支援委員会」（仮称）といった名称とすることが適当であるとされ，現在多くの自治体が「就学指導委員会」より名称を変更している。

2013（平成25）年に新しい就学先の決定方法が導入された。従来と基本的考え方を変え，障害の状態，本人の教育的ニーズ，本人・保護者の意見，教育学，医学，心理学など専門的見地からの意見，学校や地域の状況等を踏まえた総合的な観点から就学先を決定する仕組みとなった。また，障害者基本法の改正により，本人・保護者の意向を可能な限り尊重することが求められていることから，本人・保護者の意向を聴取することになっている。

なお，保護者の願い出により，治療または生命・健康の維持のための療養に

▷13 「合理的配慮」の決定に当たっての基本的な考え方は以下のとおりである。(1)障害のある子どもと障害のない子どもがともに学びともに育つ理念を共有する教育，(2)一人ひとりの状態を把握し，一人ひとりの能力の最大限の伸長を図る教育（確かな学力の育成を含む），(3)健康状態の維持・改善を図り，生涯にわたる健康の基盤をつくる教育，(4)コミュニケーションおよび人とのかかわりを広げる教育，(5)自己理解を深め自立し社会参加することを目指した教育，(6)自己肯定感を高めていく教育。

▷14 認定就学
障害の状態等に照らし，小・中学校において適切な教育を受けることができると市町村教育委員会が認める場合に，通常の小・中学校に就学させることができる。

第12章　特別支援教育

専念することを必要とし，教育を受けることが困難または不可能な者については，就学義務の猶予または免除の措置を行うことができ（学校教育法第18条），障害を理由に少数ではあるがこの措置が適用されている。

③　個別教育支援計画作成と課題

特別な教育ニーズをもつ子どもにとって，可能な限り早期から成人に至るまでの一貫した指導・支援ができることが望ましい。特別支援学校ではすでに新学習指導要領において，すべての児童生徒について各教科等にわたる「個別の指導計画」の作成と教育，医療，福祉，労働等の関係機関が連携し，一人ひとりに応じた支援を行うため，すべての児童生徒に「個別の教育支援計画」を作成することが規定されている。一方，幼・小・中・高等学校等で学ぶ障害のある幼児児童生徒については，必要に応じて作成されることとなっており，必ず作成することとなっていない。

子どもの個々の状況に応じて弾力的に教育の場を選択できる状況において，子どもの成長記録や生活の様子，指導内容に関するあらゆる情報を関係機関が共有することにより，就学先決定，転学，就労判定などの際の資料としても活用できることが望ましい。

その一環として，2016年に改正された発達障害者支援法[15]では，発達障害をもつ子どもの個別教育支援計画の作成の推進が規定された。この個別の長期的な支援計画は，教育に関する業務を行う関係機関と医療，保健，福祉，労働等に関する業務を行う関係機関および民間団体との連携の下に作成を行うこととなっている。

小学校および中学校の新学習指導要領においても，障害のある児童生徒に対して「個別の教育支援計画を作成し活用することに努めるとともに，各教科等の指導に当たって，個々の生徒の実態を的確に把握し，個別の指導計画を作成し活用することに努めるものとする」と示されている。

④　特別支援教育における学校間連携の現状と課題

「インクルーシブ教育システム」を構築するためには連続性のある多様な学びを保障する必要があり，そのためには学校間連携は欠かせない。1校だけではできない「合理的配慮」の提供が複数の学校資源を活用することにより可能となるからである。「合理的配慮」の提供方策として，現在は3つの構築モデル事業が実施されている。

① モデルスクール型（小・中学校等）

幼稚園，小学校，中学校，高等学校，中等教育学校のなかから，モデル校として実践を行う。モデル校は，学級担任，特別支援教育コーディネーター[16]，合

▷15　改正された発達障害者支援法
発達障害者支援法の施行から10年が経過し，共生社会の実現に向けた新たな取り組みが進められている状況に鑑み，発達障害者の支援の一層の充実を図るため改正が行われた。その内容として，「発達障害者」の定義改正，基本理念の新設，国民の責務などがあり，教育に関する改正もその一環で行われている（第8条第1項）。

▷16　特別支援教育コーディネーター
保護者や関係機関の相談窓口，また学校内の教職員全体の特別支援教育に対する理解を深めつつ学校内の協力体制づくりおよび小・中学校または盲・聾・養護学校と関係機関との連携協力体制の整備を図ることを目的に設置される。

理的配慮協力員（特別支援教育に関する専門的な知識や経験を有する）などの関係者からなる検討委員会を設置するなど，障害のある児童生徒へ「合理的配慮」を提供するために校内の実施体制を整備する（図12-3）。

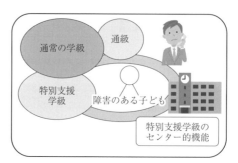

図12-3　モデルスクール型（小・中学校等）
出所：教育再生実行会議（2015）。

② 交流および共同学習型

　障害をもつ子どもと，もたない子どもがふれ合い，ともに活動することは，双方の子どもたちの社会性や豊かな人間性を育成するうえでとても大切である。小・中学校等や特別支援学校の新学習指導要領においては，障害のある子どもと障害のない子どもが活動をともにする機会を積極的に設けるよう示されている。方法としては，(1)特別支援学校と幼稚園，小学校，中学校，高等学校など（居住地校を含む）との交流および共同学習，(2)小・中学校の特別支援学級と通常の学級との交流および共同学習に分け，居住地校の学級名簿に児童生徒の氏名を記載するといった居住地校における副次的な籍の取り扱いをするなど，創意工夫して交流および共同学習の実践が行われている（図12-4）。

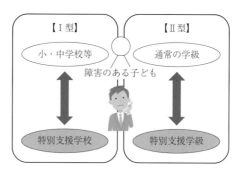

図12-4　交流および共同学習型
出所：教育再生実行会議（2015）。

③ スクールクラスター型

　スクールクラスター型とは，地域内の教育資源の組み合わせ（スクールクラスター）により，域内のすべての子ども一人ひとりの教育的ニーズに応え，各地域におけるインクルーシブ教育システムを構築することである。特別支援学校のセンター的機能が効果的であるとされている。特別支援学校は，都道府県

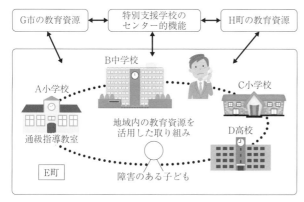

図12-5 スクールクラスター型
出所：教育再生実行会議（2015）。

教育委員会に設置義務があり，小・中学校は市町村教育委員会に設置義務があることから，両者の連携の円滑化を図るための仕組みを検討していく必要がある（図12-5）。

いずれの活動も「合理的配慮」の提供としては，これから実践事例を積み重ね，その成果や課題を検証していく必要がある。

Exercise

① 現在，発達障害を中心に通級による指導を受ける子どもの数が，2005年3万8738人，2010年6万637人，2015年9万270人，と増え続けている。
  (1)発達障害の種類（ADHD，学習障害，自閉症等）と指導方法を調べてみよう。
  (2)人数が増加している要因について検討してみよう。
② 子どもの障害に応じてさまざまな合理的配慮の提供（例えば運動障害の子どもに対する合理的配慮の提供として，移動や日常生活の介助および学習面を支援する人材の配置など）が必要である。その具体例を主な障害種別ごとにまとめてみよう。

次への一冊

柘植雅義『特別支援教育――多様なニーズへの挑戦』中公新書，2013年。
　　特別支援教育の歴史から地域の実践例や今後の課題に至るまで網羅されているにもかかわらず新書サイズにまとまっており，通読するのに好適な一冊である。
独立行政法人国立特別支援教育総合研究所『特別支援教育の基礎・基本　新訂版』ジアース教育新社，2015年。

第Ⅲ部　多様な学びの場

　　　　基礎・基本との題名であるが，かなり読み応えがある。最新の情報が制度や障害種
　　　　ごとの理解と教育法にまとめられている。必要な箇所から読んでいきたい。
東田直樹『自閉症の僕が跳びはねる理由』エスコアール出版部，2007年。／同『続・自
　　閉症の僕が跳びはねる理由』エスコアール出版部，2010年。
　　　　30か国以上でベストセラーとなっている重度の自閉症の少年のエッセイ。発達障害
　　　　に関心があれば必読である。著者を取り上げた NHK のドキュメンタリー番組は平
　　　　成26年度文化庁芸術祭で大賞を受賞している。
ランゲ，S.，中田和子訳『障害がある人がいる家族の肖像』明石書店，2006年。
　　　　デンマークの障害児者をもつ家族を対象に，本人および家族それぞれの思いが率直
　　　　に綴られている。国を超えて，障害の理解とは障害そのものの理解だけには留まら
　　　　ないことを実感できる。
松矢勝宏他『特別支援教育史・人物事典』日本図書センター，2015年。
　　　　新しい教育の分野である特別支援教育を切り開いていった先人の足跡を読みやすく
　　　　まとめている。図書館において気になる人物からの拾い読みが最適。

引用・参考文献

国立特殊教育総合研究所「『個別の教育支援計画』の策定に関する実際的研究」2006年。
国立特別支援教育総合研究所『特別支援教育の基礎・基本　新訂版』ジアース教育新
　　社，2015年。
教育再生会議配布資料「発達障害の子供への教育など特別支援教育について」2015年。
教育再生実行会議第九次提言「全ての子供たちの能力を伸ばし可能性を開花させる教育
　　へ」2016年。
文部科学省ホームページ「特別支援教育について」。http://www.mext.go.jp/a_menu/
　　shotou/tokubetu/main.htm（2018年 1 月16日閲覧）
文部科学省ホームページ「キャリア教育」。http://www.mext.go.jp/a_menu/shotou/
　　career/（2018年 1 月16日閲覧）
文部省編『学制百二十年史』ぎょうせい，1992年。
内閣府ホームページ「障害を理由とする差別解消の推進」。http://www8.cao.go.jp/shougai/
　　suishin/sabekai.html（2018年 1 月16日閲覧）

第13章
生涯学習

〈この章のポイント〉

　生涯学習への期待が高まる現代社会において，「学校教育以外の組織的な教育活動」としての社会教育の重要性が再認識されている。〈理念〉としての「生涯学習」と〈法制度〉としての「社会教育」が併存し，複雑に絡み合う現状のなかで，法制度の基本構造と各地域の独自性を捉える視点を欠かすことができない。本章では，社会教育の法的概念を出発点として，今日の社会教育行政・生涯学習推進の背景や経緯（戦前・戦後の社会教育の歩みと生涯教育論），現行の行政や推進体制，各施設の状況，団体・指導者の役割などについて解説する。

1　生涯学習の理念と社会教育

1　社会教育の概念

　本書はここまで，主に学校教育の制度について取り扱ってきた。学校の個々の教育活動は組織的・継続的に行われ，全体としても体系的な仕組みとして構造化されている。各国の教育制度において，学校教育は基幹的な役割を果たしているが，それ以外にも組織的・継続的な教育活動は存在する。それらは，学校教育と同様，個人の成長・発達や社会・文化の持続的発展などにおいて，重要な役割を果たしてきた。このような「学校教育以外の組織的・継続的な教育」を表す言葉は，国によってさまざまであるが（成人教育，継続教育，民衆教育，学校外教育，学校後教育など），日本では主に「社会教育」と呼ばれてきた。

　社会教育については，そこに含まれる活動の目的や対象，内容・方法・形態などが幅広く，論者によりさまざまに定義されてきた。そのなかで，社会教育法第2条が示す「組織的な教育活動のうち学校教育を除いたもの」という定義が一般に受け入れられてきた。

　この定義には，2つの意味が含まれている。第一に，「学校教育」（学校の教育課程として行われる教育活動）とは明確に区別されていることである。「組織的な教育活動」から学校教育を除いたものとする理解の仕方は，「消極的定義」とも言えるが，社会教育に含まれるすべての活動を示すのは不可能であることによる「法技術」とみなすこともできよう。第二に，社会教育を「組織的な教

▷1　社会教育法第2条
この法律において「社会教育」とは，学校教育法……又は就学前の子どもに関する教育，保育等の総合的な提供の推進に関する法律……に基づき，学校の教育課程として行われる教育活動を除き，主として青少年及び成人に対して行われる組織的な教育活動（体育及びレクリエーションの活動を含む。）をいう。

育活動」とすることにより、「家庭教育」との区別も示されていることである。家族による日常的なしつけや子育てを具体的内容・方法とする家庭教育は、通常、「組織的な教育活動」とはみなされないからである。

社会教育を学校教育・家庭教育とは異なる活動とする社会教育法の定義は「教育の三分法」にも通ずる。従来、学校教育・社会教育・家庭教育の関係については、図13-1の左側に示されるイメージの仕方が一般的であった。しかし、社会教育は「社会において行われる教育」（教育基本法第12条）であり、〈学校〉や〈家庭〉も〈社会〉の構成要素であることを考え合わせるとき、社会教育が学校教育と家庭教育を包み込む形（右側の図）の方が、「柔軟性」をもって学校教育を補完し、「組織性」をもって家庭教育を支援する社会教育の特性をイメージしやすいと言えるだろう。

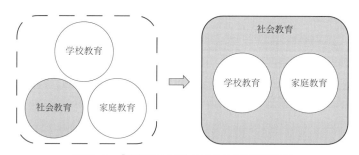

図13-1　「教育の三分法」による社会教育の理解
出所：筆者作成。

社会教育法の定義に含まれるほかの要素（教育対象）についても付言しておこう。主な対象としての「青少年及び成人」には、学齢児童・生徒から若者、成人、高齢者に至る幅広い年代の人々が含まれる。乳幼児は、法文上は主な対象とはされていないが、民間・公共の事業者が行う各種の幼児教室などを想起すればわかるように、乳幼児対象の組織的・継続的な教育活動は活発に行われている。今日、社会教育は乳幼児から高齢者まで、あらゆる年齢の人々に向けた教育活動として展開されている。さらに、社会のなかでさまざまな困難を抱える人々（障害をもつ人々、外国人、マイノリティなど）をエンパワーメントすることも今日の社会教育の重要な役割とされている。

2　社会教育略史

学校制度が成立する以前、人間形成作用に占める社会教育は非常に大きな比重を占めていた。村落共同体における子ども組や若者組、近世の石門心学や報徳思想に基づく修養団体などは、今日の社会教育の源流とされている。

明治政府は図書館や博物館の整備にも乗り出すが、政策的な関心はもっぱら近代的な学校制度を確立することに向けられた。1885（明治18）年の文部省通

▷2　「家庭教育」との区別
戦後の教育基本法（1947年制定）は「社会教育」について、「家庭教育及び勤労の場所その他社会において行われる教育は、国及び地方公共団体によって奨励されなければならない」（第7条）とし、社会教育と家庭教育との境界は必ずしも明確ではなかった。現行の教育基本法（2006年改正）では、家庭教育（第10条）と社会教育（第12条）は個別に規定され、社会教育法の定義との矛盾は解消されている。

▷3　教育の三分法
教育を学校教育、社会教育、家庭教育の3分野から捉えようとする考え方。

▷4　教育基本法第12条
個人の要望や社会の要請にこたえ、社会において行われる教育は、国及び地方公共団体によって奨励されなければならない。

▷5　エンパワーメント
社会的に弱い立場にある人が、自身の置かれている状況を理解し、変革できるように援助すること。

達は，学務局第三課の所掌に「通俗教育」を含めたが，その重点は国民（とく
に親）に学校の意義を理解させること（就学奨励）に置かれていた。

　社会教育という言葉が初めて公式に用いられたのは，1921（大正10）年，文
部省官制により普通学務局第四課の所掌事項が「通俗教育」から「社会教育」
に改められたことによる。1924（大正13）年には，課の名称が社会教育課に変
更されるとともに，翌年には社会教育職員の府県への配置が進められる。

　1929（昭和４）年には，社会教育局が新設され，勤労に従事する青少年を対
象とする実業補習学校や青年訓練所などを所掌するとともに（両者は1935（昭和
10）年に青年学校に統合），成人教育や婦人教育の事業も進められる。

　やがて戦時色が強まるなか，文部省でも社会教育局が先頭に立って国民精神
総動員（1937年）に向けた教化運動を展開する。社会教育団体は，政府主導で
再編された教化団体（大日本青少年団，大日本婦人会，大日本教化報国会など）へと
置き換えられ，社会教育は挙国一致の思想統制に利用されていく。

　敗戦を機に，戦前の教化体制は一掃され，民主主義の啓蒙・普及のための社
会教育へと転換される。その象徴的な存在として，各町村に設置が奨励された
のが公民館である。1946（昭和21）年７月の文部次官通牒「公民館の設置運営
について」は，「公民館は町村民が相集って教え合い導き合いお互いの教養文
化を高める為の民主的な社会教育機関」と説明している。

　1949（昭和24）年，憲法・教育基本法体制の下，社会教育法が制定される。
寺中作雄は，その理念を「社会教育は本来国民の自己教育であり，相互教育で
あって，国家が指揮し統制して，国家の力で推進せられるべき性質のものでは
ない。国家の任務は国民の自由な社会教育活動に対する側面からの援助であ
り，奨励であり，且奉仕であるべきであって，例えば社会教育関係の団体を統
制し，指揮したりするようなことは慎まなければならない」と解説している
（『社会教育法解説』1949年）。社会教育の本質を国民の「自己教育」「相互教育」
とし，政府の役割を「援助」「奨励」「奉仕」などに限定する考え方は，戦後社
会教育行政の基本理念として堅持されていく。

　社会教育法には公民館関連の条文も盛り込まれ，図書館法（1950（昭和25）年
制定）による図書館，博物館法（1951（昭和26）年制定）による博物館と並んで，
公民館は中核的な社会教育施設としての役割を果たしている。

3　生涯学習の理念

　戦後の社会教育に大きな影響をおよぼしたものに，ユネスコが提起した生涯
教育論がある。「成人教育推進国際委員会」（1965（昭和40）年）の議長を務めた
ラングラン（P. Lengrand）は，教育を青少年期の学校教育に限定する従来の考
え方を改め，各要素を「人の一生」と「生活全体」へと拡張したうえで，「垂

▷6　通俗教育
政府が明治中期から大正期
まで用いた民衆を対象とす
る教育の呼称。

▷7　寺中作雄
当時の文部省社会教育課
長。公民館の整備構想は
「寺中構想」として知られ
る。

第Ⅲ部　多様な学びの場

▷8　統合
首尾一貫した統一的な構造とすること。生涯教育の提起にあたり、フランス人のラングランは éducation permanente（永久教育）の語を用いたが、当初ユネスコは lifelong education（生涯教育）と英訳した。その後、「統合」理念の意義が強調され、lifelong integrated education という表現も用いられた。

直的次元」と「水平的次元」により「統合」する「生涯教育」の着想を提示した（図13-2）。この考え方は各国に受け入れられ、1967（昭和42）年のユネスコ総会では、今後の教育政策の基本原理として採択されている。

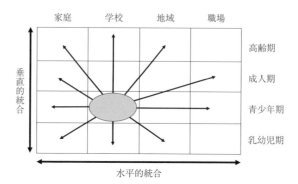

図13-2　教育機会の拡張と統合
出所：筆者作成。

　生涯教育論が登場した背景には、1960年代における急激な社会変化（技術革新、情報化、国際化、高齢化など）に加え、学校教育中心の教育政策の限界についての認識の広がりがある。学校教育の普及は教育機会の平等化には役立つものの、人々の格差を生み出す源泉でもあり、ラングラン自身も「不平等を拡大する要因の一つ」（ラングラン、1981、94ページ）と指摘している。

　この生涯教育論は、すぐに日本にも紹介され、教育政策全般に少なからぬ影響をおよぼした。例えば、中央教育審議会答申「今後における学校教育の総合的な拡充整備のための基本的な施策について」（1971（昭和46）年）は、「これまでともすれば学校教育に過大な期待を寄せ、かえって教育全体の効果が減殺される傾向があったことを反省」し、「家庭教育や社会教育がいっそう重要な役割を果たす必要がある」と述べている。「義務教育以後の学校教育を一定の年齢層の者だけに限定せず、国民一般が適時必要に応じて学習できるようにできるだけ開放する」という指摘に生涯教育論の影響を読み取ることができる。

　中央教育審議会は1981年の「生涯教育について」の答申のなかで、初めて公式に「生涯学習」という言葉を用いている。そこでは「人々の自発的意思に基づいて行う学習」を「生涯学習」とし、その「生涯学習のために、自ら学習する意欲と能力を養い、社会の様々な教育機能を相互の関連性を考慮しつつ総合的に整備・充実しようとするのが生涯教育の考え方」とした。以後、学習者の立場に立った「生涯学習」の語が一般的となる。

　「戦後教育の総決算」を掲げた臨時教育審議会（1984～87年）は、教育改革の視点の一つとして「生涯学習体系への移行」を打ち出した。以後、戦後教育改革による「社会教育制度」と臨時教育審議会の答申を起点とする「生涯学習推

進体制」とが併存する状況が続いている。

2　社会教育行政と生涯学習推進

1　社会教育行政の組織と機能

　社会教育法第3条[9]は，国および地方公共団体が行う社会教育行政の任務を定めている。社会教育行政の役割は，施設の設置・運営，集会の開催，資料の作成・頒布などを通して，自発的な教育・学習活動を促進するための「環境を醸成する」こととされている。あわせて，「生涯学習の振興に寄与する」（同条第2項）よう努めるとともに，「学校教育との連携」や「家庭教育の向上」にも配慮し，「学校，家庭及び地域住民その他の関係者相互間の連携及び協力の促進に資する」（同条第3項）ことも求めている。

　地方の社会教育行政は，市町村ならびに都道府県の教育委員会が所掌する。具体的な事務はほぼ共通であるが，公民館の設置・管理は市町村教育委員会の固有の事務とされる（第5条）。また，都道府県教育委員会においては，公民館・図書館の設置・管理に関する指導・調査，物資の提供・あっせん，社会教育を行う者への研修，市町村教育委員会との連絡など，市町村の社会教育行政を援助する役割も期待されている（第6条）。

　社会教育行政を担う専門的教育職員[10]として，社会教育主事が都道府県・市町村教育委員会の事務局に配置される（第9条の2）。その任務は「社会教育を行う者に専門的技術的な助言と指導を与える」ことであるが，「命令及び監督をしてはならない」（第9条の3）。

　また，社会教育行政に住民意思を反映させるため，都道府県・市町村教育委員会に社会教育委員を置くことができる（第15条）。その職務は，社会教育に関する諸計画の立案，教育委員会の諮問への意見提出，必要な研究調査などであり，社会教育の振興に対する役割発揮が期待されている。

　国の社会教育行政は，文部科学省において所掌されている（文部科学省設置法）。国は，社会教育法第3条の「環境醸成」の義務を果たすため，法令の定めにより，予算の範囲内で財政的援助や物資の提供，あっせんを行うこととされている（第4条）。

2　生涯学習推進の組織と機能

　臨時教育審議会が掲げた「生涯学習体系への移行」の方針を受けて，文部省（当時）は生涯学習推進のための体制構築に着手する。社会教育局は生涯学習局（生涯学習政策局を経て現在は総合教育政策局）に改編されるとともに（1988（昭

▷9　社会教育法第3条
国及び地方公共団体は，この法律及び他の法令の定めるところにより，社会教育の奨励に必要な施設の設置及び運営，集会の開催，資料の作製，頒布その他の方法により，すべての国民があらゆる機会，あらゆる場所を利用して，自ら実際生活に即する文化的教養を高めるような環境を醸成するように努めなければならない。

▷10　専門的教育職員
都道府県・市町村教育委員会に置かれる指導主事と社会教育主事（教育公務員特例法第2条第5項）。

第Ⅲ部　多様な学びの場

▷11　生涯学習審議会
生涯学習振興にかかわる基本的事項を審議するために設置された文部大臣（当時）の諮問機関。2001年の中央省庁再編により，他の審議会とともに中央教育審議会に統合された。

▷12　教育基本法第3条
国民一人一人が，自己の人格を磨き，豊かな人生を送ることができるよう，その生涯にわたって，あらゆる機会に，あらゆる場所において学習することができ，その成果を適切に生かすことのできる社会の実現が図られなければならない。

▷13　総合計画
行政運営の指針として策定される地方公共団体の行政計画。10年程度の施策の大綱を示す基本構想と5年程度の行政計画を示す基本計画などから構成される。

▷14　教育基本法第12条第2項
国及び地方公共団体は，図書館，博物館，公民館その他の社会教育施設の設置，学校の施設の利用，学習の機会及び情報の提供その他の適当な方法によって社会教育の振興に努めなければならない。

和63）年），社会教育審議会は生涯学習審議会[11]（現在は中央教育審議会生涯学習分科会）に名称変更されている（1990（平成2）年）。

　総合教育政策局は文部科学省の筆頭局であり，生涯学習の理念を踏まえた総合的な教育政策を推進する一方，社会教育課や青少年教育課など，以前より社会教育行政を担ってきた組織を前身とする地域学習推進課も配置されている。「生涯学習の理念」（教育基本法第3条[12]）に示される「あらゆる機会」「あらゆる場所」のなかには学校教育も含まれると解することができるが，行政組織のうえでは社会教育との関連が深い。

　地方においては「生涯学習の振興のための施策の推進体制等の整備に関する法律」（1990年）の制定が一つの契機となり，生涯学習への取り組みが活発に展開されていく。同法は，生涯学習を振興するための都道府県教育委員会の事業を示すとともに（第3条），地域生涯学習振興基本構想の策定（第5条），生涯学習審議会の設置（第10条）などを促す内容となっている。

　現在，すべての都道府県に生涯学習担当部局が設置されている。教育委員会のみに事務局を置き，社会教育法制による社会教育行政と一体的に推進する都道府県が多いが，知事部局にも担当部局を配置する例も多い。後者の場合，知事等を本部長とする全庁的な連絡調整組織（生涯学習推進本部など）が設けられていることも多い。

　政令指定都市を含め，一定程度以上の規模をもつ市町村においては，首長部局が生涯学習推進の中核的な役割を担うケースが増えている。そのような自治体においては，生涯学習に多様な政策目的（地域拠点の整備，住民の組織化，市民協働の推進，就業・社会参画，少子高齢社会への対応など）の達成が期待されている（大桃・背戸，2010）。地域の活性化に資する人材育成など，自治体の総合計画[13]にも位置づけられた施策が進められている。

3　社会教育の施設と職員

1　公民館・図書館・博物館の制度

　教育基本法第12条第2項[14]は，行政が社会教育を振興する方法として，社会教育施設の設置を例示している。先にも述べたように，社会教育法には公民館制度の規定（第20〜42条）も含まれる。また，第9条において「図書館及び博物館は，社会教育のための機関とする」（第1項）こと，「図書館及び博物館に関し必要な事項は，別に法律をもって定める」（第2項）ことが規定されている。各法律（社会教育法，図書館法，博物館法）に根拠規定をもつ公民館，図書館，博物館は，他の社会教育施設に比べて制度化の度合いが高く，法律の規律内容

においても共通点が多い（表13-1）。

表13-1　公民館・図書館・博物館制度の法規定

	公民館 （社会教育法）	図書館 （図書館法）	博物館 （博物館法）
目　的	第20条	第2条	第2条
設置者	第21条	第2条	第2条
事　業	第22条	第3条	第3条
職　員	第27条	第4条，第13条	第4条
館長の諮問機関	第29条	第14条	第20条
設置・運営の基準	第23条の2	第7条の2	第8条
運営状況の評価	第32条	第7条の3	第9条
運営状況の情報提供	第32条の2	第7条の4	第9条の2

出所：筆者作成。

　公民館の目的[15]は，「実際生活に即する文化的教養を高める」（社会教育法第3条）という社会教育の目的に沿う形で規定されている。一方，図書館の目的規定[16]，博物館の目的規定[17]においては，資料の「収集・整理・保存・配列」（図書館），「収集・保管・展示・調査研究」（博物館）に重点が置かれている。一方，公民館の場合「市町村その他一定区域内の住民」が利用者として想定されているのに対し，図書館・博物館の場合は「一般公衆」とされている。

　各施設は，地方公共団体が設置する公立の施設と法人（一般社団法人・財団法人など）が設置する私立の施設とに分けられる。公民館の設置者は，基本的に市町村である（法律上は法人による設置も可能）。図書館と博物館も都道府県立を含む公立の施設が多いが，博物館（類似施設を含む）については4分の1程度が私立である。なお，博物館は制度上，登録博物館，博物館相当施設，博物館類似施設[18]の3種に区別されている。

　各施設の共通点としては，(1)指導系職員（公民館主事，司書，学芸員など）の職務と資格が定められている，(2)地域住民や利用者の声を生かすための館長の諮問機関（公民館運営審議会，図書館協議会，博物館協議会）を置くことができる，(3)施設の設置・運営に関する「基準」（ガイドライン）が文部科学大臣から示されている，(4)施設が自ら運営状況を点検・評価し，利用者・地域住民への説明責任を果たすための評価と情報提供の努力義務が課されている，ことなどをあげることができる。

2　公民館・図書館・博物館の事業

　各施設が行う事業については，法律などにも定めがあるが，実際には設置者・施設の工夫により，きわめて多様に進められている。

▷15　公民館の目的
市町村その他一定区域内の住民のために，実際生活に即する教育，学術及び文化に関する各種の事業を行い，もつて住民の教養の向上，健康の増進，情操の純化を図り，生活文化の振興，社会福祉の増進に寄与すること（社会教育法第20条）。

▷16　図書館の目的
図書，記録その他必要な資料を収集し，整理し，保存して，一般公衆の利用に供し，その教養，調査研究，レクリエーション等に資すること（図書館法第2条）。

▷17　博物館の目的
歴史，芸術，民俗，産業，自然科学等に関する資料を収集し，保管（育成を含む。以下同じ。）し，展示して教育的配慮の下に一般公衆の利用に供し，その教養，調査研究，レクリエーション等に資するために必要な事業を行い，あわせてこれらの資料に関する調査研究をすること（博物館法第2条）。

▷18　登録博物館，博物館相当施設，博物館類似施設
博物館法上の博物館には，都道府県教育委員会の登録原簿に登録を受けた博物館（登録博物館）と都道府県・指定都市教育委員会から「博物館に相当する施設」として指定を受けた施設（博物館相当施設）が含まれる。登録・指定には設置主体や職員，開館日数などの要件が法令で定められている（博物館法第10条，同施行規則第19条）。博物館と同種の事業を行う，それら以外の施設を「博物館類似施設」と称している。

第Ⅲ部　多様な学びの場

▷19　学級・講座
文部科学省の社会教育調査
では「一定期間にわたって
組織的・継続的に行われる
学習形態」と定義されてい
る。

▷20　アウトリーチ
さまざまな要因により，教
育機関や学習機会にアクセ
スすることができない人々
のために，通信や出張など
の手段により教育サービス
を届けること。

▷21　博物館資料
文部科学省が行う社会教育
調査は，博物館を収集・保
管・展示する資料の内容に
より，総合博物館，科学博
物館，歴史博物館，美術博
物館，野外博物館，動物
園，植物園，動植物園，水
族館の９種類に分類してい
る。

▷22　（公民館の）主事
社会教育法第27条は「公民
館に館長を置き，主事その
他必要な職員を置くことが
できる」（第１項）とし，
「主事は，館長の命を受
け，公民館の事業の実施に
あたる」（第３項）とされ
ている。

▷23　司書・司書補
図書館法第４条は「図書館
に置かれる専門的職員を司
書及び司書補と称する」
（第１項），「司書は，図書
館の専門的業務に従事す
る」（第２項），「司書補は，
司書の職務を助ける」（第
３項）と規定している。

▷24　学芸員・学芸員補
博物館法第４条は「博物館
に，専門的職員として学芸
員を置く」（第３項），「学
芸員は，博物館資料の収
集，保管，展示及び調査研
究その他これと関連する事

一般に，公民館には地域の「学習拠点」としての役割が期待されている。公民館事業を特徴づけるのは，学級・講座ならびに諸集会（講演会，文化・体育事業など）と呼ばれる教育事業と，団体・サークルなどが行う教育活動に対する施設・設備の提供（「貸し館事業」などと呼ばれる）などである。

図書館には地域の「情報拠点」としての役割が期待されている。その中核をなすのは，図書館資料の収集・分類・配列，所蔵目録の整備，閲覧・貸出への対応，「レファレンス・サービス」と呼ばれる相談業務，移動図書館などのアウトリーチ活動などである。近年においては，所蔵資料を活かした読書会やブックトーク，読み聞かせなどの教育事業，学校の読書活動や図書室運営などへの支援活動に力を入れている施設も多い。

博物館は実物や標本などの「一次資料」を保有する施設である。そのため，資料の保管（動物の育成，昆虫の飼育，植物の栽培などを含む）方法や展示方法を含む博物館資料に関する調査研究が，専門職員に期待されている。資料の貸出や相互利用などのアウトリーチ活動，講演会や研究会などの教育事業が重要である点は，図書館事業とも共通する。「博学連携」と呼ばれる学校との連携（博物館資料の授業への活用，学習指導要領との対応の明示，授業の共同開発など）も各所で実施されている。

③　公民館・図書館・博物館の職員

全国一律の基準に従って管理・運営されている学校とは異なり，社会教育施設の運営の実態を捉えることは難しい。そのなかで，文部科学省が３年程度ごとに行う「社会教育調査」は全国的な動向を把握するうえで役立つ。代表的な社会教育施設の施設数と指導系職員数の推移を表13-2に示す。

近年，施設数と指導系職員（公民館の主事，図書館の司書・司書補，博物館の学芸員・学芸員補）数を減らしているのが公民館である。図書館は施設数・職員数ともに伸ばしており，未設置の市町村の解消と有資格者の配置が進んでいる。比較的，私立施設の割合が高い博物館（類似施設を含む）も，施設数の増加以上に指導系職員の数を伸ばしている。

各施設の職員体制については，法令に一律の定めはなく，地域の状況や施設規模などに応じてさまざまである。専任の指導系職員の配置なども，設置者の運営方針に依存する。設置主体に制限のない「相当施設」や「類似施設」の割合が高い博物館において，専門職員の配置に課題が見られる。また，近年の財政再建の要請のなかで，公立施設が大部分を占める公民館・図書館においても兼任・非常勤職員の増加が懸念されている。社会教育施設の維持・管理に際しては，指定管理者制度の導入など，各地で経営努力が重ねられている。

表13-2　社会教育施設数・指導系職員数の推移

年　　度	公民館*		図書館**		博物館		博物館類似施設	
	施設数	職員数	施設数	職員数	施設数	職員数	施設数	職員数
1999	19,063	18,927	2,592	10,208	1,045	3,541	4,064	2,442
2002	18,819	18,591	2,742	11,364	1,120	3,847	4,243	2,504
2005	18,182	17,805	2,979	13,223	1,196	4,296	4,418	2,620
2008	16,566	15,420	3,165	14,981	1,248	4,614	4,527	3,147
2011	15,399	14,454	3,274	17,382	1,262	5,054	4,485	3,200
2015	14,841	13,275	3,331	19,465	1,256	5,463	4,434	3,368

注：＊類似施設を含む。　＊＊同種施設を含む。
出所：文部科学省「社会教育調査」（各年度版）をもとに作成。

業についての専門的事項をつかさどる」（第4項），「博物館に，館長及び学芸員のほか，学芸員補その他の職員を置くことができる」（第5項），「学芸員補は，学芸員の職務を助ける」（第6項）と規定している。

▷25　指定管理者制度
公共施設の管理に際し，地方公共団体が指定する者（指定管理者）に管理を代行させる制度。2003年の地方自治法の一部改正により，それまでの管理委託制度に代わって導入された。

4　その他の社会教育施設と生涯学習関連施設

　社会教育調査の対象となる社会教育施設には，公民館・図書館・博物館以外にも，青少年教育施設（少年自然の家，青年の家，児童文化センターなど），女性教育施設（女性会館，女性センターなど），社会体育施設（体育館，水泳プール，運動場など），劇場・音楽堂等（300席以上のホールなど）がある。

　また，2008（平成20）年から生涯学習センター[26]が調査対象に加わっている。生涯学習センターは，地域における生涯学習推進の中心機関であり，学習情報の提供と学習相談，学習需要の把握，プログラム開発，指導者・支援者の養成・研修，学習成果の評価などの事業が行われている。公民館の減少分には，生涯学習センターに転換した施設数も含まれており，そのような施設では女性学級や高齢者学級などの社会教育事業を引き継いでいる例も見られる。2015（平成27）年度には449施設を数え，少しずつ数を増やしている。市町村立の場合，首長部局が所管し，指定管理者が管理する例も少なくない。

　上記以外にも多くの施設で教育・学習関連事業が行われており，生涯学習関連施設と呼ばれることがある。具体的には，文化施設（展示施設，体験施設など），保健福祉施設（老人福祉センター，保健福祉センター，児童館など），産業支援施設（勤労者福祉施設，産業情報施設など）などがある。

▷26　生涯学習センター
公民館から転換された施設のなかには「生涯学習」を名称に含まない例も多い（まちづくりセンター，協働センターなど）。このような施設でも生涯学習事業が行われているが，統計上は生涯学習センターには含まれない。

4　社会教育の団体と指導者

1　社会教育関係団体

　戦前の国民教化は，政府による社会教育団体への圧力（統制や干渉など）によるものが少なくなかった。戦後の社会教育行政においては，国民の自由な社会教育活動を奨励する観点から，国や地方公共団体が社会教育関係団体[27]に対して

▷27　社会教育関係団体
法人であると否とを問わず，公の支配に属しない団体で社会教育に関する事業を行うことを主たる目的とするもの（社会教育法第10条）。

第Ⅲ部　多様な学びの場

「不当に統制的支配を及ぼし，又はその事業に干渉を加えてはならない」（社会教育法第12条）。また，専門的・技術的な指導・助言，必要な物資の確保への援助についても，「社会教育関係団体の求めに応じて」行うこととされている（同第11条）。

　代表的な社会教育関係団体として，子ども会，青年団，婦人会，PTA，ボーイスカウト・ガールスカウト，YMCA・YWCAなどをあげることができる。これらの団体においては，各地域の単位組織に加え，市町村・都道府県単位の連合組織，全国組織という形で階層的に構造化されている。また，日常的な活動以外にも，会員のための教育・研修事業が行われ，指導者に関する団体独自の資格認定制度をもつ団体もある。◁28

　上記以外にも，地域にはさまざまな団体・サークルなどが存在し，公民館をはじめとする施設などで活動している。団体登録の仕組みにより，社会教育関係団体などに利用料の減免や優先利用などの特典が提供される場合もある。

▷28　団体独自の資格認定制度
例えば，公益社団法人全国子ども会連合会は「ジュニア・リーダー研修」「集団指導者研修」などの研修プログラム（初級・中級・上級）による資格認定事業を行っている。

2　社会教育の指導者

　代表的な社会教育関連の指導者として，社会教育主事，司書，学芸員があり，各法令に資格取得の要件が定められている。各資格の取得には複数の方法が存在し，社会教育主事の例では，大学で社会教育関連の科目を履修する場合と，文部科学大臣の委嘱を受けた大学などが実施する社会教育主事講習を修了する場合に大別されるが，いずれの場合も社会教育主事補（司書・学芸員など同等の職を含む）としての経験年数も求められる。行政職員や学校の教員などが，社会教育主事講習を修了して社会教育主事として任用されるケースも多い。司書資格については，図書館に勤務する職員が司書講習を受講して資格を取得するケースが多い。

　その他，社会教育指導員◁29と呼ばれる非常勤職員が市町村教育委員会に置かれ，社会教育の振興に重要な役割を果たしている。

▷29　社会教育指導員
市町村教育委員会の委嘱を受け，社会教育の特定分野の指導や社会教育関係団体の育成などに従事する非常勤職員。

Exercise

①　国と地方の社会教育行政の所掌事務（文部科学省設置法，文部科学省組織令），職務権限（地方教育行政法），事務（社会教育法）について，各法令をもとに整理してみよう。

②　居住地・出身地の社会教育行政・生涯学習推進の状況について，総合計画への位置づけ，教育委員会と首長部局の役割分担などを含め調べてみよう。

③　居住地・出身地の社会教育施設・生涯学習関連施設の状況について，施設を所管する部局や指定管理者制度の導入の有無などを含め調べてみよう。

📖 次への一冊

田中敏『近代史のなかの教育』岩波書店，1999年。

　　ムラの祭・行事に欠かせない「子供仲間」，一人前の大人としての通過儀礼である「若者入り」など，社会教育の原型としての習俗と学校制度との葛藤を跡づける。

イリッチ，I.，東洋・小澤周三訳『脱学校の社会』東京創元社，1977年。

　　生涯教育論とともに注目された「脱学校論」の主唱者・イリッチは，学校は価値を制度化し，貧富の差を拡大するとして批判し，学習機会の網の目に置き換えることを主張する。

社会教育行政研究会編『社会教育行政読本——「協働」時代の道しるべ』第一法規，2013年。

　　文部科学省内の若手・中堅職員による社会教育行政の解説書。歴史と現状，職員，施設，学校教育との連携・協力，家庭教育支援など，社会教育行政の全体像を整理する。

大桃敏行・背戸博史編著『生涯学習——多様化する自治体施策』東洋館出版社，2010年。

　　地方分権改革のなかで展開される生涯学習推進施策の動向について，事例調査をもとに迫る。自治体独自に展開される生涯学習施策の現状と課題を分析する。

片野親義『公民館職員の仕事——地域の未来づくりと公民館の役割』ひとなる書房，2015年。

　　公民館職員を長く勤めた著者が，公民館の本質やあるべき姿を問い，施設や職員が直面する現代的課題を論じる。館長・主事の具体的な仕事や役割を提示する。

引用・参考文献

ラングラン，P.，波多野完治訳『生涯教育入門　第二部』全日本社会教育連合会，1981年。

大桃敏行・背戸博史編著『生涯学習——多様化する自治体施策』東洋館出版社，2010年。

社会教育行政研究会編『社会教育行政読本——「協働」時代の道しるべ』第一法規，2013年。

社会教育・生涯学習辞典編集委員会編『社会教育・生涯学習辞典』朝倉書店，2012年。

社会教育推進全国協議会編『社会教育・生涯学習ハンドブック（第8版）』エイデル研究所，2011年。

第14章
才能教育

〈この章のポイント〉

　才能教育は，通常の教育では満たすことのできない優れた資質や能力をもつ子どもたちの学習権を実質的に保障するための教育上の例外措置である。海外には公教育の一環として体系的な才能教育を実施している国が数多く存在するが，日本でも近年，科学技術分野を中心に才能教育の重要性が認識されつつある。そこで本章では，才能教育が最も盛んなアメリカと比較しながら，現在の日本において実施されている才能教育的措置や制度を整理し，本格的な制度の導入に向け解決すべき課題について解説する。

1　才能とは何か

1　才能児の存在

　才能教育とは，ある特定の分野や領域において優れた能力を示す子どもたち，いわゆる才能児に対して，その能力を効果的かつ最大限に伸長するために行われる特別な教育的措置の総称である。

　本章では諸外国を中心に実施されている才能教育について，その制度的特徴を概説することを目的としているが，わが国では公教育として体系的な才能教育は行われていない。そこで，才能教育になじみのない読者がイメージしやすいように，まず初めに才能教育の対象となる才能児とはどのような子どもたちをさすのか，その具体例を紹介し，アメリカの才能教育と対比しながら才能児をめぐる日本の現状を見ていきたいと思う。以下の事例は，実際に筆者が学習支援を行っていた優れた数学的才能をもつ子ども（ここでは仮にS君としておく）に関するものである。

　現在，地方の公立中学校に通うS君は，乳児期から数字に強い興味を示し，1歳から3歳頃までは父親が仕事で使う大人用の電卓をおもちゃとして肌身離さずもち歩いていた。また，折り紙やパズル，迷路，紙工作などの遊びが大好きな反面，絵を描くことが苦手で，幼稚園ではお絵かき帳に絵を描くかわりに数字を規則的に羅列するなど，少し変わった一面も見せている。

　父親が3歳から簡単な算数を教え始めると，4歳で筆算による10桁以上の足し算をこなし，5歳で小数・分数の四則演算，幼稚園卒園時には中学校第3学

▷1　才能教育
"gifted and talented education"の訳語。日本では「英才教育」という言葉が一般的であるが，「才能」は幅広い能力を包括的に示し「英才」ほどエリート主義的なニュアンスを含まないため，近年，学術用語として用いられている。なお，公教育の一環として体系的な才能教育を実施している国や地域に，アメリカ，カナダ，オーストラリア，イギリス，シンガポール，韓国，台湾，香港などがあげられる。

年の学習内容である平方根を理解し二次方程式を解くなど，算数・数学の領域において優れた能力を示した。また，彼はそれと同時に，長時間にわたって問題を解き続けることができる並外れた集中力ももち合わせていた。

　こうしたＳ君のような数学的才能児は，通常の学業優秀な子どもたちと異なり，単に計算が速く，難しい問題がスラスラ解けるだけではない。問題集などにのっている問題をもとに，さらに高度な問題を作成し，その解法を考えるといったことを自発的に行うほか，数字遊びのなかで，数の規則性や関係性を自ら見つけ出すといった創造的・独創的な行為や発見をしばしば行う。

　例えばある時，数学の問題を解くことに疲れたＳ君は，ふと適当な３つの数字を使って何か面白い数式を作れないかと考え，ほんの数分ほどで以下のような４，３，２という３つの数字を繰り返し用いた規則的な数式を思いついている。

$$(4＋3＋2)^3 － 3(4^3＋3^3＋2^3)＝432$$

　また図形の問題では，円錐の立体図を見て，その側面積（S）が円錐の母線の長さ（ℓ）×底面の円の半径（r）×円周率（π）ですぐに求められることに気づく（すなわちS＝πℓr）など，発展的な解法を独力で導き出すこともあった。

　このほかにもＳ君には算数・数学に関する興味深いエピソードはたくさんあるが，こうした例からもわかるように，優れた才能をもつ子どもたちには，他人を感心させたり感動させたりするような創造的な活動が多く見られるのである。

② 才能児と知能指数との関係

　才能は非常に個性的な特質であるが，才能教育の著名な研究者であるレンズーリは，才能の全般的な特徴を，(1)普通より優れた能力，(2)創造性，(3)課題への傾倒（特定の課題に長時間集中して取り組めるような情熱・意欲のこと），の大きく３つにまとめ，「才能の三輪概念」と呼んでいる（松村，2003，59〜61ページ）。ここではこうした優れた才能をもつ才能児に共通する知的・情緒的特性について，知能指数（IQ）との関連性からもう少し触れておくことにする。

　「神童」という言葉に見られるように，才能児の代表的特性の一つに，早熟さがあげられる。天才と呼ばれる科学者や一流の音楽家などは概して早熟であるが，そこまでいかなくてもＳ君のように幼くして難解な文章を読んだり，複雑な計算をしたりすることができる優れた能力をもつ子どもたちは数多く存在する。こうした知的に早熟な才能児は，実際の年齢に比べて精神年齢が高いため，伝統的な知能テストにおいてもIQ値が高くなりがちである。

　しかし，知能検査は，現実に活用される人間の幅広い知的能力のうち，言葉や数，論理といった限られた能力しか測定することができない。そのため，高

▷2　才能
「才能」の定義はさまざまであるが，アメリカ連邦法（1988年改正「初等・中等教育法」）は，(1)知能，(2)創造性，(3)芸術の能力，(4)リーダーシップ，(5)特定の学問の能力，のいずれかにおいて著しく優れていることをあげている。

▷3　ジョセフ・レンズーリ（J. S. Renzulli, 1936-）コネチカット大学教授。教育学博士（教育心理）。1990年に設置された国立才能教育研究所（NRC/GT）の所長を長く務め，アメリカの才能教育の発展に大きく貢献した。

い IQ 値や早熟さは才能児にとって必須の条件ではない点に注意する必要がある。「神童も二十過ぎればただの人」という諺がある一方で，発明王エジソン（T. A. Edison）のように学童期に劣等生や問題児とされた「天才」も数多く存在している。つまり，幼少期に高い IQ 値や早熟さを示したからといって，将来も優れた才能を示すとは限らず，逆に，幼少期に優れた才能や早熟さを示さなかったからといって，その人に才能がないとは言えないのである。

　それでは次に，才能児の情緒的特性について考えてみよう。20世紀前半の著名な心理学者であるターマン（L. M. Terman）やハリングワース（L. S. Hollingworth）らの研究によれば，高い知能をもつ子どもたちは，平均的な子どもたちよりも一般に社会的適応力が高く，社会的な成功を収める者が多い一方で，自己肯定感が低く孤独や抑うつ感，ストレス，学校に対する失望，脅迫的なまでの完璧主義などの心理的問題も抱えやすいとされる。とくに IQ160 を超えるきわめて高い知能をもつ才能児の場合はその鋭すぎる感性ゆえに社会不適応の状態に陥りやすいという（石川，2010，17〜21ページ）。

　また，才能児は特定の分野で優れた能力を示すが，同時に別の分野では学習困難を示す場合も多い。そのため教科学習で表面化する学業の不振は，以前から才能児のカウンセリングで扱われることが多い問題である。学業不振の原因として，感情の統制が上手くいかないといった才能児の心理特性に基づく社会的・情緒的問題のほか，1980年代以降，学習障害などの発達障害をあわせもつ2Ｅ[4] と呼ばれる才能児の存在も広く認識されるようになった。そのため，アメリカの才能教育の現場では，才能の伸長とともに，障害や学習・生活面で問題のある部分に配慮した指導やカウンセリングが重視されている（松村，2003，158〜181ページ；松村，2010a，188〜198ページ）。

　このように，才能児と呼ばれる子どもたちは，独創性や創造性といった共通する特性を有しながらも，その優れた能力の領域や程度，発現時期などは一人ひとり異なり，また，心理カウンセラーによる支援を必要とする場合も少なくない。そもそも「才能」それ自体に絶対的な基準があるわけではなく，人々の考えや価値観によって大きく左右される恣意的な概念である。そのため現在の才能教育では，才能児を通常の子どもたちとは異質な存在として扱うのではなく，多様な個性をもつ子どもたちの一人として捉え，教育上必要な配慮を行っていくことが重要であると考えられている。

▷4　2Ｅ（トゥーイー）「二重に特別な」を意味する "twice-exceptional" という言葉に由来する。2Ｅの子どもたちを対象とした特別な教育をとくに2Ｅ教育と言い，1980年代以降，アメリカ各地で実践されている。

③　才能教育における才能児の認定

　さて，Ｓ君のような優れた才能を示す子どもたちに対応するため，アメリカをはじめ多くの諸外国では，才能の伸長を目的とする特別な教育プログラムを公教育の一環として実施しているが，こうしたプログラムに参加するために

は，通常，才能児の認定を受ける必要がある。そこで次に，才能児の認定方法について考えてみることにしよう。

　アメリカの場合，憲法の規定により教育の権限は州または国民がもつため，才能教育の具体的な実施内容は州やその下の行政組織である郡や市，さらには学校区によっても大きく異なる。そのため才能児の認定方法や実施されるプログラムの内容も，子どもたちが居住する場所によってさまざまである。

　才能児の認定は，保護者側が教育委員会などの教育行政機関へ申請することで認定の手続きがなされる場合や，行政側が特別な才能教育プログラムを実施する際に，参加申込み者の選考過程を通じて才能児の認定が行われることもある。また，メリーランド州モンゴメリー郡のように，学校側が毎年，特定の学年の子どもたちを対象として積極的に才能児の調査・探索活動を行う場合もある（本多，2008，186〜209ページ）。

　才能児の認定方法としては，標準学力テストのほか，伝統的に知能検査で測定された知能指数が重要視されてきた。しかし，学力テストや知能検査だけでは，前述したように人間の多様な知的能力を正確に知ることはできず，優れた才能があっても見逃される可能性がある。そのため現在，才能児を認定するにあたっては，従来重要視されてきたIQや学業成績のほかに，日頃の学習活動や作品・成果物等に基づくポートフォリオ評価，チェックリストなどを組み合わせた多様な評価基準が用いられるようになっている（松村，2010b，11〜15ページ）。

2　才能教育の実際①──学校内における教育上の例外措置

1　才能児への基本的な対応

　それでは，子どもたちが才能児と認定されると，実際どのような特別な教育的措置を受けられるのであろうか。ここではアメリカで行われている才能教育の種類や具体的な方法について日本と比較しながら学んでみよう。

　優れた才能をもつと思われる子どもが一般のクラスに在籍している場合，担任の教師はまず初めに教室内で学習の個別化を進めながらその子どもに対応しようとするのが通常である。子どもたちの理解度に合わせてクラスを複数の小グループに分け，カリキュラムをコンパクトに短縮して先取り学習を進めたり発展的な学習を付け加えたりしながら，柔軟に授業を進めていくのである。

　しかし，そうした対応だけでは不十分と思われる場合には，次の段階として，より組織的な対応が取られる。よくあげられる例としては，数学や物理など特定の科目についてのみ，在籍する普通クラスを抜け出し，上級学年クラス

で授業を受けたり，別室で才能児を対象とした少人数のグループ指導や1対1の個別指導を受けたりする「プルアウト」と呼ばれる特別措置がある。また，校内に才能児や学業優秀児のための特別クラスが設置され，年間を通じてより高度な学習が行われる場合もある。こうした場合，学年の異なる才能児たちが一緒に学ぶことも少なくないため，才能教育の専門家や才能教育の研修を受けた教師が一般の教師と連携しながら指導にあたることが多い。なお，アメリカの才能教育では，単位修得をともなう標準カリキュラムの早期履修（先取り学習）を「早修（アクセラレーション）」，カリキュラムの内容を通常よりも広く・深く学習することを「拡充（エンリッチメント）」と呼び，両者を組み合わせながら才能の伸長が図られている（岩永，2010，72～86ページ）。

これに対し日本の公立学校の場合，ある教科でとくに優れた能力を示す子どもがクラスにいたとしても，アメリカのような特別な教育的措置が講じられることはほとんどない。近年，日本の小中学校でも学力差に応じた習熟度別授業が広がりつつあるが，もっぱら授業についていけない子どもたちの対応に力点が置かれ，できる子どもたちは後回しにされがちである。例えば冒頭のS君が通った小学校でも，理解度に差がつきやすい算数では，高学年になると学期ごとに習熟度別クラス授業が取り入れられていた。しかし，4クラス中一番優秀なクラスでは，担当する教師が毎回一番できない子どもたちのクラスの応援に行ってしまうため，S君らは応用問題のプリントをただひたすら解いては丸付けするだけのつまらない時間を過ごしていたという。

2 「飛び級」「飛び入学」制度

アメリカでは，才能児に十分な学力があると認められる場合には，上述のような教育的措置のほか，カリキュラムを省略して上級学年に進級したり，上級学校に進学したりすることも広く認められている。いわゆる「飛び級」や「飛び入学」と呼ばれる早修制度であり，これにより本来は中学校第1学年の年齢の生徒が第3学年のクラスで授業を受けたり，例外的ではあるがわずか10歳で大学に入ったりすることができるのである。

実際アメリカ連邦教育省の統計資料によれば，18歳未満の大学学部生（フルタイム）は18万1732名存在している（2011年度）。全体では1136万人余りがフルタイムで在籍していたため，そのうちの約1.6％が大学への早期入学もしくは過去に飛び級や飛び入学などを経験した学生ということになる。

日本でも，近代的な学校教育制度が始まった明治期から第二次世界大戦の敗戦に至るまで，飛び級や飛び入学がしばしば行われている。例えば，上級学校への早期入学制度としては，いわゆる「四修」や「五修」といった仕組みが存在した（小林，1999，244～308ページ）。第二次世界大戦を境に，こうした制度は

▷5 四修・五修
「四修」とは優秀な生徒が本来5年制の中学校（旧制）を4年で修了し高等学校（旧制）や3年制の大学予科へ入学することができる制度であり，「五修」とは6年制の尋常小学校を5年で修了し中学校（旧制）に入学できる制度である。なお，第14期中教審答申審議経過報告書によると，1930（昭和5）年において旧制中学校への早期入学は，全入学者の0.5％，旧制高等学校高等科への早期入学は，全入学者の24.8％となっている。

第Ⅲ部　多様な学びの場

廃止されたが，1970年代以降，教育の自由化や多様化が重視されるようになってくると，当時の文部省は1997年7月に学校教育法施行規則の一部を改正し，大学入学年齢の特例措置，いわゆる大学への飛び入学を認めるようになった。その結果，翌1998年から千葉大学で，高等学校第2学年修了生を一年早く大学に入学させる飛び入学制度が始まっている。

しかし，現在までにこうした制度を導入した大学は少なく，2016年度入試では国立3大学，公立1大学，私立4大学の合計8大学が実施するにとどまっている。また，総累積入学者数も2015年12月時点でわずか123名にすぎない（文部科学省，2016）。ただし，2016年度から京都大学医学部や東京藝術大学音楽学部が新たに飛び入学制度を導入するなど，いわゆるトップ大学でも早期入学制度を活用しようとする動きが見られ，今後，入試改革の一つとして制度導入を図る大学が増加する可能性も少なくはない。

3　才能教育の実際②——才能の伸長を目指した多様な教育

1　才能児のための特別プログラム

これまで述べてきたような才能児に対する特別な教育的措置は，子どもたちの在籍する各学校が中心となって行う個別的な対応であるが，アメリカでは州の財政支援を受け，郡や市，学校区などの教育行政機関が主体となって小・中学生向けに才能教育プログラムを実施する場合もよくある。その場合，その地区全体の才能児に対して一定期間，特別な教育の機会が与えられることになる。参加基準を満たし参加が認められた才能児たちは，才能教育の拠点となる複数の才能教育プログラム実施校に通学し，才能児のための特別クラスで上級学年の標準カリキュラムを早期に履修したり，通常のカリキュラムでは扱わないような高度で発展的な学習活動を行ったりする。そのなかには数学などの通常の教科プログラムのほか，情報工学プログラムや航空宇宙工学プログラムといった子どもたちの興味を引き付ける専門的なプログラムも数多く存在している。

また，ジョーンズ・ホプキンズ大学をはじめ各大学の才能教育センターが主催する，主に数学的才能児を対象とした特別教育プログラムにも数多くの才能児が参加する。オンラインによる遠隔学習のほか，夏休み中に数週間の夏期講習が行われ，大学レベルの専門教育を受けることができるようになっている。

日本の場合，国や地方自治体が主体となり，才能教育の拠点となる学校に才能児を集めて特別な教育プログラムを実施するような制度はない。しかし，文部科学省は科学技術分野で卓越した人材の育成を図るため，2002年以降全国の高等学校の中から「スーパーサイエンスハイスクール（SSH）[6]」を指定し，重

▷6　スーパーサイエンスハイスクール（SSH）
当初，文部科学省によって指定された高等学校は26校であったがその後拡大され，2016年度では全国で200校が指定校となっている。ただし，優れた才能があっても指定校に在籍する生徒でなければ参加することができないため，こうした一部の高校への教育予算の集中は，教育の機会均等の観点から好ましくないとする批判もある。

第14章　才能教育

点的に理数系教育を行っている。また，政府の財政支援の下，「グローバルサイエンスキャンパス」として，優れた理数系の高校生を対象に特別な科学教育プログラムを提供する大学（筑波大学や東北大学など）も存在する。ただし，全国の小・中学生を対象とする長期間継続したプログラムはほとんど存在しないため，S君のように小学生の段階で優れた才能を示しても，その才能を伸ばす公的な教育機会を得ることは非常に難しいのが現状である。

2　主に高校生を対象とした大学単位修得プログラム

　アメリカの才能教育は，小学校の段階から組織的，体系的に実施されているが，高等学校の段階が最も内容的に充実している。上述した特別な教育的措置やプログラムのほか，才能児と認定された生徒のみならず学業優秀な多くの高校生たちが，一般の高等学校に在籍しながら，アドバンスト・プレイスメント（AP）や二重在籍制度などの大学の単位修得が可能な特別プログラムを利用し，大学で学ぶ専門的な内容を早期に履修している。

　例えばAPプログラムは，高等学校の教師が，高等学校の選択科目として大学レベルの科目を教授するものであり，受講した高校生がカレッジボード[7]による認定試験に合格した場合，大学での単位が認められる。APプログラムは2014年度には海外を含め2万1594の高校で実施され，4154もの大学がAP試験の結果を単位認定に利用するなど，アメリカ全土で広く普及している。また，二重在籍プログラムは，高校生が大学のキャンパスなどで授業を受けることにより，大学で提供される科目を早期に履修するものである。修得した単位は，協定に基づきその大学やほかの大学に入学後利用できるほか，高校の卒業所要単位としても使うことが可能である。

　一方，日本においてもアメリカの二重在籍プログラムに類似した大学の単位早期修得プログラムが高大連携プログラムの一つとして存在している。具体的には，高校生が大学の科目履修生として大学の授業科目を受講し，各大学の在学生と同一の基準で修得した大学の単位については，大学入学後に既修得単位としての認定が受けられるとするものである。2011年度の時点では，高校在学時に修得した既修得単位の認定を認める大学は73大学，学生数は2021人となっている（文部科学省，2013）。

　こうした取り組みは，特定の大学と高校の連携によって実施されていたが，近年1対1の組み合わせから，1対複数の関係に拡大してきており，埼玉大学のように「高大連携講座」として10校（県立6校，市立4校）の高等学校と協定を結んでいる例もある。また，通信制大学の放送大学では，どの高等学校に在籍していても，高等学校在学中に放送大学で修得した単位は，その後放送大学に入学した場合に既修得単位として認定される。

▷7　カレッジボード
（College Board）
大学入試協会とも訳される。1900年に創設された教育に関するアメリカの非営利組織で，現在，6000以上の教育団体を会員とする。大学へのアクセス拡大を主な目的とし，APのほかにもSAT等の全国規模のテストを主催するなどさまざまな事業を行っている。

第Ⅲ部　多様な学びの場

ただし，高等学校時に修得した特定の大学の単位がほかの大学でも広く認定されるわけではなく，今後単位認定が他大学でも広く行われるためには，大学間の単位互換制度を促進させる仕組みや，アメリカのカレッジボードのような高大連携プログラムの管理・運営を行う専門組織が必要となるだろう。

3　才能児を対象とする特別学校

才能児の優れた才能を伸ばすためには，専門的に才能教育を行う特別学校に入学するのが最も効果的である。アメリカのマグネットスクールやチャータースクール[19]と呼ばれる公立学校には，特色ある教育として才能教育プログラムを実施する学校が数多くあるほか，以下のようなさまざまな種類の特別学校が存在している。

例えば公立高校でありながら第9学年から4年間で高等学校卒業資格とコミュニティ・カレッジ（公立短大）の「準学士」の学位を取得させる「早期カレッジ・ハイスクール」は全米28州で約240校（2011年時点）存在する。4年間の前半で高等学校のカリキュラムを短縮して修了し，後半では大学のカリキュラムで単位を修得するため，卒業後は4年制大学の3年次に編入学することになるが，授業料は原則無料のため，社会・経済的に不利な才能児の受け皿としての役割を果たしている。また，州立の特別学校としては，数学や科学の分野で優れた才能を示す生徒に対して高度な理数系教育を行う「州立寄宿制ハイスクール（サイエンスアカデミー）」も16校（2009年時点）存在する。卒業しても大学の学位は取得できないが，組織だった早修カリキュラムが提供され，AP などにより大学の単位修得がなされる。そのほかにも才能児を対象とした特別学校のなかには，ネバタ州のデイビッドソン・アカデミーのように，IQ や標準学力テストのスコアで上位0.1％に入るきわめて優れた才能児に対し，大学側と一体となって非常に高度な才能教育を実施する特別な公立学校もある。

これに対し日本の場合，才能児を対象とする特別な学校はほとんど存在しないが，中高一貫制の有名進学校が実質的に特別学校の代替的な役割を果たしていると言える。

4　才能教育のユニバーサル化と日本の課題

1　すべての子どもを対象とした才能教育

アメリカでは，才能の伸長を目指したさまざまな教育プログラムが個々の子どもの学習ニーズに応じて組み合わされ，小学校から高等教育に至るまで，多様な実践が行われているが，そうした才能教育は，才能児と認定された一部の

▷8　マグネットスクール（magnet school）
アメリカ特有の公立学校の一形態で，子どもやその保護者たちが通学を希望するような特色あるプログラムをもつ学校をさす。学校選択の自由化を進める教育政策の影響を受け全米で数多く存在する。

▷9　チャータースクール（charter school）
保護者や教員，地域団体などが，州や学区から特別の認可（チャーター）を受けて運営する公設民営型の公立学校。一般の公立学校とは異なる特色ある教育が可能であるが，教育的成果はチャーター交付者により定期的に評価され，一定の成果をあげなければチャーターを取り消される。

子どもだけを対象としたプログラムだけではなく，すべての子どもたちを対象とする教育実践へと拡大される傾向にある。

　例えば，ガードナー（H. Gardner）の提唱した多重知能理論（MI 理論）[10]をもとに，多くの学校や教室単位で「MI 実践」と呼ばれる活動が行われているが，これは教科や領域ごとに教師や子どもが活用できる多重知能を見つけ，多様な方法を用いて，すべての子どもの得意な知能に学習を適合させることを目指すものである。また，レンズーリらが開発した「全校拡充モデル（SEM）[11]」は，全校で取り組むすべての子どものための拡充型カリキュラムモデルとして全米で広く用いられている（松村，2010c，103〜115ページ）。

　もともと才能教育は，並外れて優れた知的能力をもつごく少数の才能児を対象とした特別教育であった。しかし1980年代になると，才能の多元的理解とともにこうした措置は公平ではないという批判が起こったため，現在では才能を「個人内の比較的優れた能力」と広く捉え，すべての子どもたちの得意な部分を最大限に伸ばすことが望ましいと考えられている。こうして近年，アメリカの才能教育は学校教育の現場で広がりを見せ，毎年300万〜500万人（全体の6〜10%）の子どもたちが何らかの才能教育プログラムを受けている。

2　才能教育をめぐる日本の課題

　これまで見てきたように，日本でも近年，子どもたちの優れた能力に着目し，それをさらに伸ばすための教育的施策が積極的に実施されている。また，数学オリンピックなどの国際科学技術コンテストに向けた国内予選や「科学の甲子園」といった各種イベントやコンクールも盛んに行われている。しかし，アメリカをはじめ才能教育を公教育制度として体系的に実施している諸外国と比較すると，法制度上の課題は少なくない。そこで最後に，日本における才能教育の課題として次の3つの点を指摘しておきたい。

　第一に，わが国では初等教育段階からの組織的・体系的な才能教育制度が存在しないため，優れた才能をもつ子どもたちの間で格差が生じる点である。例えば，日本においても進学塾等で暦年齢を超えた内容の学習をしている子どもは少なくない。また，私立を中心とした中高一貫の進学校では，高等学校第2学年までにすべてのカリキュラムを終了する実質的な早修を行っているのが通常である。しかし，こうした教育環境の実現は，家庭の経済状況や居住地域によって大きな差が生じやすく，才能を伸ばす教育の機会均等という点で問題と言える。

　第二に，才能教育と受験教育とが未分化な点である。とくに進学校における先取り学習は，才能教育的カリキュラムと言えなくはない。しかし，こうした「受験型才能教育」は，あくまで入試合格を目標とし受験で要求されるパター

▷10　**多重知能理論（MI 理論）**
MI は multiple intelligences の略。知能を IQ だけで表す従来の精神測定学への批判として，ハーバード大学の心理学者ハワード・ガードナーが1983年に初めて提唱した。ガードナーは知能を「文化的に価値のある問題解決や創造の能力」と捉えたうえで，8つの独立した知能によって MI は構成されると考える。

▷11　**全校拡充モデル（SEM）**
SEM は Schoolwide Enrichment Model の略。子どもたち一人ひとりの学習の到達度，速度，スタイル，興味・関心などに関する情報を体系的に収集し，異なるタイプの拡充教育を組み合わせることで効果的に才能の伸長を図ろうとするカリキュラムモデル。主に小学生を対象に実践されている。

第Ⅲ部　多様な学びの場

ン化された知識を詰め込むことが要求されるため，潜在的な優れた才能の発見と育成を重視する才能教育とは質的に異なるものである。受験にとらわれず，独創性や創造性を育むような「本物の（authentic）」学習が，才能伸長の鍵となるのであって，入試目的の学習から脱却した才能教育の実現が求められる。

　第三に，才能児の認知的個性に合わせた包括的な支援が必要になる点である。才能児は，単なる学業優秀児と異なり，認知機能の偏りが大きい子どもや発達障害をあわせもつ子どもも存在し，学校生活に問題を抱える場合が少なくない。そのため，才能の伸長だけでなく才能児の心理特性に基づくカウンセリングの充実など，心理面でのサポートを含む包括的な支援が必須となる。それには，才能教育を「将来の国家・社会のリーダーとなりうる人材の育成」を目的としたエリート教育として捉えるのではなく，障害児教育と同様，子どもたちの特別な教育的ニーズに応じる特別支援教育の一つとして位置づける必要がある。

　以上のように，才能教育の本格的な導入に向けては，家庭環境や地理的要因にとらわれず，全国に散在する冒頭のS君のような隠れた才能児を探索・発見し，その優れた才能を伸ばすことのできる包括的な支援制度の構築が求められる。そしてその実現には，特別な教育的ニーズを有する子どもたちへの教育支援の一環として，こうした才能教育のあり方を是認する社会全体のコンセンサスが必要不可欠と言えるだろう。

Exercise

① オーストラリアや韓国，シンガポールなど，才能教育を実施しているアメリカ以外の国の制度的特徴と実施状況について調べてみよう。
② 「飛び級」や「飛び入学」のメリットとデメリットについて整理したうえで，現在の日本においてなぜ大学への飛び入学制度があまり普及していないのか，その理由を考えてみよう。

📖次への一冊

岩永雅也・松村暢隆編著『才能と教育——個性と才能の新たな地平へ』放送大学教育振興会，2010年。
　放送大学大学院のテキストとして編まれた才能教育の概説書。現在の才能教育の特徴について幅広く書かれており，才能教育を知るうえで是非読んで欲しい一冊である。

ガードナー，H.，松村暢隆訳『MI──個性を生かす多重知能の理論』新曜社，2001年
〔原著，1999年〕。
アメリカの才能教育に大きな影響を与えた多重知能理論の邦訳。才能と発達障害を
あわせもつ子どもたちを対象とした2E教育の基礎理論も，ガードナーの多重知能
理論を基に考えられている。
フィッツジェラルド，M.，石坂好樹ほか訳『アスペルガー症候群の天才たち──自閉症
と創造性』星和書店，2008年〔原著，2004年〕。
病跡学の見地から21名の歴史上の天才的な人物がアスペルガー症候群であったこと
を明らかにしている。天才とは何かを考えさせてくれる一冊。
松村暢隆『本当の「才能」見つけて育てよう』ミネルヴァ書房，2008年。
才能教育に関する一般書。保護者向けに子どもの才能を育てるとはどういうことな
のかをわかりやすく解説しているが，教師や教師を目指す大学生にとっても役立つ
内容である。
松村暢隆ほか編著『認知的個性──違いが活きる学びと支援』新曜社，2010年。
才能教育，個性化教育，特別支援教育の3領域を「認知的個性」という新しい視点
で結びつけ，子どもたち一人ひとりのニーズに応える教育支援の実現を目指し，関
連するキーワードを幅広く解説している。

引用・参考文献

石川裕之「才能児の特性」松村暢隆ほか編著『認知的個性──違いが活きる学びと支
援』新曜社，2010年，16〜21ページ。
岩永雅也「才能教育のタイポロジー」岩永雅也・松村暢隆編著『才能と教育──個性と
才能の新たな地平へ』放送大学教育振興会，2010年，72〜87ページ。
ガードナー，H.，松村暢隆訳『MI──個性を生かす多重知能の理論』新曜社，2001年
〔原著，1999年〕。
小林哲夫『飛び入学──日本の教育は変われるか』日本経済新聞社，1999年。
深堀聡子「才能児の教育ニーズへの対応」江原武一・南部広孝編著『現代教育改革論
──世界の動向と日本のゆくえ』放送大学教育振興会，2010年，53〜68ページ。
本多泰洋『オーストラリア連邦の個別化才能教育──米国および日本との比較』学文
社，2008年。
文部科学省「高等学校と大学との連携の状況」第9回高大接続特別部会配布資料「『高
等学校教育と大学教育の連携強化』に関する参考資料」2013年。
文部科学省「学力差に応じた教育について──特に優れた能力を持つ子供たちの力を更
に伸ばす教育について」2016年。
松村暢隆『アメリカの才能教育──多様な学習ニーズに応える特別支援』東信堂，2003
年。
松村暢隆「発達障害と才能」岩永雅也・松村暢隆編著『才能と教育──個性と才能の新
たな地平へ』放送大学教育振興会，2010年 a，188〜201ページ。
松村暢隆「才能の認定と評価」松村暢隆ほか編著『認知的個性──違いが活きる学びと
支援』新曜社，2010年 b，11〜15ページ。
松村暢隆「拡充の方法とモデル」岩永雅也・松村暢隆編著『才能と教育──個性と才能
の新たな地平へ』放送大学教育振興会，2010年 c，103〜116ページ。

索　引

あ行

アーティキュレーション　7
アウトリーチ　184
アクティブ・ラーニング　25, 35
遊び　156
アドバンスト・プレイスメント　195
生きる力　35
居場所づくり　132
インクルーシブ教育　167, 168, 173
インターナショナル・スクール　95
インテグレーション　7
エリート教育　198
エンパワーメント　178
親義務　87, 89

か行

ガードナー, H.　197
外国人学校　61
改正教育令　8
課外活動　35
学位　72, 76
学業不振　191
学芸員　184, 186
学習指導要領　4, 6, 72, 155, 171
　　小学校――　21-23, 26, 170, 173
　　中学校――　33, 170, 173
　　高等学校――　46
学習費　91
学習費調査　131
各種学校　57-59
各種学校規程　59
学制　8, 15, 86, 102, 157, 165
学童保育　132
学部　73
学科　47, 73
学級規模　171
学級数　6
学級担任制　94
学級編成（学級編制）　19, 24, 25, 170, 171
学校安全　121
学校運営協議会制度（コミュニティ・スクール）　123, 134
学校外活動費　132
学校関係者評価　115
学校管理規則　122

学校間連携　173
学校基本調査　47
学校給食　2
学校経営　113, 114
学校経営計画　114
学校支援地域本部　134
学校事務職員　119
学校週5日制　10, 35
学校設置義務　89, 90
学校選択　10, 37
学校組織　115, 117, 118
学校と家庭・地域の連携　133
学校評価　114
学校評議員　134
家庭教育　127, 128, 178
家庭教育支援　132, 162
家庭教育支援チーム　132
課程主義　87
家庭の教育力　127
危機管理　121
規制緩和　76, 77
基礎的・汎用的能力　41
義務教育　6, 9, 16, 17, 30, 31, 85, 154
義務教育学校　37, 94
義務教育諸学校の教科用図書の無償措置に関する法律　20
義務教育年限　87
義務教育の教育職員の人材確保法　10
義務教育の目的　20
義務教育費国庫負担制度　149
義務性　88
義務制　166
キャリア教育　40, 53, 144, 171
休業日　3
旧制高等学校　43
旧制中学校　29, 43
教育委員会　122, 144-147
教育委員会法　9
教育課程　4, 21, 32, 33, 46, 60, 63, 72, 155, 170
教育機会確保法　95
教育行政　93, 139
教育公務員特例法　100, 105
教育財政　148
教育上の例外措置　192
教育職員免許法　24, 100, 103

教育振興基本計画　4
教育制度の原則　4
教育組織　5
教育長　146
教育勅語　9, 88
教育の機会均等　3, 4, 49, 88, 93
教育の現代化　34
教育の自主性の尊重　141
教育令　8, 16
教育を受ける権利　2, 4, 87, 88
教員　99
教員研修　105
教員資格認定試験　100
教員の勤務　107
教員の採用　110
教員の資質能力　104
教員の職務上の義務　106
教員評価　105
教員免許状　100
教員養成　102
教科書（教科用図書）　20, 31, 91, 143, 156, 170, 171
教科担任制　94
教授　73
教職員　99
教職員定数　19, 24, 171
教職大学院　104
矯正教育　129, 130
共生社会　167
行政的中立　93
教頭　24, 116, 117
協働　135
教諭　24, 100, 155
組合立学校　90
クラブ活動　35, 36
グローバル化　77
形成的評価　115
原級留置　46
県費負担教職員　105
公教育　5, 88
高校三原則　44, 45
高大接続　77, 78
高大連携　195
校長　24, 116
高等学校　43
高等小学校　29

索　引

高等女学校　43
高等専門学校　7, 71
高度専門士　65
公民館　179, 182-184
校務　24
校務分掌　100, 120
公立義務教育諸学校の学級編制及
　　び教職員定数の標準に関する
　　法律　24
公立養護学校整備特別措置法　166
合理的配慮　168, 171, 172, 173-175
国際人権 A 規約　49
国民学校　29
国民学校令　17
子ども会　186
子ども・子育て関連 3 法　162
個別教育支援計画　173

さ行

財政　73
在日韓国朝鮮人学校　95
才能　190
才能教育　189
山村留学　131
自己評価　65, 66, 115
資質能力　78
司書　184, 186
次世代育成支援対策推進法　128
市町村教育委員会　20, 181
実業学校　43
質保証　65, 66
指定管理者制度　10, 184, 185
指導改善研修　105
児童館　131
指導教諭　31, 117
児童厚生施設　131
指導主事　146
児童自立支援施設　155
児童の権利条約（子どもの権利条
　　約）　10, 128
児童福祉法　155, 160
児童文化センター　131
児童養護施設　155
師範学校　102
師範学校令　102
社会教育　177, 179
社会教育関係団体　185, 186
社会教育行政　181
社会教育施設　185
社会教育主事　181, 186
社会教育法　177, 179
社会体育施設　185

社会に開かれた教育課程　22, 25
若年者就職基礎能力　79
就学　20
就学義務　173
就学支援　172
就学支援金制度　49
就学指導委員会　172
就学奨励義務　89-91
就学率　16
修業期間　60
宗教教育　93
修業年限　31
習熟度別授業　193
就職支援コーディネーター　171
18 歳人口　74
主幹教諭　117
授業時数　23, 60
授業料　16, 48, 90, 92
主任　120
小 1 プロブレム　25
生涯学習　5, 179
生涯学習関連施設　185
生涯学習審議会　182
生涯学習センター　185
生涯学習体系　180, 181
生涯学習の振興のための施策の推
　　進体制等の整備に関する法律
　　5, 182
生涯教育　180
障害者差別解消法　94, 171
障害者の権利に関する条約　167,
　　171
小学校　15
小学校令　87
少子化社会対策基本法　128
小中一貫（教育）37-39
職員会議　6, 101, 121
職業教育　171
職業実践専門課程　66
女性教育施設　185
初任者研修　105
私立学校　90
自立活動　170
審議会　143
人事評価　106
進路指導　39, 40, 52
進路指導主事　31
スーパー・イングリッシュ・ラン
　　ゲージ・ハイスクール　51
スーパーグローバルハイスクール
　　52

スーパーサイエンスハイスクール
　　52, 194
スーパー・プロフェッショナル・
　　ハイスクール　52
スクールソーシャルワーカー　102
スポーツ庁　143
政治教育　92, 141
政治的中立性　144
青少年教育施設　130, 185
青少年交流の家　130
青少年自然の家　130
生徒指導　39
生徒指導主事　31
青年学校　30
世界人権宣言　88
設置基準　3, 6, 62, 155, 156
　　小学校——　20
　　中学校——　31, 32
　　大学——　76
設置義務　175
設置者　59, 63, 73
設置者負担主義　19, 149
専修学校　10, 62, 71
専門学科　47, 48
専門学校　70
専門士　65
専門職大学院制度　71
専門的教育職員　181
早期履修　193
総合型地域スポーツクラブ　134
総合学科　47
総合計画　182
総合制　44
組織マネジメント　114

た行

大学　69
大学進学率　74
大学設置基準　72
大学全入　75
大学における教員養成　103
大学入試センター試験　78
大学の自由　73
大学校　72
体験活動　6
第三者評価　115
託児所　158, 159
確かな学力　35
多重知能理論　197
多忙化　109
単位制高等学校　46
単線型学校体系　7

201

地域学校協働活動　134, 135
チーム学校　102, 119, 123, 124
地方公務員法　105
地方自治　141
チャータースクール　196
中1ギャップ　38
中央教育審議会　143
中学校　29
中学校卒業認定試験　96
中堅教諭等資質向上研修　105
中高一貫教育　37, 49, 50
中等学校　44
中等教育　48
中立性　92, 141
勅令主義　9
通級指導教室　169
通級による指導　168
通信制　48
通俗教育　179
帝国大学　70
定時制　48
適応指導教室　95
適正規模　32
適正配置　32
デュアルシステム　53
寺中作雄　179
特殊学級　166
特殊教育　166, 167
特別学校　196
特別教育活動　34
特別支援学級　166, 168-170
特別支援学校　94, 167, 170
特別支援教育　165, 167
特別支援教育コーディネーター　173
特別支援教室　169
特別の教育課程　40, 51
特別の教科道徳　35, 93
特別免許状　101
図書館　179, 182-184
徒弟　139
飛び級　193
飛び入学　71, 193, 194
トロウ, M.　75, 76

な行
内閣　142
二重在籍プログラム　195
入園資格　155

入学資格　63
入学者選抜　45
入試　77, 78
入社式　85
認可　140
認証評価制度　77
認定こども園　100, 160-162
認定就学　172
年数主義　87
年齢主義　87, 89
ノーマライゼーション　166

は行
博物館　182-184
発達障害者支援法　94, 173
汎用的技能　78
避止義務　90
非正規教員　110
部活動　35, 36
部活動指導員　36
副校長　24, 117
複線型学校体系　6
普通科　47
不登校　40, 50, 85, 95
フリースクール　95
フレーベル, F.　157
プロイセン一般地方学事通則　86
分岐型学校体系　44, 70
文教費　149
分限　106
フンボルト, W.　69
ペアレントクラシー　129
ペスタロッチ, J. H.　159
保育　154, 156
保育士　156
保育時間　156
保育所　155
保育所在籍率　161
保育所保育指針　155
放課後子供教室　132
放課後子ども総合プラン　133
放課後支援　132
放課後児童クラブ　133
冒険遊び場　131
放送大学　71
訪問教育　169, 171
法律主義　140
母子生活支援施設　155

ま行
マグネットスクール　196
民間人校長　10
無償　91, 92, 156
無償性　90
免許状更新講習　101
盲学校　165
目的　2, 6, 60, 62, 71, 87, 94, 154, 155, 159, 162
　小学校の——　20
　中学校の——　31
　高等学校の——　44, 46
　特別支援学校の——　170
　大学の——　70
目標　3, 154, 155, 170
　小学校の——　20
　中学校の——　31
森有礼　8
問題行動　39
文部科学省　142, 143

や行
夜間中学　96
ゆとりと充実　34
養護学校　166
幼児期の教育　153
幼小接続　26
幼稚園　154
幼稚園教育要領　155
幼稚園就園率　161
幼稚園令　158
幼保二元体制　156, 160

ら行
ラングラン, P.　179, 180
履修　48
臨時免許状　101
レンズーリ, J.　190, 197
聾学校　165
6・3・3・4制　7, 17

欧文
ADHD　166, 167
LD　166, 167
NPO　131
OECD 国際教員指導環境調査（TALIS）　109
PTA　186

《監修者紹介》

よしだたけお
吉田武男（筑波大学名誉教授、関西外国語大学英語国際学部教授）

《執筆者紹介》（所属，分担，執筆順，＊は編著者）

ふじいほだか
＊藤井穂高（編著者紹介参照：序章・第9章・第11章）

ほしのますみ
星野真澄（筑波大学人間系客員研究員：第1章）

にしやまかおる
西山　薫（清泉女学院短期大学教授・副学長：第2章）

まつばらゆう
松原　悠（千葉大学学務部教育企画課：第3章）

はしばろん
橋場　論（福岡大学教育開発支援機構准教授：第4章）

わがたかし
和賀　崇（岡山大学全学教育・学生支援機構准教授：第5章）

こうかいぎょく
黄　海玉（大学・短期大学基準協会研究員：第5章）

うしおなおゆき
牛尾直行（順天堂大学スポーツ健康科学部准教授：第6章）

おのせよしゆき
小野瀬善行（宇都宮大学大学院教育学研究科准教授：第7章）

やなぎばやしのぶひこ
柳　林信彦（高知大学人文社会科学系教育学部門教授：第8章）

よしだたけひろ
吉田武大（関西国際大学教育学部准教授：第10章）

みやざきこうじ
宮崎孝治（江戸川大学メディアコミュニケーション学部教授：第12章）

さるたしんじ
猿田真嗣（常葉大学教育学部教授：第13章）

せきうちいいちろう
関内偉一郎（東邦大学理学部非常勤講師：第14章）

《編著者紹介》

藤井穂高（ふじい・ほだか／1962年生まれ）

　筑波大学人間系教育学域教授
　『教育の制度と経営』（共著，学芸図書，2008年）
　『よくわかる教育原理』（共著，ミネルヴァ書房，2011年）
　『要説教育制度』（共著，学術図書出版社，2011年）
　『現代教育制度改革への提言』（共著，東信堂，2013年）
　『現代フランスの教育改革』（共著，明石書店，2018年）

MINERVA はじめて学ぶ教職⑧
教育の法と制度

| 2018年4月20日　　初版第1刷発行 | 〈検印省略〉 |
| 2022年3月20日　　初版第4刷発行 | |

定価はカバーに
表示しています

編 著 者	藤 　 井 　 穂 　 高
発 行 者	杉 　 田 　 啓 　 三
印 刷 者	藤 　 森 　 英 　 夫

発行所　株式会社　ミネルヴァ書房

607-8494　京都市山科区日ノ岡堤谷町1
電話代表　（075）581-5191
振替口座　01020-0-8076

©藤井穂高ほか，2018　　　　　　亜細亜印刷

ISBN978-4-623-08344-2
Printed in Japan

MINERVA はじめて学ぶ教職

監修　吉田武男

「教職課程コアカリキュラム」に準拠　　全20巻＋別巻 1

◆　B5 判／美装カバー／各巻180〜230頁／各巻予価2200円（税別）　◆

① 教育学原論
滝沢和彦 編著

② 教職論
吉田武男 編著

③ 西洋教育史
尾上雅信 編著

④ 日本教育史
平田諭治 編著

⑤ 教育心理学
濱口佳和 編著

⑥ 教育社会学
飯田浩之・岡本智周 編著

⑦ 社会教育・生涯学習
手打明敏・上田孝典 編著

⑧ 教育の法と制度
藤井穂高 編著

⑨ 学校経営
浜田博文 編著

⑩ 教育課程
根津朋実 編著

⑪ 教育の方法と技術
樋口直宏 編著

⑫ 道徳教育
田中マリア 編著

⑬ 総合的な学習の時間
佐藤　真・安藤福光・緩利　誠 編著

⑭ 特別活動
吉田武男・京免徹雄 編著

⑮ 生徒指導
花屋哲郎・吉田武男 編著

⑯ 教育相談
高柳真人・前田基成・服部　環・吉田武男 編著

⑰ 教育実習
三田部勇・吉田武男 編著

⑱ 特別支援教育
小林秀之・米田宏樹・安藤隆男 編著

⑲ キャリア教育
藤田晃之 編著

⑳ 幼児教育
小玉亮子 編著

＊＊＊

別 現代の教育改革
吉田武男 企画／徳永　保 編著

【姉妹編】

MINERVA はじめて学ぶ教科教育　全10巻＋別巻 1

監修 吉田武男　B5判美装カバー／各巻予価2200円（税別）〜

① 初等国語科教育
塚田泰彦・甲斐雄一郎・長田友紀 編著

② 初等算数科教育　　清水美憲 編著

③ 初等社会科教育　　井田仁康・唐木清志 編著

④ 初等理科教育　　大髙　泉 編著

⑤ 初等外国語教育　　卯城祐司 編著

⑥ 初等図画工作科教育　　石﨑和宏・直江俊雄 編著

⑦ 初等音楽科教育　　笹野恵理子 編著

⑧ 初等家庭科教育　　河村美穂 編著

⑨ 初等体育科教育　　岡出美則 編著

⑩ 初等生活科教育　　片平克弘・唐木清志 編著

別 現代の学力観と評価
樋口直宏・根津朋実・吉田武男 編著

ミネルヴァ書房

https://www.minervashobo.co.jp/